U0634795

新时代背景下现代人力资源管理与组织行为研究

卢根代　苏　佳　欧阳勋　著

ℂ 吉林科学技术出版社

图书在版编目（ＣＩＰ）数据

新时代背景下现代人力资源管理与组织行为研究 / 卢根代，苏佳，欧阳勋著. -- 长春 ：吉林科学技术出版社，2024. 8. -- ISBN 978-7-5744-1822-6

Ⅰ. F243

中国国家版本馆 CIP 数据核字第 2024EC2566 号

新时代背景下现代人力资源管理与组织行为研究

著	卢根代 苏 佳 欧阳勋
出 版 人	宛 霞
责任编辑	李万良
封面设计	南昌德昭文化传媒有限公司
制 版	南昌德昭文化传媒有限公司
幅面尺寸	185mm×260mm
开 本	16
字 数	300 千字
印 张	14
印 数	1~1500 册
版 次	2024年8月第1版
印 次	2024年12月第1次印刷

出 版	吉林科学技术出版社
发 行	吉林科学技术出版社
地 址	长春市福祉大路5788 号出版大厦A 座
邮 编	130118
发行部电话/传真	0431-81629529 81629530 81629531
	81629532 81629533 81629534
储运部电话	0431-86059116
编辑部电话	0431-81629510
印 刷	三河市嵩川印刷有限公司

书 号	ISBN 978-7-5744-1822-6
定 价	78.00元

前　言

　　随着社会的发展与进步，人力资源管理在各类组织中的重要性和影响力日益提升，人才培养和人才管理甚至已经上升到国家战略层面。与此同时，中国人力资源管理专业的学科建设、学科发展和人才培养也取得了巨大的进步，学科体系日臻完善。

　　人力资源是当今企业最重要的资源之一，人力资源管理也成为企业最重要的管理职能之一。在全球化与互联网时代，企业要想在竞争中胜出，并持续发展，必须高度重视人力资源的管理问题。

　　现代人力资源管理是在20世纪90年代初期引入我国的，经过几十年的发展，人力资源管理在学科体系建设、人才培养与人力资源管理实践等方面的发展虽然还不够成熟，但是已经取得了长足的进步。我们要认真总结我国企业人力资源管理实践的经验，在借鉴西方经验的基础上，创建有中国特色的人力资源管理体系，推动国内企业的稳健成长。

　　本书是现代人力资源管理方向的书籍，主要研究新时代背景下现代人力资源管理与组织行为，本书从人力资源管理与战略规划介绍入手，针对员工招聘与培训、绩效与薪酬管理进行了分析研究；另外对职业生涯与劳动关系管理、人力资源风险管理及其应对措施做了一定的介绍；还对现代人力资源管理与信息化建设、新时代人力资源管理职能的战略转型与优化、新时代背景下现代人力资源管理创新提出了一些建议；旨在摸索出一条适合新时代背景下现代人力资源管理与组织行为工作创新的科学道路，帮助其工作者在应用中少走弯路，运用科学方法，提高效率。对新时代背景下现代人力资源管理与组织行为的应用创新有一定的借鉴意义。

目　录

第一章 人力资源管理与战略规划

第一节 人力资源管理概论

一、人力资源管理的概念

人力资源管理是企业管理的要素和重要内容，是指企业为了实现总目标，运用科学的方法和技术，对人力资源获取、开发、利用和调控的过程，也是影响员工行为、工作态度和业绩的一系列人事管理政策、实践和制度安排。

人力资源管理既包括对量的管理，也包括对质的管理。对人力资源量的管理是根据企业发展变化的需要，对人力资源的数量、结构实施调整，使人与岗位匹配，人力与物力有机结合，发挥出最佳效果。对人力资源质量的管理是指对人的心理和行为的管理，通过运用现代化的科学方法，对员工的思想、价值观、心理、行为态度进行有效的管理，充分发挥员工的主观能动性，促进员工个人目标和企业目标的实现。人力资源管理实质上就是在合适的时间，把合适的人配置到合适的岗位上。

正确地把握人力资源管理的概念，必须将人力资源管理与人事管理做一些区别。人事管理先于人力资源管理，人力资源管理是在人事管理的基础上发展而来的，是在全新视角下对人进行管理。从管理的理念、目标、内容、形式、方式、体制、地位、策略等方面，两者都有着明显的不同。

人事管理与人力资源管理的区别，并不意味着可以抹杀两者的联系。人力资源管理是人事管理发展的新阶段，人事管理的一些基本职能在人力资源管理中还要发挥作用。

二、人力资源管理的内容及模式

（一）人力资源管理的内容

人力资源管理的内容大体上有以下几个方面：

1. 工作分析

工作分析是人力资源管理的基础性、支持性工作环节，工作分析是通过工作设计来决定企业内部如何进行专业分工和任务目标分解，划定不同的工作岗位，决定不同岗位的职权、职责及职能范围。工作分析是对企业中每一个工作岗位进行描述，包括岗位特征、流程、规范、要求，能够胜任该岗位人员的素质、知识、技能要求等，最终形成工作说明书。工作分析的结果是企业进行招聘、培训、考核、职位评价、薪酬分配、员工调配等工作的依据。

2. 人力资源规划

人力资源规划是实施人力资源管理战略的重要步骤，它可将人力资源管理战略转化为各阶段、可实施的中长期目标、计划和政策措施。人力资源规划主要是通过对人力资源现状分析、人力资源需求供给预测，制订企业人力资源管理的各项计划方案，平衡人力资源供求关系，保证企业人力资源在数量、质量、结构上的合理安排。

3. 人员招聘

人员招聘是企业获取人力资源的重要途径，是企业人力资源管理的基本职能之一。人员招聘是以工作分析和人力资源规划为依据，通过招募、测试、选拔、录用、评估等一系列过程，获取企业所需要的人力资源。

4. 培训与开发

通过人力资源培训与开发，提高员工的综合素质、知识水平、工作技能，挖掘员工的潜力，激发员工的积极性，培养员工对企业的认同感和责任心，既实现员工的个人价值、又促进员工对企业的贡献。培训与开发活动包括培训与开发需求分析、项目制定、计划实施、选择适时的方式方法培训与开发成果转化与评价。

5. 职业生涯管理

根据员工个人的性格特征、气质、能力、兴趣、价值观等，结合企业发展的需要，为员工制订一个事业发展的路径和计划，不断开发员工的潜能，促进员工的成长。

6. 绩效管理

企业通过对不同工作岗位设计绩效考核指标，运用不同的考核方法，对员工一定时期的工作结果进行测定，评价员工的工作业绩，并进行反馈面谈，促进员工绩效改进。绩效管理是对员工实施培训、晋升、薪酬分配等人事决策的重要依据，也是企业调控员工的重要手段。

7. 薪酬管理

企业运用薪酬设计与分配，实现对员工人力资源价值的认可，回报员工对企业的贡献。它既是对员工个人需求的满足也是企业吸引留住人才、激发员工劳动积极性的有力措施。

8. 劳资关系

劳资关系是企业与员工在生产劳动过程中产生的经济关系。员工与企业可以就工资、福利及工作条件等问题进行谈判，协调劳资关系。劳资双方的关系是否融洽、健康，直接关系到企业经营活动是否能正常进行，员工是否忠实于企业，是否能正常发挥人力资源的作用。人力资源管理者通常要关注这类问题。

9. 安全与保健

企业员工在生产劳动过程中的生命安全、身心健康是企业人力资源管理中另一个要关注的问题。为员工创造良好的工作环境、提供优越的工作条件，例如减少污染、建立安全保障措施、减压活动、配备心理咨询师等，使员工的安全和健康得到保障。

10. 人力资源战略管理

企业将人力资源管理提升到战略的高度，人力资源管理在政策、方针、计划方案设计上与企业战略相适应，推动企业战略的实施，促进企业战略目标的实现。战略性的人力资源管理已成为当前人力资源管理发展中的主要趋势之一。

（二）人力资源管理模式

1. "以业绩为导向"的人力资源管理模式

以业绩为导向的人力资源战略管理要求人力资源部门建立以激励为基础的业绩考评系统，以员工个人的业绩管理为基础，通过个人业绩体现企业整体经济效益。该模式的特点体现在：①企业的经营管理活动以员工业绩为根本出发点，企业的制度、管理、运行机制、发展的战略目标和政策等都要围绕如何提高员工的业绩水平来设计、运作。②这种管理模式要求企业员工不断更新自己的知识技能，提高业务水平，以达到最优业绩。

2. "以能力为导向"的人力资源管理模式

以能力为导向的人力资源管理，是通过采取有效的方法，最大限度地发挥人的能力，把能力这种最重要的资源作为组织发展的推动力量，并实现组织发展的目标及组织创新。该模式的特点体现在：①强调不拘一格选人才，把人的科学认识能力、判断能力、选择能力、创造能力、合作能力、专业工作能力、角色承担能力以及对必然事物的承受能力等作为衡量才能的主要指标。②要求组织对每个人能力的充分发挥提供相对平等的舞台、机会和条件，并营造一个"能力型组织"，围绕有利于发挥每个人的能力来进行组织活动。③要求组织成员各尽其能、各尽其用，通过自觉学习和实践不断提高自己的能力，通过工作实绩确证自己的能力。

3. 以员工发展为导向的人力资源管理模式

以员工发展为导向的人力资源战略管理模式的主要特点就是把人的价值放在企业价值的首位，以个人发展作为企业发展的根本出发点，帮助员工设计制订出个人发展计划，并通过提供培训机会、岗位晋升机会、绩效考核和激励机制等方式帮助员工实现这一计划。

4. 以顾客为导向的人力资源管理模式

以顾客为导向的人力资源战略管理模式，就是从企业顾客的角度出发来审视人力资源管理的各项职能，要求企业对业务和市场进行深入的接触和了解，对顾客进行合理的定位，在此基础上确认自己应承担的责任和角色，做出人力资源的规划和决策。该模式突破了传统思维的限制，呈现出新的特点。

三、人力资源管理的基本功能和任务目标

（一）人力资源管理的基本功能

人力资源管理的基本功能就是通过吸收、整合、开发、激励与调控、保护，实现人力资源管理目标。

吸收功能：人力资源的吸收功能就是根据人力资源规划和工作分析，通过招聘与录用，将组织所需要的人力资源吸收到本企业。

整合功能：企业是人的集合体，个体与个体、群体与群体、个体与群体、个体与企业组织都会存在差异，整合功能就是通过教育培训、企业文化传播、信息沟通、冲突与压力的调节缓和等，使员工不同的目标、价值观、态度、行为趋于一致。经过整合培养员工的认同感，规范员工的行为，提高员工工作生活质量和满意度。

开发功能：通过教育培训、职业规划等开发管理活动，使员工的知识、技能、综合素质得到进一步的提高，员工的积极性和潜力最大限度地发挥出来。既为企业节省成本，又对企业做出贡献。

激励功能：通过运用多种报酬分配手段，对人力资源的资本价值给予回报，满足员工对物质、精神方面的需要，激励员工努力工作，创造佳绩。

调控功能：通过运用绩效考核、岗位变动、人员流动等手段，对员工的行为、态度、工作业绩等方面进行调控，提高企业管理水平和管理绩效。

保护功能：企业在经营活动中保护员工的合法权益、保证员工的安全和身心健康，保障员工就业和应得的合法收入，是人力资源管理的一项不容忽视的工作内容，以此保证员工能够持续不断地正常工作。保护功能可以避免劳资纠纷，融洽企业与员工的关系，实现共同发展目标。

（二）人力资源管理的任务目标

人力资源管理的任务目标可从企业和员工两个角度分析。从企业方面看，人力资源管理的任务目标主要有以下几个方面：

第一，使企业员工的态度、行为、价值观念符合企业的需要。企业员工在个性表现、教育经历、生活背景等方面各有不同，从而形成不同的工作态度、行为和价值观念，当其符合企业需要时，则对企业的发展起促进作用，反之则阻碍企业的发展。人力资源管理活动就是寻找、培养符合企业需要的员工，即培养员工对企业的献身精神。人力资源管理的措施有以下几个方面：树立"人高于一切"的价值观念；实现双向沟通；确保公平；培养团队意识和团队精神；采用"以价值观为基础的聘用"政策；为员工提供就业安全保障；实施"员工与企业共同体"的薪酬计划；提供员工个人价值自我实现的机会。

第二，促使人力资源的使用价值最大化。人力资源具有一定的潜在性，其潜力是可以被开发和激发的。通过人力资源的培训、开发、教育以及强有力的激励措施，把员工的创造性、积极性激发出来，不仅促使员工人力资源的使用价值最大化，而且使员工的人力资源价值得到最大的实现。据调查发现，员工在工作中只需发挥自己 20% ~ 30% 的能力，就能完成岗位工作任务。但如果能充分调动其积极性和创造力，其潜力可发挥出 80% ~ 90%，从而创造出更大的价值。

第三，提高企业生产率和经营绩效。企业员工是企业生产活动的重要资源，企业劳动生产率的高低与经营绩效的水平和员工有着密切的关系。进行人力资源管理的目的就是通过规范员工行为、提高员工技能、鼓励创新、努力工作、合理配置资源来改进员工工作绩效，进而实现企业生产率和经营绩效水平的提高。

第四，获取持续不断的竞争优势。竞争优势就是一个组织能够更有效益地为消费者提供其所需要的产品或服务，从而在绩效方面超越其他组织的能力。企业有效的人力资源管理是获取竞争优势的重要源泉。

第五，实现企业的战略目标。人力资源不仅是企业的生产要素，更是企业的战略性资源。战略性人力资源管理是企业战略管理的有机组成部分，依据核心能力的人力资源建立企业的竞争优势，从而实现企业的战略目标。

从员工角度来看，人力资源管理的任务目标主要有以下几个方面：

第一，改善员工工作生活质量。要想使员工处于最佳的工作状态，企业就要创造出一种积极向上、有情感归属、心态良好的工作环境。这种环境是否形成，可用工作现场的工作、生活质量来衡量。工作、生活质量是指员工重要的个人需要能在工作中得到满足的程度，至少包括：有价值的工作、安全的工作条件、满足的薪金与福利、安全的就业保障、充分的工作指导、工作绩效反馈、成长和发展的机会、增长才干的机会、积极的社会环境、公正公平的交往。

人力资源管理者的主要职责就是设计和实施一整套制度体系，让员工在这些方面得到最大的满足。例如，用工作设计帮助员工确定所做工作是否有价值，安全与健康计划是要保障员工能够在安全无忧的环境中安心地工作等。一个有效的人力资源管理部门能够帮助企业创造一种促使员工努力工作的环境，不断提高员工的工作生活质量。

第二，员工个人的价值追求得到满足。尽管企业经营的目标是追求利润最大化，但是随着经济社会的发展和员工需求层次的变化，企业不得不将视角从重视企业逐步转向员工，员工个人的成功、价值的实现、精神需求的满足也成为人力资源管理的主要内容和目标。

第三，促进人的全面发展。企业不仅要重视员工的贡献，还要重视对员工的培养和成长。企业通过人力资源管理使员工达到完善的意志、脑力、体力、品格，获得更全面的自由发展，实现人与企业、社会和谐的发展，这是人力资源管理的最高境界。

第二节　人力资源战略规划的程序与方法

一、人力资源战略规划的程序

（一）人力资源战略规划的具体步骤

1. 分析战略背景，盘点人力资源

确认现阶段的企业经营战略，明确此战略决策对人力资源战略规划的要求，人力资源战略规划所能提供的支持。

明确企业战略之后，要对现有人力资源进行盘点，弄清企业现有人力资源的状况，是制定人力资源规划的基础工作。实现企业战略，首先要立足于开发现有的人力资源，因此必须采用科学的评价分析方法。人力资源主管要对本企业各类人力数量、质量、结构、利用及潜力状况、流动比率进行统计。这一部分工作需要结合人力资源管理信息系统和职务分析的有关信息来进行。如果企业尚未建立人力资源管理信息系统，这步工作最好与建立该信息系统同时进行。一个良好的人事管理信息系统，应尽量输入与员工个人和工作情况的资料，以备管理分析使用。

人力资源信息应包括以下几个方面：①个人自然情况，如姓名、性别、出生日期、身体自然状况和健康状况、婚姻、民族和所参加的党派等。②录用资料包括合同签订时间、候选人征募来源、管理经历外语种类和水平、特殊技能，对企业有潜在价值的爱好或特长。③教育资料，包括受教育的程度、专业领域、各类培训证书等。④工资资料，包括工资类别、等级、工资额、上次加薪日期，对下次加薪日期和量的预测。⑤工作执行评价，包括上次评价时间、评价或成绩报告、历次评价的原始资料等。⑥工作经历，包括以往的工作单位和部门、学徒或特殊培训资料、升降职原因、有否受过处分的原因和类型、最后一次内部转换的资料等。⑦服务与离职资料，包括任职时间长度、离职次数及离职原因。⑧工作态度，包括生产效率、质量状态、缺勤和迟到早退记录、有否建议及建议数量和采纳数、有否抱怨及经常性与否和抱怨内容等。⑨安全与事故资料，包括因工受伤和非因工受伤、伤害程度、事故次数类型及原因等。⑩工作或职务情况。①工作环境情况。②工作或职务的历史资料等。

利用计算机进行管理的企业和组织可以十分方便地存储和利用这些信息。这一阶段必须获取和参考的另一项重要的信息是职务分析的有关信息情况。职位分析明确地指出了每个职位应有的职务、责任、权力，履行这些职、责、权所需的资格条件，这些条件就是对员工素质的水平要求。

2．明确人力资源愿景及战略

企业战略目标明晰之后，结合现有人力资源盘点的结果，制定基于企业整体战略的人力资源战略，明确人力资源愿景及使命，确定企业要实现的现阶段的战略、使命及愿景，需要什么样的人力资源战略予以支撑，并作为下一阶段行动计划的基点。

3．构建人力资源管理体制

人力资源战略的实施需要人力资源体制的支撑。在明确人力资源战略之后，企业需要根据人力资源战略构建人力资源管理体制，包括人力资源管控模式、人力资源机制制度以及特殊专项问题，人力资源管控模式决定如何构建人力资源机制制度，最后解决机制上的特殊专项问题。

4．制定人力资源核心策略

根据人力资源战略与管理体制，确定人力资源战略的核心策略。

5．规划人力资源数量、结构与质量

根据人力资源核心策略，对人才资源数量、质量与结构进行规划。主要从人力资源需求和供给两方面进行规划。

人力资源需求预测主要是根据企业的发展战略规划和本企业的内外部条件选择预测技术，然后对人力需求的结构和数量、质量进行预测。

预测人员需求时，应充分考虑以下因素对人员需求的数量、质量以及结构的影响：①市场需求、产品或服务质量升级或决定进入新的市场。②产品和服务的要求。③人力稳定性，如计划内更替（辞职和辞退的结果）、人员流失（跳槽）。④培训和教育（与公司变化的需求相关）。⑤为提高生产率而进行的技术和组织管理革新。⑥工作时间。⑦预测活动的变化。⑧各部门可用的财务预算。

在预测过程中，预测者及其管理判断能力与预测的准确与否关系重大。一般来说，商业因素是影响员工需要类型、数量的重要变量，预测者通过分离这些因素，并且收集历史资料去做基础的预测。从逻辑上讲，人力资源需求是产量、销量、税收等的函数，但对不同的企业或组织，每一因素的影响并不相同。

人力资源供给预测包括两方面内容：一种是内部供给预测，即根据现有人力资源及其未来变动情况，预测未来所能提供的人员数量和质量；另一种是对外部人力资源供给进行预测，确定未来可能的各类人员供给状况。

外部人力资源供给主要受两个因素的影响：地区性因素和全国性因素。

第一，地区性因素具体包括：公司所在地和附近地区的人口密度；其他公司对劳动力的需求状况；公司当地的就业水平、就业观念；公司当地的科技文化教育水平；公司

所在地对人们的吸引力；公司本身对人们的吸引力；公司当地临时工人的供给状况；公司当地的住房、交通、生活条件。

第二，全国性因素具体包括：全国劳动人口的增长趋势；全国对各类人员的需求程度；各类学校的毕业生规模与结构；教育制度变革而产生的影响，如延长学制、改革教学内容等对职工供给的影响；国家就业法规、政策的影响。

6. 制定重点工程与行动计划

通过上述步骤，企业对企业整体战略、人力资源战略、体制等方面有了明确的认识和规划，因此，根据这些认识和规划，企业需要建立具体的行动计划，将人力资源规划活动落到实处，并针对特殊问题，建立重点解决方案。

人力资源规划的具体实施需要有相应的保障计划，以保证人力资源规划能够真正落到实处，并不偏离规划的初衷。保障计划主要是对人力资源规划实施过程进行监控。实施监控的目的在于为总体规划和具体规划的修订或调整提供可靠信息，强调监控的重要性。在预测中，由于不可控因素很多，常会发生令人意想不到的变化或问题，如若不对规划进行动态的监控、调整，人力规划最后就可能成为一纸空文，失去了指导意义。因此，执行监控是非常重要的一个环节。此外，监控还有加强执行控制的作用。

（二）人力资源战略规划的执行

1. 人力资源战略规划的执行者

传统意义上的人力资源工作主要由人事部门从事，例如，招聘、培训、员工发展、薪金福利设计等方面的工作，随着现代企业对人力资源部门工作要求和期待的提升，人力资源部门角色逐渐发生了转变，人力资源部门不再是单纯的行政管理的职能部门，而是逐步向企业管理的战略合作伙伴关系转变。同时，现代的人力资源管理工作也不仅仅是人力资源部门的责任，也是各层管理者的责任，人力资源战略规划也是如此。企业人力资源战略规划的基础是接替晋升计划、人员补充计划、素质提升计划、退休解聘计划等，而这些计划都是在各部门的负责人制订本部门的人员调配补充、素质提升、退休解聘等计划的基础上层层汇总到人力资源部门，再由人力资源管理者依据人力资源战略分析、制订出来的，而非人力资源管理者凭空创造出来的。

人力资源战略规划应有健全的专职部门来推动，可考虑下列几种方式：①由人力资源部门负责办理，其他部门与其配合。②由某个具有部分人事职能的部门与人力资源部门协同负责。③由各部门选出代表组成跨职能团队负责。

在推行过程中各部门必须通力合作而不是仅靠负责规划的部门推动，人力资源战略规划同样也是各级管理者的责任。

2. 人力资源战略规划的执行途径

人力资源战略规划的执行主要涉及三个层次：企业层次、跨部门层次及部门层次。

（1）企业层次

在企业层次上的人力资源战略规划需要"一把手"的亲自参与，尤其是企业经营战

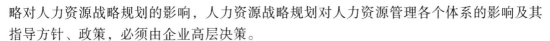

略对人力资源战略规划的影响，人力资源战略规划对人力资源管理各个体系的影响及其指导方针、政策，必须由企业高层决策。

（2）跨部门层次

跨部门层次上的人力资源战略规划需要企业副总裁级别的管理者执行，即对各个部门人力资源战略规划的执行情况进行协调和监督，并对人力资源战略规划的实施效果进行评估。

（3）部门

部门层次上的人力资源战略规划又分为以下两种情况：

①人力资源部门

人力资源部门不但要完成本部门的人力资源战略规划工作，还要担任"工程师＋销售员"的角色。人力资源部门的员工既要做人力资源战略规划的专家、人力资源战略规划的制订者，又要做人力资源战略规划的"销售员"与指导者，指导其他部门的人力资源战略规划工作顺利进行。

目前有的企业将人力资源部门经理改为人力资源客户经理，要求人力资源经理持续提供面向客户的人力资源产品和服务。在进行人力资源战略规划时，人力资源客户经理就会为各个部门提供人力资源战略规划的系统解决方案，并为各类人才尤其是核心人才提供个性化的服务，如制订专门的继任者管理计划等。

②其他部门

人力资源战略规划工作应该是每个部门经理工作的组成部分。但在企业中，许多部门经理是由业务人员提拔的，对于管理和人力资源管理都没有经验，更不要说进行人力资源战略规划了。对于新提拔的经理，人力资源部应给予培训，并把人力资源战略规划作为经理业绩考核的重要内容之一，特别是其培养下属和评估下属业绩的能力。部门经理应该主动与人力资源部门沟通，共同实现人力资源战略规划的目标，而不仅仅在需要招人或辞退员工时，才想到人力资源部门。

3. 人力资源战略规划的执行原则

（1）战略导向原则

依据战略目标制订人力资源战略规划以及具体的人力资源计划，避免人力资源战略规划与企业战略脱节。

（2）螺旋式上升原则

人力资源战略规划并非一劳永逸。企业每年都要制订新的人力资源战略规划，即各类人员计划都会随着内外环境的变化、战略的转变而改变，但同时它们又是在过去的基础上制订的，且将一年比一年准确、有效。

（3）制度化原则

人力资源战略规划分为两个层面：一是技术层面，即前面所说的各种定性和定量的人力资源战略规划技术。二是制度层面，一方面是指将人力资源战略规划制度化；另一方面是指制定、调整有关人力资源管理制度的方向、原则，从机制的角度理顺人力资源各个系统的关系，从而保证人力资源管理的顺利进行。

（4）人才梯队的原则

在人力资源战略规划实施的过程中建立人才梯队。从而保障工作人员的层层供给。

（5）关键人才优先规划原则

对企业中的核心人员或骨干人员应首先进行规划，即设计此类人员的晋升、加薪、替补等通道，以保证此类人员的充足供给。

人力资源战略规划是建立在整个人力资源管理系统的平台之上的，如果人力资源管理的其他系统已经日益完善，而人力资源战略规划系统继续滞后于其他人力资源管理体系，人力资源战略规划将成为企业管理的"短板"。因此，人力资源战略规划必须从技术层面上升到制度层面，从静态管理转到动态管理，从滞后于其他体系到前瞻于其他体系，只有这样，人力资源战略规划才能真正成为整个人力资源管理的统帅。

（三）人力资源战略规划的辅助工具——人力资源管理信息系统

1. 人力资源管理信息系统概述

信息技术本身只是工具，是手段，只有当信息技术与管理技术实现了完美结合，才能发挥其巨大的威力。企业最初所采用的多为信息处理工具，如人力资源信息系统 HRIS（Human Resource Information System），它是从组织目标出发，对与职务和员工有关的工作信息进行收集、保存、分析和报告的整体工作过程。例如，记录员工代码、员工的知识与技能、工作经验、培训经历、个性特征和绩效评估结果等。但是，当各种各样的信息铺天盖地地向管理者涌来的时候，再优秀的管理者也不免手忙脚乱、一筹莫展。人力资源管理系统 HRMS（Human Resource Management System）应运而生。HRMS 就是将人力资源管理的新思想，如"客户导向""全面人力资源管理""战略性人力资源管理""利润中心""战略伙伴"等，融入信息技术之中，使信息技术真正成为管理者的助手。

人力资源管理系统将帮助人力资源部门实现数据的集中管理和共享，优化业务流程及人力资源作业流程，为人力资源部门进一步提高日常工作效率，提升部门整体业务水平提供了强有力的支持，成为人力资源部门信息化、职业化、个性化的管理平台。同时，通过有效利用人力资源管理系统中提供的统计分析、决策支持等工具，将逐步对企业中长期的人力资源战略规划起到积极影响。

随着 internet/intranet 技术的日益成熟，人力资源管理系统随着信息流的延伸或改变而突破了封闭的模式延伸到企业内外的各个角落，使得企业各级管理者及普通员工也能参与到人力资源管理活动中，并与企业外部建立起各种联系（最典型的莫过于网络招聘），这就是 EHR，即人力资源管理信息化的全面解决方案。基本上是由人力资源部门的人力资源管理系统 HRMS；和面向企业不同角色（高层管理者、直线员工、普通员工、人力资源管理者）的网络自助服务系统（self-service）两大部分组成，是对 HRMS 在技术上（基于 internet/intranet 技术）与理念上（建立在全面人力资源管理，强调全员共同参与）的延伸。

目前中国各个企业虽然已经配备了计算机，但不少企业仍然停留在手工管理档案的阶段，很多纸质的资料未能及时输入电脑，人事档案资料也未能得到充分利用，此时对于企业而言是选择 HRIS 还是 HRMS，或者选择 EHR，要根据企业自身的需求与承受能力而定，不能盲目地认为越先进的技术越好，而不顾企业的实际情况。

2. 人力资源管理信息系统对人力资源战略规划的作用

人力资源管理信息系统可以从以下两个方面为人力资源战略规划提供支持。

（1）提高人力资源部门的工作效率

人力资源战略规划中的工作可以分为两类：一类是定性工作，指管理制度的制定、薪酬水平的确定、绩效考核标准的确定、人力资源分析报告等，这些工作必须依据企业战略和企业文化进行，需要经过主观思考和判断才能完成；另一类是定量工作，是根据既定的制度与流程完成对客观事务的处理，如统计员工人数、年龄、学历等工作，这类工作一般是事务性工作，但又是需要经常处理的重复性工作，通常占据了人力资源管理工作的大部分时间，降低了人力资源部门的整体工作效率。

（2）为人力资源战略规划提供数据和信息

通常，人力资源管理信息系统可以提供如下信息：①企业战略、经营目标及常规经营计划信息，根据这些内容可以确定人力资源战略规划的种类及框架。②企业外部的人力资源供求信息以及这些信息的影响因素。例如，外部劳动力市场上各类人员的供求状况及未来趋势，国家劳动政策法规的变化等，均对人力资源战略规划产生影响。③企业现有人力资源的信息。例如，员工数量、年龄、学历、绩效考核结果、薪酬水平等。人力资源战略规划依靠的是人力资源信息的及时更新与反馈，缺少了信息和数据的支持人力资源战略规划将成为无源之水、无本之木。

3. 人力资源管理信息系统成功实施的要素

（1）确实摆正企业和信息集成商之间的关系

企业在信息化建设过程中，摆正与信息集成商之间的关系非常的关键，企业的信息化建设不可能由信息集成商独立完成，企业信息化的"主角"是企业本身，而信息集成商仅仅是"配角"的身份，信息集成商应该放在咨询、顾问和具体实施的地位。摆正了关系，才能更好地进行合作，将双方的优势集中，实现"专业人做专业事"。

（2）确实摆正技术先进和技术实用性问题

技术的领先性和技术的实用性一直困扰企业的信息化建设时的选型，单纯追求技术的先进性和实用性都是不足取的。企业应该结合企业自身的实际，在追求先进性的同时强调实用性，并且一定要站在整个企业信息集成的角度来选择软件，并且要切实注重系统的集成和开放。

（3）确实摆正技术、软件、实施、培训和服务的关系

企业信息化建设是一个系统工程，企业要树立技术先导、软件跟上，实施、培训和服务并重的整体规划；同时企业要懂得，信息化建设过程中的服务是要企业进行投入的；另外，根据成功实施的案例来看，无一例外都是企业在注重选型的同时，更加注重最终

的实施效果。

（4）确实领会"一把手工程"

不仅仅是企业的最高领导亲自参与主持，还应该包括整个决策层的参与决策，是一个企业的高层领导组成的领导班子，是广义上的"一把手"。

（5）能与企业其他管理系统良好整合，实现数据分享

人力资源管理信息系统如果孤立地运行，不能取得最大的效益，必须将人力资源管理信息系统与企业的项目管理、财务管理系统加以整合，才能实现独立的信息系统不能实现的功能。

（6）确实领会信息系统的"三分技术、七分管理、十二分数据"

在建立人力资源管理系统的过程中，企业必须明白数据的重要性，没有准确的数据收集与输入，再先进的技术也无能为力。

（7）整个实施过程要分阶段进行，确实领会"整体规划、分步实施、效益驱动"

整体规划是系统的"整体"，是系统的"整体规划"，是实现整个系统的"技术途径"，总体规划一般不承担具体的项目设计，是整个系统研制工作中不可缺少的技术总纲。在具体实施过程中，要从简单技术入手，迅速向广度和深度发展。在应用的基础上启发更广泛、更深入的需求，同时通过效益驱动可以树立企业建设信息化的信心，减少企业一次投入过多，负担过重而带来不必要的风险，分步实施同时可以紧跟信息技术发展的前沿。

（四）人力资源战略规划的系统推进

1. 与招聘录用的关联性

人力资源战略规划的实施必然涉及员工的招聘录用问题。在目前的企业运作中，通常是在用人部门感到人手不够时才向上汇报，最终汇总到人力资源部门实施招募。各部门之间互不了解、沟通不畅造成人员重复的现象时有发生，急需用人时降低用人标准的情况也屡见不鲜。人力资源部对于各部门的招募需求的被动性，招募活动对于企业用人需要的滞后性，导致企业在员工队伍的建设与培养上的短期性与应急性。企业无法借势于劳动力市场的波动，可持续的发展也难以保证。因此，企业的人员招聘录用工作必须在人力资源战略规划的指导下，制订有目标导向性与预见性的人员补充计划——根据战略的要求及劳动力市场的涨落适时吸纳、储备人才，降低用人成本及招募成本，形成合理的人才梯队。

2. 与绩效评估的关联性

传统的绩效评估方案提出希望员工达到的绩效目标，然后评估员工是否按照目标与计划行事。完善的绩效评估则应该提供企业和员工平衡发展的信息：一方面评价员工是否完成了设定的绩效任务，是否帮助企业实现了绩效目标；另一方面评估员工在履行工作任务过程中自身能力是否得到提高，能力是否存在缺陷以及如何弥补等。因此，绩效评估的结果需要应用在人力资源战略规划上，通过对员工绩效水平的评估显现他们的能

力及发展潜力，让员工明确职业发展的前景及方向，提高组织配置人员的适应性及规划的准确性。

3. 与薪酬管理的关联性

人力资源战略规划的一个内容在于计划企业的人工成本支出总量即薪酬总额。此外，企业支付薪酬的原则及策略必须体现战略的要求，激励员工创造高业绩、提高自身能力的结果和行为，同时在整体上保证有更多报酬与机会向核心人员倾斜。总之，薪酬的给付必须既要考虑劳动力市场的竞争状况、企业的支付实力，又要体现企业战略的要求，实现与企业其他人力资源模块的联动。这些都是通过人力资源战略规划中的工资与奖金计划来实现的。

4. 与培训的关联性

人力资源战略规划涉及员工能力需求与现状的差距分析，除了通过招聘新员工之外，对现有员工进行培训，使其提升现有能力水平及获得新的技能，是弥补这种差距的唯一途径。人力资源战略规划为人员的培训开发提供了目标与方向，使组织的需要与员工个人的需要能够有效结合，提高培训开发的针对性与有效性。

因此，人力资源战略规划是人力资源管理系统的统帅，它作为核心指挥其他人力资源管理体系的运行，并实现整个人力资源系统的协调运转，提高人力资源的质量与使用效率，帮助企业实现战略目标。

二、人力资源战略规划的方法

（一）人力资源需求预测

1. 定性预测法

（1）现状规划法

人力资源现状规划法是一种最简单的预测方法，它是假设企业保持原有的生产规模和生产技术，企业的人力资源也应处于相对稳定状态，即企业目前各种人员的配备比例和人员的总数将完全能适应预测规划期内人力资源的需求。在此预测方法中，人力资源规划人员所要做的工作就是预算出在规划期内有哪些人员或岗位上的人将得到晋升、降职、退休或调出本组织的情况，再准备调节人员去弥补就行了。这种方法适用于短期人力资源规划预测。

（2）经验预测法

经验预测法，又称分合性预测法，就是企业根据以往的经验对人力资源进行预测的方法。企业经常用这种方法来预测本组织在将来某段时间内对人力资源的需求。这是一种比较常用的预测方法，由于企业中最了解各部门人力资源需求的就是各部门的主管们，经验预测法就是根据管理人员的经验，结合公司发展的要求，对公司员工需求加以预测的一种先分后合的预测方法。即首先由直线部门的经理根据各部门的生产任务、技术设备等变化情况对本部门未来某一时期的人员需求情况进行预测，在此基础上，由企业专门的人力资源计划人员汇总，进行综合平衡，从中预测出整个企业未来某一时期对各种人员的需求总量，并交由公司经理审批。这种方法较能发挥下属各级管理人员在人力资源规划中的作用，但是人事部门或专职人力资源计划人员必须要给予他们一定的指导。这种方法较适用于中、短期的预测规划，简单易行，在实际工作中使用较为广泛，但此方法预测的效果受经验和各层管理人员的阅历、知识的限制的影响较大。因此，保持企业历史的档案，并采用多人集合的经验，可以减少误差。这种方法适用于技术较稳定的企业的中、短期人力资源预测规划，很难对长期做出准确预测。

（3）德尔菲法

德尔菲法是一种简单、常用的主观判断预测方法，它起源于19世纪40年代的兰德公司的实践。此方法是由有经验的专家或管理人员对某些问题分析或管理决策进行直觉判断与预测，其精度取决于预测者的经验和判断能力，也称"专家征询法"或"集体预测法"，所选专家包括企业外部和内部对所研究问题具有发言权的所有人员。

德尔菲法的特征有以下几方面：①吸引专家参与预测，充分利用专家的经验和学识。②采用匿名或背靠背的方式，使每一位专家独立、自由地做出自己的判断。③预测过程多次反复，使专家的意见逐渐趋同。

德尔菲法的以上特点使它成为一种最为有效的判断预测法。德尔菲法的操作程序可简要地概括为以下四步：首先，做预测准备工作。预测准备工作包括确定预测的主题，设立负责预测组织工作的临时机构，选择若干名熟悉预测主题的专家等。其次，由专家进行预测。组织者把包含预测内容的预测表及有关背景材料交给各位专家，各位专家以匿名方式独自对问题做出判断或预测。再次，进行统计与反馈。专家意见汇总后，组织者对各位专家的意见进行统计分析，综合成新的预测表，并把它再分别交给各位专家，由专家们对新的预测表做出第二轮判断或预测。如此反复，经过几轮（通常为3～4轮），专家的意见趋于一致。最后，达成预测结果。组织者把经过几轮专家预测而形成的结果以文字或图表的形式表示出来。

德尔菲法的优点是可以集思广益，并且可以避免群体压力和某些人的特殊影响力，对影响人力资源需求各个方面的因素可以有比较全面、综合的考虑；缺点是花费时间较长、费用较大。所以这种方法适用于长期的、趋势性的预测，不适用于短期的、日常的和比较精确的人力资源需求预测。

2. 定量预测法

（1）趋势分析法

趋势分析法是指根据人力资源历史和现有的资料随时间变化的趋势具有连续性的原理，运用数学工具对该序列加以引申，即从过去延伸至将来，从而达到对人力资源的未来发展状况进行预测的目的。该方法具体是将企业人力资源需求量作为横轴，时间为纵轴，在坐标轴上直接绘出人力资源需求曲线，并根据需求曲线来预测企业未来某一时点的人力资源需求。趋势分析法可分为直接延伸法、滑动平均法两种。其中，直线延伸法是在企业人力资源需求量在时间上表现出明显均等延伸趋势的情况下运用，可由需求线延伸得出某一点的企业人力资源需求量；滑动平均法是在企业人力资源需求量的时间序列呈不规则、发展趋势不明确时，采用滑动平均数进行修匀的一种趋势分析法。

（2）比率分析法

比率分析法是通过特殊的关键因素和所需人员数量之间的一个比率来确定未来人力资源需求的方法。该方法主要是根据过去的经验，将企业未来的业务活动水平转化为对人力资源的需要。

根据选择的关键因素不同，可以把比率分析法分为生产率比率分析法和人员结构比率分析法两类。生产率比率分析法的关键因素是企业的业务量，如销售额、产品数量等，根据业务量与所需人员的比率关系，可直接计算出需要的人员数量。人员结构比率分析法的关键因素是关键岗位所需要的人数，根据关键岗位与其他岗位人数的比率关系，可以间接计算出所需要的人员数量。

由于比率分析法假设关键因素与需求人员间的比率保持不变，而这只能在较短的一段时间内实现，所以这种预测方法最适用于短期预测，勉强可运用于中期预测，用于长期预测则会失效。

（3）工作负荷法

工作负荷法是根据历史数据，先算出对某一特定的工作每单位时间（如每天）内每人的工作负荷（如产量），再根据未来的生产量目标（或劳务目标）计算出所完成的总工作量，最后根据前一标准折算出所需的人力资源数量。

（4）回归分析法

回归分析法是通过建立人力资源需求与其影响因素之间的函数关系模型，从影响因素的变化来推测人力资源需求量变化的一种数学分析方法，其通常采用线性回归模型来分析，简单来讲，这种线性模型有一元线性回归和多元线性回归两种。

一元线性回归模型一般只有在某一因素与人力资源需求量具有高度相关关系时才会运用。例如，当假设人力资源需求量随一种因素（如产量）的变化而变化，且两者间是线性关系时，则可采用最简单的一元线性回归法来预测人力资源的需求。

在实际工作中，通常是由多种因素共同决定企业人力资源需求量，因此需要使用多元线性回归模型，其原理以及方法上与一元线性回归模型并没有什么不同，只是多了一些解释变量而已。多元线性回归模型中系数的计算公式相当复杂，但是现在的一些计量经济学软件和统计软件都可以自动计算这些系数估计值。同样，根据未来的解释变量的估计值，就可以预测未来的员工数量了。

（5）计算机模拟法

很多企业已经在实践中利用计算机来开发自己的人员需求预测系统。在这种情形下，人力资源专家和直线管理人员将所需要的信息综合起来，建立起一套人员需求的计算机化预测系统。在建立人员需求的计算机预测系统时需要一些典型数据，其中包括衡量生产单位产品所需要的劳动工时，当前产品系列的三种销售额计划——最低销售额、最高销售额、可能销售额。以这些数据为基础，不仅可以预测出"满足生产需要的平均人员需求水平"的数字，而且可以分别预测对直接生产人员（例如流水线上的生产工人）、间接生产人员（如文秘人员）以及特殊人员（如行政管理人员）的需求数字。运用这一系统，可以很快地将生产率水平计划与销售水平计划转化为对人员需求的预测，同时，也可以预测各种生产率水平及销售水平对人员需求的影响。

须注意的是，运用任何数学的方法进行人力资源需求预测都有一个前提假设，即假定人力资源需求与某些影响因素之间的函数关系是稳定不变的，而在实际工作中，通常较难发现稳定的数学模型。因此，必须要注意的是，在采用定量分析方法进行人力资源需求预测时，一定要与定性方法相结合。例如，如果进行人力资源需求预测的学校在某年度采用了网上远程教学方式，或是招收了一个"实验班"，则以师生比率为基础来预测教师的需求量就不准确了。在很多情况下，对人力资源需求的预测是依靠经验进行估计的，即使运用非常严谨的数学模型也需要借助经验的判断对结果进行修正。

（二）人力资源供给预测

1. 人力资源内部供给预测方法

企业常用的人力资源内部供给预测的方法有三种，即技能清单法、管理人员替代法和马尔科夫转换矩阵法。

（1）技能清单法

技能清单是一张雇员表，该表列出了与雇员从事不同职业的能力相关的特征，包括所接受的培训课程、以前的经验、持有的证书、通过的考试、监督判断能力，甚至包括对其实力或耐心的测试情况。是一张能够反映员工工作能力和竞争力的图表。人力资源规划人员可以根据技能清单的内容来预测哪些员工可以补充到可能出现的空缺岗位，从而保证每个岗位都有合适的员工。

技能清单通常包括三方面的内容：员工过去的信息、员工现在的信息和员工未来的信息。不同的技能清单所包含的内容可能有较大差异，它既可能是一份简单的档案，也可能是一个庞大的数据库。由于员工的工作兴趣、发展目标、绩效水平等因素是不断变化的，因此技能清单在编制完成后应及时进行更新和维护。

（2）管理人员替代法

这是对组织管理人员内部供给的最简单的方法，也称为管理人员接续计划。企业内部的很多管理人员都是从内部员工中提拔的，因此，企业需要确定在各个关键的管理职位上有哪些可能的接班人，这些接班人的胜任状况和发展潜力如何。为清楚起见，可以将上述接续计划在组织结构图上表示出来，即为常用的管理量表图——企业常用的人员接替图和人员接替表。

制订这一计划的过程有如下几个步骤：①确定计划范围，即确定需要制定接续计划的管理职位。②确定每个管理职位上的接替人选，所有可能的接替人选都应该考虑到。③评价接替人选，主要是判断其目前的工作情况是否达到提升要求，可以根据评价的结果将接替人选分成不同的等级，例如分成可以马上接任、尚需进一步培训、问题较多三个级别。④确定职业发展需要以及将个人的职业目标与组织发展目标相结合，这就是说，要根据评价的结果对接替人选进行必要的培训，使之能更快地胜任将来可能从事的工作，但这种安排应尽可能与接续人选的个人目标吻合并取得其同意。

（3）马尔科夫转换矩阵法

马尔科夫转换矩阵法是一种运用统计学原理预测组织内部人力资源供给的方法。马尔科夫转换矩阵法的基本思想是找出过去人员流动的规律，以此推测未来的人员流动趋势，其基本假设是过去内部人员流动的模式和概率与未来大致相同。

运用这种方法预测人员供给时，首先需要建立人员变动矩阵表，它主要是指某个人在某段时间内，由一个职位调到另一个职位（或离职）的概率。一般以5—10年为周期来估计概率。周期越长，根据过去人员变动所推测的未来人员变动就越准确。马尔科夫转换矩阵可以清楚地分析企业现有人员的流动（如晋升、调换岗位和离职）的情况。

马尔科夫转换矩阵法不仅可以处理员工类别简单的组织中的人力资源供给预测问题，也可以解决员工类别复杂的大型组织中的内部人力资源供给预测问题，但其精确性与可行性还需要进一步研究。

2. 人力资源外部供给预测方法

招聘和录用新员工对所有公司都是必不可少的，无论是由于生产规模的扩大，还是由于劳动力的自然裁员，公司都要从劳动力市场获得必要的劳动力。因此，对外部劳动力市场进行预测将直接影响企业人力资源战略的制定。外部劳动力供给预测方法一般有市场调查法和相关因素预测法。

（1）市场调查法

市场调查法是企业人力资源管理人员通过市场调查，并在掌握第一手劳动力市场信息资料的基础上，经过分析和推算，预测劳动力市场的发展规律和未来趋势的一类方法。它不仅要调查企业所在地域的人力资源供给状况，还要调查同行业或同地区企业对人力资源的需求情况。

由于市场调查法的数据来源具有一定的客观性，在一定程度上避免了人为的主观判断，所以，有人称市场调查法是客观市场预测法。市场调查法的种类很多，主要有以下几种：

第一，文献研究法。企业可以通过各种渠道收集信息。例如，通过互联网、各类经济信息报刊、国家和地区的统计资料、市场行情资料以及产品目录大会等，可以了解市场的一般状况。

第二，直接调查法。企业根据自己所关注的人力资源状况对调查对象进行询问或要求对方填写询问表以取得答案。例如，通过对应聘人员和在岗人员进行调查分析，得出对未来人力资源供给状况的估计。

第三，通过企业本身积累的资料进行调查。许多企业积累了本企业内部人力资本供给和外部人力资源供给方面的大量统计资料，而且资料数据比较准确，查阅比较方便。

第四，经验法。企业依靠有经验的市场调查或市场研究人员，对市场进行直接观察，从而判断市场状况。

第五，会议调查法。通过各种各样的会议收集市场信息，也是一种行之有效的市场调查方法。

（2）相关因素预测法

相关因素预测法是通过调查和分析，找出影响劳动力市场供给的各种因素，分析各种因素对劳动力市场发展变化的作用方向和影响力度，从而预测未来劳动力市场的发展规律和趋势。影响外部劳动力供给的因素很多，通常要对主要因素进行分析，这些因素包括行业状况、行业整体劳动生产率等。其计算方法与人力资源需求预测中的回归方法相同。

（三）人力资源供求关系的平衡

1. 人力资源供给大于需求

人力资源供给大于需求，员工过剩，结果是导致组织内部人浮于事、内耗严重、生产或工作效率低。人力资源供给大于需求时，一般应该采取如下措施来解决：

第一，开拓新业务。通过开拓新的业务增长点来吸收过剩的人力资源，例如扩大经营规模、开发新产品等。

第二，再培训。通过培训引导富余人员走向新的工作岗位。

第三，减少工作时间。减少工作时间可降低工资水平，这是解决企业临时性人力资源过剩的一种方式。

第四，裁员。裁员是组织解决人力资源过剩的最直接的办法。裁员可以有效地降低组织的人工成本，但也可能带来一些负面的影响，人力资源管理部门应做好各方面的思想工作。裁员是先裁减主观上已有"离心"意愿、绩效低下的员工，向"背包袱走路者"提供优厚的离职金能够减少裁员对在职员工的负面冲击，也能降低对企业形象的损害。

第五，提前退休。制定一些优惠措施鼓励员工提前退休。在合法的前提下，通过放宽退休资格条件（年龄等）促使更多的员工提前退出工作场所，在退休条件吸引力较强时可取得明显的减员效果，但对于企业的后续经营则增加了成本。

第六，合并或关闭一些臃肿的机构，减少人力资源供给，并提高人力资源的利用效率。

2. 人力资源供给小于需求

人力资源供给小于需求，员工短缺，结果是企业设备闲置，固定资产利用率低，是一种浪费。人力资源供给小于需求时，一般可以采用如下政策和措施解决。

第一，内部调整。把内部相对富余的人员安排到人员短缺的岗位上去。企业的职位空缺应先考虑内部员工，既能降低成本，又为员工提供了发展空间，技能变化不大的职位调整不会带来生产率的损失，提升到比较复杂职位的员工必须有培训机会。

第二，技术创新。进行技术创新，增添新设备，以提高劳动生产率，降低对人力资源的需求。

第三，加班。在符合《中华人民共和国劳动法》等有关法律、行政法规规定的条件下，增加员工的工作时间和工作量，并给予相应的补偿，以应对员工的短期不足。加班的灵活性使企业在工作量临时增加时可以从容应对，但是加班不应该是变相地延长工作时间，也不应该以降低员工的工作质量为代价来推行。

第四，外部招聘。根据组织的具体情况，面向社会招聘所需人员，可以录用一些正式员工、兼职员工和临时员工。作为最常用的调整方法，外部招聘可使企业较快地得到熟练员工以满足一线生产需要，但从外部招聘的管理人员需要一段时间熟悉企业内部情况，见效较慢。

第五，员工培训。对组织的现有员工进行技能培训，提高劳动效率，使其不仅能适应当前的工作，还能适应更高层次的工作，并为职务的升迁做好准备。对员工进行必要的技能培训应该是企业常抓不懈的事情，可使企业近期与远期的各层次的工作都能有符合一定质量要求的人力资源供给。

第六，外包。组织根据自身情况，将较大范围的工作整个承包给外部的组织去完成。通过外包，组织可以将任务交给那些更有比较优势的外部代理人去做，从而提高效率，减少成本，减少组织内部对人力资源的需求。

3. 人力资源供求总量平衡，结构不平衡

人力资源供求结构上的不平衡，是指组织中某些部门或岗位人员过剩，而另一些部门或岗位人员短缺。对于这种供求失衡，可采取如下措施来协调：①通过组织内部人员的合理流动来满足空缺岗位对人力资源的需求。②对过剩员工进行有针对性的培训，提高他们的工作技能，将他们补充到空缺岗位上。③通过组织内外部人力资源的流动，平衡人员的需求，即从组织外部招聘合适的人员并补充到相应的岗位，同时减少另一些岗位上过剩的人力资源。

4. 人力资源规划供求平衡措施的比较

人力资源规划采取的不同的平衡措施，其实施效果差别很大，而且对企业和员工通常具有不同的含义。例如，在解决供给过剩问题方面，裁员要比自然减员速度快得多，因而对企业更有利；但对员工来说，裁员所带来的经济和心理方面的损害要比自然减员严重得多，因而可能会遭到员工的强烈反对。

在制定平衡人力资源供求的政策过程中，不可能是单一的供大于求、供小于求，最可能出现的是某些部门人力资源供过于求，而另几个部门供不应求。例如，高层次人员供不应求，而低层次人员的供给却远远超过需求量。所以，应具体情况具体分析，制定出相应的人力资源部门规划或业务规划，使人力资源在数量、质量、结构和层次等方面达到协调平衡。

总之，组织人力资源的供求平衡不仅是保持员工需求和供给的总量上的平衡，更重要的是实现员工在质量、层次和类别等供需结构上的平衡。

第二章 员工招聘与培训

第一节 员工招聘及其流程

一、员工招聘概述

（一）招聘的含义

1. 招聘的概念

招聘是指企业为了发展的需要，根据人力资源规划和工作分析的要求，寻找、吸引那些有能力又有兴趣到该企业任职的人员，并从中选出适宜人员予以录用的过程。招聘，一般由主体、载体及对象构成。主体就是用人者，也就是招聘单位，一般派出招聘专员具体负责招聘工作的组织和实施。载体是信息的传播体，也就是招聘信息传播的各类媒介。对象则是符合标准的应聘者。

2. 招聘的目标

①系统化的招聘管理可保证公司招聘工作的质量，为公司选拔合格、优秀的人才。如何提高招聘的有效性，是每一个企业都需要关注的问题，企业应根据不同岗位需求，灵活运用招聘方法，在保证招聘质量的情况下尽可能降低投入成本，通过与用人部门的积极配合、分工协作，提高招聘工作成效，减少招聘过程中的盲目性和随意性。

②实现员工个人与岗位的匹配是招聘的最终目的。这种匹配包括两个方面：一是岗位的要求与员工个人素质相匹配，二是工作报酬与员工个人的需要相匹配。要通过招聘把合适的人放在合适的岗位，量才适用，确保员工在工作岗位上能充分发挥主观能动性，从而提高企业核心竞争力。

（二）招聘的意义

1. 招聘是企业获取人力资源的关键环节

企业从创建到发展，人力资源的状况都处于不断变化之中。随着企业发展阶段的不同面临竞争环境的改变及竞争战略的调整，企业对人力资源的需求也会发生变化。

企业需要在不同时期获取不同的人力资源。对于新成立的企业，人员的招聘和选拔是企业成败的关键。只有招聘到符合企业发展目标，能够促进企业发展的员工，企业才能够具备利用物质资源的能力，从而进入正常的运营。对于已处于运作阶段的企业，由于需要应对外部环境的不断变化，招聘工作仍是一项关键性工作。企业在运行过程中，仍需要持续地获得符合企业需要的人才，从而保证自己在激烈的竞争中立于不败之地。因此，员工招聘是企业的一项经常性的工作，是获取人力资源的关键环节。

2. 招聘是企业人力资源管理工作的基础

人是一切管理工作的基础。招聘之所以是企业人力资源管理工作的基础，是由招聘工作的内容和劳动者在企业中的地位决定的。在整个人力资源管理体系中，招聘工作是一个基础环节，其他工作都是在招聘的基础上开展的。招聘工作做得好，就会形成一个比较优化的人力资源管理基础平台，使得后续工作得以高效开展。具体表现在以下几个方面：

①有效的招聘可以提高员工的满意度，降低员工流失率。有效的招聘意味着员工与他的工作岗位及工作薪酬相适应，员工在企业从事的工作能给他带来工作满意度和组织责任感，进而会减少员工旷工、士气低落和员工流动现象。

②有效的招聘可以减少员工的培训负担。新招聘员工的基本情况，如素质的高低、技能和知识的掌握程度、专业是否对口等，对后期员工的培训及使用都有很大影响。素质较好、知识技能较高、专业对口的员工接受培训的效果较好，经培训后成为合格员工，创造高绩效的概率也较高。

③有效的招聘可以增强团队工作士气。组织中大多数工作不是由员工单独完成，而是由多个员工共同组成的团队完成。这就要求组织在配备团队成员上，应了解和掌握员工在认知和个性上的差异状况，按照工作要求合理搭配，使其能够和谐相处，创造最大化的团队工作绩效。所以，有效的招聘管理会增加团队的工作士气，使团队内部员工能彼此配合默契，愉快和高效率地工作。

3. 招聘是企业宣传的有效途径

对于企业而言，在招收到所需的各种人才的同时，招聘也是企业向外界展现良好形象的重要途径。在招聘过程中，企业利用各种渠道和各种形式发布招聘信息，除了吸引更多的求职者，还能让外界更好地了解企业。有些企业以高薪、优厚的待遇和精心设计的招聘过程来表明企业对人才的渴求和重视，显示企业的实力。

4. 招聘是企业履行社会责任的必经过程

提供就业岗位是企业必须承担的社会责任，招聘是企业履行这一社会责任的必经过程。在招聘中坚持公开、公平、公正的原则既是对企业负责，也是对社会负责。公开招聘信息，公正科学地选拔人才，保障求职者公平就业的权利，既是企业应尽的社会责任，也是国家相关法律法规的明确要求。

（三）影响招聘的因素

招聘工作受到多方面因素的影响，主要有以下几种：

1. 外部因素

（1）国家的法律法规

国家的法律和法规，特别是劳动法对招聘工作有很大影响。劳动法既涉及组织和员工的利益，又关系到社会的稳定。劳动法规定，劳动者享有平等就业和选择职业的权利。企业在招聘工作中，可根据生产经营的需要自行确定机构设置和人员编制，但不得招聘在校学生不满十六岁的未成年人；若招聘从事有毒有害作业和特别繁重体力劳动工种的，申请人最低年龄必须满十八岁。企业招聘不得歧视残障人士，劳动者不因民族、种族、性别、信仰不同而受歧视。

（2）外部劳动力市场

在劳动力市场上，劳动者的供需情况会对企业招聘产生一定的影响。一方面，不同类型人员的供求状况存在很大差异。一般情况下，招聘岗位所需的技能要求越低，市场的供给就越充足，招聘工作相对容易。招聘岗位所需条件越高，劳动力市场的供给就越不足，招聘工作相对比较困难。另一方面，劳动力分布情况随着时间季节等因素的影响也在不断发生变化。

（3）外部经济发展水平

外部经济发展水平包括两个方面：一是招聘单位所在地区的经济发展水平，二是竞争对手的经济发展水平。由于我国经济发展不平衡造成了各地区人才分布的不平衡，经济发达地区各类人才蜂拥而至，为员工招聘提供了更多机会，而经济欠发达地区人才纷纷外流，增加了员工招聘的难度。竞争对手的经济实力及其他综合因素等都会对企业招聘工作产生一定影响，在招聘时，也要尽可能多地了解竞争对手的实力，这样才能提高企业的招聘效率。

2. 内部因素

（1）企业的发展战略

企业的发展战略决定了企业对人力资源的需求状况。当企业处于快速发展时期，企业谋求进一步发展的情况下，对人力资源的需求较大；当企业在市场中处于劣势地位，发展较为困难的情况下，对人力资源的需求相对较少。

（2）企业的政策安排

企业的政策安排决定着招聘政策和招聘活动。一些大型企业由于工作岗位较多，一旦出现岗位空缺，更倾向于内部招聘，以便为员工提供更多的工作轮换和晋升机会，为员工发展创造空间。相对而言，小型企业更倾向于从组织外部招聘有岗位工作经验的人员。此外，企业的薪酬政策、培训政策等都对招聘有重大影响。

（四）招聘的原则

1. 因事择人原则

所谓因事择人，就是员工的选聘应以实际工作需要和岗位空缺情况为出发点，以岗位对人员的实际要求为标准，根据岗位对任职者的资格要求选拔录用各类人才。遵循因事择人原则，一方面能够避免出现因人设岗现象带来的人浮于事、机构臃肿现象；另一方面可使员工与岗位相匹配，做到人尽其才，避免大材小用的人才浪费现象。

2. 经济效益原则

企业的员工招聘必须以确保企业的经济效益为目标。招聘计划的制订要以企业的需要为依据，以保证经济效益的提高为前提。因此，在招聘的时候不仅要考虑人员的素质，还要考虑报酬因素，综合分析对企业现在和将来经济效益的影响。坚持"可招可不招时尽量不招""可少招可多招时尽量少招"的原则，用尽可能低的招聘成本录用到合适的最佳人选。

3. 公开公平公正原则

企业招聘应贯彻公开公平公正原则，使整个招聘工作在社会监督之下开展。公开就是要公示招聘信息、招聘方法，这样既可以防止出现以权谋私、假公济私的现象，又能吸引大量应聘者。公平公正就是确保招聘制度给予合格应聘者平等的获选机会。遵循公开公平公正原则，可以有效防止不正之风，努力为有志之士、有才之子提供平等的竞争机会，还可以吸引大批的应聘者，扩大选择的范围，有利于人尽其才。

4. 竞争择优原则

竞争择优原则是指在员工招聘中引入竞争机制，在对应聘者的思想素质、道德品质、业务能力等方面进行全面考察的基础上，按照考察的成绩择优选拔录用员工。通过竞争上岗择优录用，好中选优，优中选强，把人品和能力经得起检验的人选拔到合适的工作岗位上来，体现公平性，是让优秀人才脱颖而出的有效途径。

5. 双向选择原则

招聘是一个双向选择的过程。企业要选择能够胜任岗位工作，为企业创造价值的员工而个人则是在寻找一份报酬公平，能够体现其个人价值的工作。双向选择能够实现人力资源的最优配置。企业要根据自身发展和岗位的要求实事求是地开展宣传，劳动者则根据自身能力和意愿，结合劳动力市场供求状况自主选择职业。双向选择原则一方面能使企业不断提高效益，改善自身形象，增强自身吸引力；另一方面，还能使劳动者为了获得理想的职业，努力提高自身的知识水平和专业素质，在招聘竞争中取胜。

二、员工招聘流程

（一）招聘流程

1. 招聘计划的制定

招聘计划是在人力资源计划基础上产生的。企业发现有些职位空缺需要有人来添补，就会提出员工招聘的要求。一份完整的招聘计划通常包括人员需求、招聘信息发布的时间和渠道、招聘小组人选、应聘者的考核方案、招聘费用预算及招聘的工作时间等。制订招聘计划是项复杂的工作，大型企业常聘请组织外部的人力资源问题专家制订和执行招聘计划，小型企业中通常由人力资源部人员负责此项工作。

2. 招聘信息发布

企业在做出招聘计划后，就可进行招聘信息发布工作。企业在发布招聘信息时，必须遵循一定的原则：第一，及时原则。招聘信息必须及时发布，这样可以使招聘信息尽早地向社会公布，有利于更多的人获取信息，使应聘人数增加。第二，面广原则。接收到信息的人越多，面越广，应聘的人也就越多，这样招聘到合适人选的概率也越大。第三，层次原则。招聘时要根据招聘岗位的特点，向特定层次的人员发布招聘信息。此外，招聘信息发布渠道的选择也十分重要。一般而言，广告招聘能够比其他的招聘方式吸引更多的应聘者。广告已经成为广大企业普遍采用的一种招聘方式。

3. 简历筛选

在众多的求职简历中筛选人才，是企业招聘的一项重要工作。规范的企业有详细的岗位说明书，按照岗位说明书精简出来的岗位描述和岗位要求是简历筛选的第一依据。简历与岗位说明书的匹配度越高，获得面试的机会也越大。在简历中需要满足的基本条件是教育程度、专业背景、相关工作经验、相关技能，简历的排版书写也是筛选的一项内容。只有在申请数量非常有限时，简历的筛选才会适度放宽条件。

4. 应聘者选拔

对应聘人员的选拔是招聘过程的重要步骤。选拔的方法主要有笔试、面试、情景模拟测试等，其中，面试是目前应用最为广泛、发展最为成熟的一种选拔方法。面试的过程要尽可能多地了解应聘者的各种信息，包括应聘者的工作经历、教育程度、家庭背景、现代社会适应特征、应聘者的动机与性格、情绪稳定性等。面试的目的主要是发现应聘者的态度、感情、思维方式、人格特征、行为特点及洞察其敬业精神。

5. 员工录用

经过简历筛选、面试等环节后，企业基本能够确定候选人。但在与候选人签订录用合同前，还必须对候选人进行背景调查及学历认证，主要是考察应聘者是否达到学历要求，过去的工作经历如何，是否有违法犯罪或者违纪等不良行为。一般来说，调查通常会由浅入深，主要采取电话（互联网）咨询、问卷调查和面对面访谈几种形式，必要的时候，企业还可向学校的学籍管理部门、历任雇佣公司的人事部门、档案管理部门进行公函式的调查，以得到最真实可靠的消息。如果背景调查及学历认证均无问题，那么就可以发出录用通知。

6. 招聘评估与总结

一般在一次招聘工作结束之后，都要对整个招聘工作做一个总结和评价，主要是对招聘结果、招聘的成本和效益及招聘方法进行评估，并将评估结果撰写成评估报告或工作总结，为下一次招聘提供借鉴。

（二）招聘渠道

企业进行员工招聘的渠道一般有两种，即内部招聘和外部招聘。

1. 内部招聘

内部招聘是指在企业内部通过晋升、竞聘或人员调配等方式，由企业内部的人员来弥补空缺职位。企业内部招聘和人才选拔机制的确立，有利于员工的职业生涯发展，留住核心人才，形成人力资源内部的优化配置。

内部招聘对企业而言，有很多优点。首先，内部招聘可以使企业得到大量自己非常熟悉的员工，不必再花费很大力气去认识和了解新员工。其次，这些应聘者对企业的状况及空缺职位的性质都比较了解，省去了很多适应岗位的麻烦。但如果企业仅仅采用内部招聘的做法，久而久之会出现思维僵化、"近亲繁殖"等弊端，很难适应创新的市场要求。

2. 外部招聘

外部招聘是指从企业外部获取符合空缺职位工作要求的人员来弥补企业的人力资源短缺，或为企业储备人才。当企业内部的人力资源不能满足企业发展的需要时，如某些初等职位及一些特定的高层职位，企业内部可能没有合适的人选，则应选择通过外部渠道进行招聘。从外部招聘的人员可以为组织带来新的思维模式和新的理念，有利于组织的创新。

（三）招聘方法

1. 内部招聘的方法

（1）内部晋升或岗位轮换

内部晋升是指企业内部符合条件的员工从现有的岗位晋升到更高层次岗位的过程。岗位轮换是指企业有计划地按照大体确定的期限，让员工轮换担任若干种不同工作的人才培养方式。

内部晋升和岗位轮换需要建立在系统的职位管理和员工职业生涯规划管理体系的基础之上。首先，要建立一套完善的职位体系，明确不同职位的关键职责、职位级别、职位的晋升轮换关系，指明哪些职位可以晋升到哪些职位，哪些职位之间可以进行轮换。

其次，企业要建立完善的职业生涯管理体系。在每次绩效评定的时候，企业要对员工的工作目标完成情况及工作能力进行评估，建立员工发展档案。同时，要了解员工个人的职业发展愿望，根据员工意愿及发展可能性进行岗位的有序轮换，并提升有潜力的业绩优秀的员工。

（2）内部公开招聘

在公司内部有职位空缺时，可以通过内部公告的形式进行公开招聘。一般的做法是在公司的内部主页、公告栏或以电子邮件的方式通告给全体员工，符合条件的员工可以根据自己的意愿自由应聘。这种招聘方法能够给员工提供一个公平选择工作岗位的机会，能使企业内最合适的员工有机会从事该工作，有利于调动员工的积极性，更符合"人性化管理"理念。但这种方法若采用不当，会使企业内部缺乏稳定，影响落选员工的工作积极性和工作表现。为保证招聘的质量，对应聘内部招聘岗位的员工需要有一定的条件限定，鼓励工作负责、成绩优秀的员工合理流动。同时，参加内部应聘的员工也要像外部招聘的候选人一样接受选拔评价程序，对于经过选拔评价符合任职资格的员工才能予以录用。

（3）内部员工推荐

当企业内部出现职位空缺时，不仅要鼓励内部员工应聘，还要鼓励员工为公司推荐优秀人才。这里包含了两个方面的内容：一是本部门主管对员工的推荐，二是内部员工的评价推荐。主管对本部门员工的工作能力有较为全面的了解，通常当部门主管有权挑选或决定晋升人选时，他们会更关注员工的工作细节和潜在能力，会在人员培养方面投入更多的精力，同时会促使那些正在寻求晋升机会的员工努力争取更好的工作表现。但由于主管推荐很难不受主观因素的影响，多数员工会质疑这种方式的公平性，因此，主管推荐还应与员工评价相结合，从而保证推荐工作的客观性和公正性。同时，为了保证内部推荐的质量，企业还必须对推荐者的推荐情况进行跟踪和记录，以确保推荐的可靠性。

（4）临时人员转正

企业由于岗位需要会雇佣临时人员，这些临时员工也是补充职位空缺的来源。正式岗位出现空缺，而临时人员的能力和资格又符合所需岗位的任职资格要求时，可以考虑临时人员转正，以补充空缺。

2. 外部招聘的方法

（1）发布招聘广告

所谓招聘广告，即将企业有关岗位招聘的信息刊登在适当的媒体上，如报纸、杂志、电视、网站，或散发印刷品等，这是一种最为普遍的招聘方式。刊登的内容一般包括：公司的简单介绍，岗位需求，申请人的资历、学历、能力要求等。这种招聘方式的优点是，覆盖面比较广，发布职位信息多，信息发布迅速，联系快捷方便。缺点是对应聘者信息的真实性较难辨别，成本较高。各种媒体广告都有其不同的优缺点和适用情况，因此在发布招聘广告时，对媒体的选择尤为重要。

（2）就业服务机构和猎头公司

就业服务机构是指帮助企业挑选人才，为求职者推荐工作单位的组织，根据举办方的性质可分为公共就业服务机构和私人就业服务机构。公共就业服务机构是由政府举办，向用人单位和求职者提供就业信息，并帮助解决就业困难的公益性组织，如我国各地市人事局下设的人才服务中心。随着人力资源流动的频繁，我国也出现了大量的私人就业中介机构。除提供与公共就业机构相同的服务职能外，更侧重于为企业提供代理招聘的服务，也就是招聘外包的解决方案。这类就业服务机构主要适用于招聘初级人才、中高年龄人才和一些技术工人。经就业服务机构推荐的人员一般都经过筛选，因此招聘成功率比较高，上岗效果也比较好；一些规范化的交流中心还能提供后续服务，使招聘企业感到放心，招聘快捷，省时省力，针对性强，费用低廉。

猎头公司是依靠猎取社会所需各类高级人才而生存、获利的中介组织。因此，主要适用于招聘那些工作经验比较丰富、在行业中和相应岗位上比较难得的尖端人才。这种源于西方国家的招聘方式，近年来成为我国不少企业招聘高级管理人员时的首选。但因其高额的收费，只能是在有足够的招聘经费预算的情况下，为企业非常重要的职位招聘时选择。

（3）校园招聘

当企业需要招聘财务、计算机、工程管理、法律、行政管理等领域的专业化工作的初级水平的员工，或为企业培养和储备专业技术人才和管理人才时，校园招聘是达到以上招聘目的的最佳方式。校园招聘的主要方式是张贴招聘广告、设摊摆点招聘、举办招聘讲座和校园招聘会及学校推荐等。在整个过程中，要熟悉招聘应届毕业生的流程和时间限制，特别加强与高校就业指导部门的联系，办理好接收应届毕业生的相关人事手续。校园招聘的应聘者一般都是应届大学生，他们普遍是年轻人，学历较高，工作经验少，可塑性强，进入工作岗位后能较快地熟悉业务。但由于毕业生缺乏工作经验，企业在将来的岗位培训上成本较高，且不少学生由于刚步入社会，对自己的定位还不清楚，工作的流动性也比较大。此外，毕业生往往面对多家企业的挑选，特别是出类拔萃的人选，很可能同时被多家企业录用，违约是比较常见的现象，也使得校园招聘成本比较高。

（4）人才交流会

随着人力资源市场的建立和发展，人才交流会成为重要的招聘形式。通常人才交流会是由有资格的政府职能部门或下属机构主办，有明确的主题，专门针对一个或少数几个领域开展人才交流活动。实际上就是为企业和应聘者牵线搭桥，使企业和应聘者可以直接进行接洽和交流，既节省了企业和应聘者的时间，还可以为招聘负责人提供不少有价值的信息。这种方法对招聘通用类专业的中级人才和初级人才比较有效。由于应聘者集中，人才分布领域广泛，企业的选择余地较大，企业通过人才交流会，不仅可以了解当地人力资源素质和走向，还可以了解同行业其他企业的人事政策等情况，而且招聘费用比较少，招聘周期较短，招聘工作量较小，能尽快招聘到所需人才。

（5）网络招聘

网络招聘也被称为电子招聘，是指通过技术手段的运用，帮助企业完成招聘的过程，即企业通过公司自己的网站、第三方招聘网站等机构，使用建立数据库或搜索引擎等工具来完成招聘的一种方式。

网络招聘已逐渐成为人员招聘最为重要的方式之一。数以万计的专门的求职招聘网站、大型门户网站的招聘频道和网上人才信息数据库等成为新兴的"人才市场"。网络招聘的兴起不仅是因为其成本低廉，更重要的是因为网络招聘是现存各种招聘方式中最符合未来社会人才高速流转要求的，而且随着网络音频、视频技术的飞速革新，网络招聘缺乏立体感的死结也将打开，应该说网络招聘的前景十分广阔。不过，网络招聘要警惕和排除虚假信息的感染，以免影响组织招聘的效益和效率。

网络招聘有以下几种渠道：

①注册成为人才网站的会员，在人才网站上发布招聘信息，收集求职者的信息资料，这是目前大多数企业在网上招聘的方式。由于人才网站上资料全，日访问量高，所以企业往往能较快招聘到合适的人才。同时，由于人才网站收费较低，很多企业往往会同时在几家网站注册会员，这样可以收到众多求职者的资料，可挑选的余地较大。

②在企业自己的主页或网站上发布招聘信息。很多企业在自己的站点上发布招聘信息，以吸引来访问的人员加入。

③在某些专业的网站发布招聘信息。由于专业网站往往能聚集某一行业的精英，在这样的网站发布招聘信息往往效果更好。

④在特定的网站上发布招聘广告。有些公司会选择在一些浏览量很大的网站做招聘广告。

⑤利用搜索引擎搜索相关专业网站及网页，发现可用人才。

⑥通过网络猎头公司。专业的网络猎头公司利用互联网将其触角伸得更深更远，搜寻的范围更加广阔。

⑦在 BBS、聊天室里发现和挖掘出色人才。

网络招聘具有覆盖面广、方便、快捷、时效性强、成本低和针对性强等优势，但也存在着信息真实度低、应用范围狭窄、基础环境薄弱、信息处理的难度大和网络招聘的成功率较低等不足。

综上所述，员工招聘的方法是多种多样的，并有着各自不同的特点。在具体实施招聘工作时，企业要结合自身实际情况，灵活运用，选择适合的招聘方式。

第二节　员工招聘实务

一、招聘计划制定

招聘计划是根据企业的人力资源规划，在工作分析的基础上，通过分析与预测组织岗位空缺及合格员工获得的可能性，所制订的实现员工补充的一系列工作安排。

（一）招聘计划的内容

一份完整的招聘计划通常包括以下内容：

①人员需求，包括招聘的岗位名称、人数、任职资格要求等内容。

②招聘信息发布的时间和渠道。

③招聘小组人选，包括小组人员姓名、职务、各自的职责。

④应聘者的考核方案，包括考核的方式、考核的场所、答题时间、题目设计者姓名等。

⑤招聘费用预算，包括资料费、广告费等其他费用。

⑥招聘的工作时间，包括招聘的具体时间安排、招聘的截止日期。

（二）招聘计划的编写步骤

招聘计划的编写一般包括以下步骤：

①获取人员需求信息。人员需求信息一般来源于三个方面：一是企业人力资源计划中的明确规定；二是企业在职人员离职产生的空缺；三是部门经理递交的经领导批准的招聘申请。

②选择招聘信息的发布时间和发布渠道。

③初步确定招聘小组。

④初步确定选择考核方案。

⑤明确招聘预算。

⑥编写招聘工作时间表。

二、招聘广告撰写

招聘广告是企业员工招聘的重要工具之一。广告设计的好坏，直接影响到应聘者的素质和企业的竞争能力。

（一）招聘广告的编写原则

1. 真实

真实是招聘广告编写的首要原则。招聘广告的编写必须保证内容客观、真实，对广告中涉及的录用人员的劳动合同、薪酬、福利等政策必须兑现。

2. 合法

广告中出现的信息要符合国家和地方的法律、法规和政策。

3. 简洁

广告的编写要简洁明了，重点突出招聘岗位名称、任职资格、工作职责、工作地点、薪资水平、社会保障、福利待遇、联系方式等内容。对公司的介绍要简明扼要，不要喧宾夺主。

（二）招聘广告的内容

不同媒介使用的广告形式有所不同，但广告的内容基本相似。招聘广告的内容包括以下几方面：

①广告题目，一般是"××公司招聘""高薪诚聘"等。

②公司简介，包括公司的全称、性质、主营业务等，文字要简明扼要。

③招聘岗位，包括岗位名称、任职资格、工作职责、工作地点等内容。

④人事政策，包括公司的薪酬政策、社会保障政策、福利政策、培训政策等内容。

⑤联系方式，包括公司地址、联系电话、传真、网址、电子邮箱、联系人等内容。

三、工作申请表设计

应聘者在应聘前，通常都要填写一份表格，这份表格就是工作申请表。工作申请表，一般有三个作用：第一，了解应聘者的基本信息，确定申请人是否符合工作所需的最低资格要求；第二，根据应聘者提供的信息，判断应聘者是否具有某些与工作岗位相关的能力与素质第三，为后期应聘者进行选拔测试工作提供重要的参考信息。工作申请表是应聘者信息筛选的第一个关卡，精心设计的工作申请表可以让这一工具为招聘工作的有效实施发挥更大作用。

（一）工作申请表的设计原则

1. 简明扼要

工作申请表是给多个应聘者申请职位时填写的，如果申请表设计得太过复杂烦琐，填写者出错的概率也会增加，也会给企业相关的人力资源工作带来麻烦。

2. 针对性强

针对企业不同的岗位应设计出不同形式的申请表，这样不但能够提升工作申请表的效用，也为后续的工作收集了针对性的信息。

3. 便于检索保管

工作申请表不仅仅用于对应聘者信息的收集和初选，还可以丰富企业人力资源部门的人才资源库，完善的工作申请表对企业开展人力资源数字化管理具有推动作用。

（二）工作申请表的设计内容

①工作申请表第一部分一般都用于采集应聘者的基本信息。例如，姓名、性别、籍贯、出生年月、文化程度、专业方向及联系方式等

②工作申请表的第二部分一般用于采集应聘者的能力信息。例如，计算机英语水平、教育背景、爱好特长、工作经历、职业资格及获奖荣誉等。这些信息是判断应聘者是否具备岗位能力和条件的最基本依据。

四、简历筛选途径

简历是对个人学历、经历、特长、爱好及其他有关情况所做的简明扼要的书面介绍。对于企业招聘来说，筛选简历是招聘工作中很重要的一项工作。

（一）简历阅读技巧

①浏览简历时，应从以下几方面采集应聘者信息。筛选过程中应注意那些易暴露应聘者缺点的地方。例如，对个人信息或教育背景过多的介绍，可能说明应聘者缺乏工作经验；只介绍工作单位、工作岗位，未介绍工作成果，则可能在原岗位工作平平，或不能很好地胜任原岗位工作；没有持续上升的职业发展状况，则可能说明潜力较低等信息。

②寻找附有求职信的简历，这样的应聘者可能很在意企业提供的岗位。

③警惕冗长的简历，多余的解释可能表明办事不利索或用以掩盖基本努力和经验的不足。

④仔细寻找与成就有关的内容。

⑤制作草率简历的人，如简历中多次出现错别字的，通常不会把事情做好。

（二）简历分类技巧

经过筛选，可将简历分为拒绝类、基本类、重点类三种。

①拒绝类：完全不符合企业岗位的招聘要求，招聘人员无须再对其进行关注的简历。

②基本类：基本符合企业岗位的招聘要求，但是不太突出或者还有不太理想的方面，招聘人员可以先将这些简历保存，留作招聘后备人员。

③重点类：完全符合企业岗位招聘要求，或者应聘者有突出点，招聘人员应该对该类简历加以重点分析研究，作为下一步面试、笔试等工作的准备。

（三）简历筛选方法

简历筛选的方法多种多样，较为科学的筛选方法为加权计分法。加权计分法是企业在整理出所招聘岗位的各项要求标准后，按其重要程度进行排序并确定其权重大小，依据应聘者各方面的自身条件，对照所申请岗位的要求标准实施计分。具体分为四个步骤：第一，企业招聘人员整理出所招聘岗位的各项要求标准；第二，按照各要求标准的重要程度进行排序，确定其权重大小；第三，判断应聘者的条件是否符合所申请的工作岗位各项标准并且记分；第四，结合各项标准的权重，将每一个应聘者的各项得分相加，并从高到低排序；第五，依据企业下一步招聘计划，确定候选者。

五、面试工作

（一）面试的分类

1. 结构化面试

又称标准化面试，是指根据特定职位的胜任特征要求，遵循固定的程序，采用专门的题库、评价标准和评价方法，通过考官小组与应聘者面对面的言语交流等方式，评价应聘者是否符合招聘岗位要求的人才测评方法。主要包括三方面的特点：一是面试过程把握的结构化，在面试的起始阶段、核心阶段、收尾阶段，主考官要做些什么、注意些什么、要达到什么目的，事前都会做相应的策划。二是面试试题的结构化，在面试过程中，主考官要考查考生哪些方面的素质，围绕这些考查角度主要提哪些问题，在什么时候提出，怎样提，都有固定的模式和提纲。三是面试结果评判的结构化，从哪些角度来评判考生的面试表现，等级如何区分，甚至如何打分等，在面试前都会有相应的规定，并在众考官间统一尺度。结构化面试适合于专业技术性强的岗位。

2. 非结构化面试

面试提问没有固定的模式和提纲，面试问题大多属于开放式问题，没有标准答案。非结构化面试主要考查应聘者的服务意识、人际交往能力、进取心等非智力素质，适合考察从事服务性或事物性工作的岗位。非结构化面试主要采用情景模拟方式开展。

3. 半结构化面试

这是指面试构成要素中有的内容作统一要求，有的内容则不作统一要求，也就是在预先设计好的试题的基础上，面试中主考官向应试者又提出一些随机的试题。半结构化面试是介于非结构化面试和结构化面试之间的一种形式，它结合了两者的优点，有效避免了单一方法上的不足，具有双向沟通性的特点。面试官可以获得更为丰富、完整和深入的信息，并且面试可以做到内容的结构性和灵活性的结合。近年来，半结构化面试越来越得到广泛使用。

（二）面试的方法

1. 面试前的准备

①面试场地布置：面试场地一般有三种类型，长条桌型的面试场地是最常见的，这种面试形式正规严谨，视野通透，便于观察应聘者的全部举动。圆形桌型的面试适合资深专业类和管理类的应聘者，这种形式能缓解应聘者的紧张感，给他们一种与面试官平等的感觉，但是看不到应聘者的全貌，有些身体语言信息容易被忽视。

②面试问题准备：企业招聘面试应关注的问题，包括以下几个方面：应聘动机；以往的生活和工作经历；兴趣爱好和特长；与所聘岗位相关的知识和经验；素质与所聘岗位的匹配度；对待工作价值、责任、挑战、成就的看法；对工作条件和奖酬待遇的要求和看法；处理人际关系的方式和态度；研究和解决问题的习惯及思路等。

③面试表格准备：在面试的时候，招聘专员不但要积极倾听，还应该做一些笔记。一方面，由于应聘者各有特点，招聘专员很难准确地把握应聘者提供的信息并做出客观准确的判断；另一方面，做好面试记录也是招聘过程记录的一部分，能够为后期人才选拔提供参考资料。

2. 面试的开场

让应聘者介绍自己，并介绍面试的大致安排，建立和谐的气氛。

3. 正式面试环节

招聘专员通过提问方式，介绍企业情况，获取应聘者信息。常见的提问形式如表2-1所示。

表2-1 常见问题形式

序号	问题形式	问题描述	举例	注意事项
1	开放式问题	非限定性问题，能够得到广泛回答	业余时间您做些什么？	提问者要注意控制应聘者的回答内容，避免跑题而浪费时间
2	封闭式问题	绝对性问题，只回答"是"或"不是"	是不是您负责整个项目的组织工作？	这种提问方式在一定程度上会暴露招聘专员所想要的答案，因此求职者可能不会真实回答
3	假设式问题	假设一种情况，问对方如何处理	如果您很长时间没有取得进展，您会怎样处理？	可以让招聘专员短时间内了解应聘者在特定情境下处理问题的能力，但应聘者如果提前准备充分，也不排除他们回答的真实性
4	肯定澄清式	用自己的语言将了解的信息重述一次，澄清对方的意思	您的意思是说您绝对不会放弃？	目的在于让应聘者对含糊不清的回答进一步明确，避免出现对应聘者能力和素质的误判
5	细分证实式	从广泛的问题渐渐细分得到一个肯定的答复	您如何安排时间上的冲突？	招聘专员对应聘者某个方面特别感兴趣时可深入了解
6	压力性提问	提出让回答者处理两难境地的问题	看上去您前一份工作做得很好，为什么您没有被提拔呢？	这类问题本身并不在于应聘者的答案怎样，而在于应聘者回答的过程和他的思维方式，以及他对这种压力性问题的表现

4. 面试结束

在面试结束时，应留有时间回答应聘者的提问，努力以积极的态度结束面试。如果不能马上做出决策时，应当告诉应聘者怎样尽快知道面试结果。

（三）无领导小组讨论

无领导小组讨论，是企业招聘选拔人员时，由一组应聘者开会讨论一个企业实际经营中存在的问题，讨论前并不指定谁主持会议，在讨论中观察每一个应聘者的发言，观察他们如何互相影响，以及每个人的领导能力和沟通技巧如何，以便了解应聘者心理素质和潜在能大的一种测评选拔方法。

1. 无领导小组讨论的类型

①根据讨论的主题有无情景性，分为无情景性讨论和情景性讨论。无情景性讨论一般针对某一个开放性的问题来进行。例如，好的管理者应具备哪些素质？或是一个两难问题。例如，在企业中，管理者应该更重公平还是更重效率？情景性讨论一般是把应聘者放在某个假设的情景中来进行。例如，假定各个应聘者均是某公司的高级管理者，让他们通过讨论去解决公司的裁员问题，或是解决公司的资金调配问题等。

②根据是否给应聘者分配角色，可以分为不定角色的讨论和指定角色的讨论。不定角色的讨论是指小组中的应聘者在讨论过程中不扮演任何角色，可以自由地就所讨论的问题发表自己的见解，既可以局中人的身份进行分析，也可以从旁进行客观的评论，具有一定的灵活性。在指定角色的小组讨论中，应聘者分别被赋予一个固定的角色。例如，让他们分别担任财务经理、销售经理、人事经理、生产经理等职务，以各自不同的身份参与讨论，在各角色的基本礼仪不完全一致甚至有矛盾的前提下，进行自由讨论，并达成一致意见。

2. 无领导小组讨论的流程

①编制讨论题目。无领导小组题目的类型包含实际操作性问题、开放式问题、选择与排序问题、两难问题与资源争夺性问题等。

②设计评分表（表2-2）。

表2-2　无领导小组讨论评分表

测评指标	决策能力	计划能力	组织协调能力	人际影响力	团队合作能力	语言表达能力	灵活性	推理能力	创新能力
权重	17	15	15	13	13	10	6	5	6
行为记录									
评分									
加权得分									
评分标准：优 –10 良 –7 中 –4 差 –1									

③讨论场地布置。无领导小组讨论的实施环节一般要求为：场地安静、宽敞、明亮。讨论者、观察者之间的距离应该远近适中。常见的无领导小组讨论的场地布置形式有方形布置和条形布置。无领导小组讨论会场布置。

④组织应聘者抽签，确定座次，组织应聘者进入场地并对号入座。

⑤宣读指导语。主考官向应聘者宣读无领导小组讨论测试的指导语，介绍讨论题的背景资料、讨论步骤和讨论要求。主考官要使用规范的指导用语，指导用语的内容包括每组所要完成的任务、时间及注意事项

⑥讨论阶段。进入正式讨论阶段，一切活动都由被测评小组成员自己决定，主考官一般不做任何发言，招聘专员要做的就是观察各成员，并在评分表上给每个人进行计分。

应聘者讨论的内容既可以是对自己最初观点的补充与修正，也可以是对他人的某一观点与方案进行分析或者提出不同见解，还可以是在对大家提出的各种方案的比较基础上提出更加优秀、可行的行为方案。讨论最后必须达成一致意见。讨论的一般流程是，小组成员先轮流阐述自己的观点，然后相互之间进行交叉辩论，继续阐明自己的观点，最后小组选出一名核心人物，以小组领导者的身份进行总结。

无领导小组在讨论过程中，招聘专员的观察要点包括以下几个方面：一是发言内容，也就是应聘者说话的内容；二是发言形式和特点，也就是应聘者说话的方式和语气；三是发言的影响，也就是应聘者的发言对整个讨论的进程产生了哪些作用。

⑦评价与总结。在整个无领导小组讨论中，可以采用录像机进行检测录像，在应聘者讨论过程中，考官按照事先设计好的测评要素和观察点进行评价，并召开评分讨论会，参考录像资料再对每个应聘者的表现逐一进行评价。通过召开讨论会，招聘专员之间可以充分交换意见，补充自己观察时的遗漏，对应聘者做出更加全面的评价。

当招聘专员都认为他们已经获得了足够的信息，就可以针对各测评指标进行评分。再结合具体的测评权重系数，计算出应聘者的综合得分。最后根据评定意见和综合得分形成最终的综合评定录用结果。

六、录用工作

经过简历筛选、笔试、面试等一系列招聘选拔手段后，企业能够做出初步的录用决策。但在正式签署录用合同前，还需对应聘者进行背景调查和学历认证。

（一）背景调查

在前期的招聘选拔过程中，所有的信息都是从应聘者方面直接获得的，企业还应了解应聘者的一些背景信息。背景调查就是对应聘者的与工作有关的一些背景信息进行查证，以确定其任职资格。通过背景调查，一方面可以发现应聘者过去是否有不良记录，另一方面也可以考察应聘者的诚信度。此外，当企业在面试过程中对应聘者某些表现或所描述的事件表示怀疑，需要寻求有效证据时，也应进行背景调查。

背景调查一般由以下几个路径实现：

①人事部门：了解离职原因、工作起止时间、是否有违规行为等记录。

②部门主管：了解工作表现、胜任程度、团队合作情况和工作潜力。

③部门同事：了解工作表现、服务意识、团队合作等方面。

进行背景调查应注意几个问题：

①不要只听信一个被调查者或者一个渠道来源的信息，应该从各个不同的信息渠道

验证信息。尤其是遇到某些不良评价时，不能轻信，而应扩大调查范围，确保调查客观、公正。

②如果一个应聘者还没有离开原有的工作单位，那么在向他的雇主进行背景调查时应该注意技巧，不要给原雇主留下该应聘者将要跳槽的印象，否则对该应聘者不利。

③只花费时间调查与应聘者未来工作有关的信息，不要将时间花在无用的信息上。

④必要的时候，可以委托专业的调查机构进行调查，因为他们会有更加广泛的渠道与证明人联系，并且在询问的技巧方面更加专业。

（二）学历认证

在招聘中有部分应聘者会在受教育程度上作假，因为目前很多招聘的职位都会对学历提出要求，所以那些没有达到学历要求的应聘者就有可能对此进行伪装，因此在招聘中有必要对应聘者的学历进行认证。在我国，基本所有大学的毕业证书和正规部门出具的技能证书，都能在官网上进行查询认证。针对国外的证书，我国教育部和人力资源社会保障部特别设立海外大学文凭认证中心，帮助用人单位鉴定应聘者的学历真伪，但这项认证程序较多，耗时较长。

（三）录用决定

企业在做出录用决定时，应尽可能地将一些不确定因素考虑在内。例如，企业要做好应聘者拒绝录用的心理准备，在录用时应该准备不止一名候选人的录用材料。同时，还应准备新员工个人档案登记表，以便新员工入职时登记员工的基本信息，为建立员工档案做好准备。

（四）录用通知

录用通知一般是通过面谈或者电话告知应聘者，在沟通时，要注意了解应聘者所关心或担心的问题，了解其何时能做出接受录用的决定，了解他们是否在考虑其他企业。对于那些没有被录用的候选人，也应告诉他们未被录用的信息。

七、招聘工作评估与总结

招聘评估主要是对招聘的结果、招聘的成本和招聘的方法等方面进行评估。一般在一次招聘工作结束之后，要对整个招聘工作做一个总结和评价，目的是进一步提高下次招聘工作的效率。

（一）招聘成本效益评估

招聘成本效益评估是指对招聘中的费用进行调查、核实，并对照预算进行评价的过程。

计算公式为：招聘单位成本 = 招聘总成本（元）/ 实际录用人数（人）。

招聘总成本由两部分组成，一部分是直接成本，包括招聘费用、选拔费用、录用员工的家庭安置费用和工作安置费用、其他费用（如招聘人员差旅费、应聘人员招待费等）。

另一部分是间接成本，包括内部提升费用、工作流动费用等。

如果招聘总成本少，录用人数多，意味着招聘单位成本低；反之，则意味着招聘单位成本高。

（二）录用人员评估

录用人员评估是指根据招聘计划对录用人员的质量和数量进行评价的过程。一般包括以下几个指标。

1. 录用比

录用比反映的是最终录用人数在应聘人数中所占比例情况。录用比越小，录用者的素质越高；反之，录用者的素质较低。

$$录用比 = （录用人数 / 应聘人数） \times 100\%$$

2. 招聘完成比

招聘完成比反映招聘完成情况。如果招聘完成比等于或大于100%，则说明在数量上全面或超额完成招聘计划。

$$招聘完成比 = （录用人数 / 计划招聘人数） \times 100\%$$

3. 应聘比

应聘比反映的是招聘宣传的力度和招聘广告的吸引力。应聘比越大，说明招聘信息发布效果越好，同时说明录用人员素质可能较高。

$$应聘比 = 应聘人数 / 计划招聘人数$$

（三）撰写招聘总结

招聘工作的最后一步，是撰写招聘工作总结，对招聘工作进行全面概括，总结招聘成果，指出招聘过程中的不足之处，为下一次招聘提供参考。招聘总结主要包括招聘计划、招聘进程、招聘结果、招聘经费和招聘评定五方面的内容。

第三节　员工培训

一、员工培训概述

（一）员工培训的内涵及分类

1. 员工培训的内涵

员工培训是指企业为开展业务及培育人才的需要，采用各种方式对员工进行有目的、有计划的培养和训练的管理活动，其目标是使员工不断地更新知识，开拓提升，改进员工的动机、态度和行为，是企业员工适应新要求，更好地胜任现职工作或担负更高级别职务的重要手段，也是促进组织效率提高和组织目标实现的关键途径，培训的出发点和归宿是"企业的生存与发展"。

2. 员工培训的分类

（1）岗前培训

①新员工入职培训。主要内容为：公司简介、员工手册、企业人事管理规章制度的讲解；企业文化知识的培训；请所在部门进行业务技能、工作要求、工作程序、工作职责等的培训与说明。

②调职员工岗前培训。培训内容主要是工作要求、工作程序、工作职责、业务技能等。

（2）在职培训

在职培训的目的主要在于提高员工的工作效率，以更好地协调公司的运作及发展。培训的内容和方式均由部门决定。

主要可以采用：解释工作程序、给员工演示工作过程等步骤。

（3）专题培训

专题培训是指公司根据发展需要或者部门根据岗位需求，组织部分或全部员工进行某一主题的培训工作。

（4）员工业余自学

员工业余自学是指员工利用业余时间参加的自费学历教育、自费进修或培训、自费参加职业资格或技术等级考试及培训。对于员工业余学习的费用，凡是所学内容与企业相关的，企业一般都给予一定比例的报销。

（二）员工培训的目的

1. 适应企业内外部环境的发展变化

企业的发展是内外因共同起作用的结果。一方面，企业要充分利用外部环境所给予的各种机会和条件，抓住时机；另一方面，企业也要通过改革内部组织去适应外部环境的变化。企业是一个不断与外界相交互、相适应的系统。这种适应并不是静态的、机械的适应，而是动态的、积极的适应。企业的主体是员工，企业要想在市场竞争中处于不败之地，必须不断培养员工，才能使他们跟上时代，适应技术及经济发展的需要。外因通过内因起作用，企业的生存和发展应落实到如何提高员工素质、调动员工的积极性和发挥员工的创造力上。

2. 满足员工自我成长的需要

员工希望学习新的知识技能，希望接受具有挑战性的任务，希望晋升，这些都离不开培训。因此，通过培训可以增强员工的满足感，而且对受训者期望越高，受训者的表现就越佳；反之，受训者的表现就越差。这种自我实现诺言的现象被称为皮格马利翁效应。

3. 提升技能，促进工作绩效提高

员工通过培训，可以提升工作技能，在工作中减少失误，在生产中减少工伤事故，降低因失误而造成的损失。同时，员工经培训后，随着技能的提高，可减少废品、次品，减少消耗和浪费，提高工作质量和工作效率，提高企业效益。

4. 增强企业认同感，提高企业竞争力

员工通过培训，不仅仅能提高知识和技能，而且能使具有不同价值观、信念，不同工作作风及习惯的人，按照时代及企业经营要求进行文化养成，以便形成统一、和谐的工作集体，使劳动生产率得到提高，工作及生活质量得到改善，进而提高企业竞争力。

（三）员工培训的作用

1. 补偿企业经营机能

员工培训具有支持企业经营机能的补偿作用。企业内"文化育人"的目的是实现企业经营战略。只有恰当地利用人力资源，才能获得更高的劳动生产率，而技能培训对人力发展极为重要。因此，员工培训与企业经营战略密切配合，则能补偿企业经营机能的某些不足。

2. 保持企业竞争力

高素质的企业员工队伍是企业最重要的竞争因素。通过培训，可以提高员工的知识水平，提高员工的首创精神和创新能力，同时可以提高员工的工作热情和合作精神。建立良好的工作环境和工作氛围，可以提高员工的工作满足感和成就感，从而提高员工队伍的整体素质，增强企业竞争力。

3. 降低员工流失率、提高生产力

培训能增强员工对企业的归属感和主人翁责任感。就企业而言，对员工培训得越充分，对员工越具有吸引力，就越能发挥人力资源的高增值性，从而为企业创造更多的效益。培训不仅提高了员工的技能，而且提高了员工对自身价值的认识，使员工对工作目标有了更好的理解，也使员工更愿意继续留在公司工作，

（四）员工培训的原则

为了保证培训与开发的方向不偏离组织预定的目标和企业制度的基本原则，并以此为指导。员工培训的原则具体包括以下几个方面：

1. 战略与激励原则

企业必须将员工的培训与开发放在战略高度来认识，许多企业将培训看成是只见投入不见产出的"赔本"买卖，往往只重视当前利益，安排"闲人"去参加培训，真正需要培训的人员却因为工作任务繁重而抽不出身。结果就出现了所学知识不会或根本不用的"培训专业户"，使培训失去了原本的意义。而现实是真正需要学习的人才会学习，这种学习愿望称之为动机。一般而言，动机多来自需要，所以在培训过程中可用多种激励方法，使受训者在学习过程中因需要的满足而产生学习意愿。因此，企业必须树立战略观念，以激励作为手段，根据企业发展目标及战略制定培训计划并实施培训。

2. 理论联系实际，学以致用原则

员工培训应当有明确的针对性，从实际工作需要出发，与岗位特点紧密结合，与培训对象的年龄、知识结构、能力结构、思想状况紧密结合，目的在于通过培训让员工掌握必要的技能以完成规定的工作，最终为提高企业的经济效益服务。

3. 技能培训与企业文化培训兼顾的原则

培训与开发的内容，除了文化知识、专业知识、专业技能的培训外，还应包括理想、信念、价值观、道德观等方面的培训内容，而后者又要与企业目标、企业文化、企业制度、企业的优良传统等结合起来，使员工在各方面都能够符合企业的要求。

4. 全员培训与重点提高相结合的原则

全员培训就是有计划、有步骤地对在职的所有员工进行培训，这是提高全体员工素质的必经之路。为了提高培训投入的回报率，必须有重点地对企业兴衰有着重大影响的管理和技术骨干，特别是中高层管理人员、有培养前途的梯队人员，有计划地进行培训与开发。

5. 培训效果的反馈与强化原则

培训效果的反馈指的是在培训后对员工进行检验，其作用在于巩固员工学习的技能，及时纠正错误和偏差，反馈的信息越及时、准确，培训的效果就越好。强化则是指由于反馈而对接受培训的人员进行的奖励或惩罚。其目的一方面是为了奖励接受培训并取得绩效的人员，另一方面是为了加强其他员工的培训意识，使培训效果得到进一步强化。

二、培训需求分析

培训需求分析是培训管理工作的第一环，是否能准确地预测和把握真实的需求，直接决定了培训的合理性和有效性，从而影响到整个组织的绩效和经营目标的实现。

（一）培训需求分析的含义

培训需求分析就是采用科学的方法弄清谁最需要培训、为什么要培训、培训什么等问题，并进行深入探索研究的过程。

（二）培训分析的作用

培训需求分析具有很强的指导性，是确定培训目标、设计培训计划、有效地实施培训的前提，是现代培训活动的首要环节，是进行培训评估的基础。它的作用如下：

1. 有利于找出差距，确立培训目标

进行培训需求分析时，首先应确认培训对象的实际状况同理想状况之间的差距，明确培训的目标和方向。差距确认一般包括三个环节：一是明确培训对象目前的知识、技能和能力水平；二是分析培训对象理想的知识、技能和能力标准或模型；三是对培训对象的理想和现实的知识、技能和能力水平进行对比分析。

2. 有利于找出解决问题的方法

解决需求差距的方法有很多，可以用培训的方法，也可以用与培训无关的方法，如人员变动、工资增长、新员工吸收等，或者是这几种方法的综合。

3. 有利于进行前瞻性预测分析

企业的发展过程是一个动态的、不断变化的过程，培训计划必须进行相应的调整。而培训需求分析是培训计划的前提，因此必须做好前瞻性和预测性分析，迅速把握变革，为制定完善的培训计划做准备。

4. 有利于进行培训成本的预算

当进行培训需求分析并找到了解决问题的方法后，培训管理人员就能够把成本因素引入培训需求分析中，预算培训成本。

5. 有利于促进企业各方达成共识

通过培训需求分析收集了制定培训计划、选择培训方式的大量信息，为确定培训的对象、目标、内容、方式提供了依据，促进企业各方达成共识，有利于培训计划的制定和实施。

（三）培训需求分析的内容

1. 战略层次分析

战略层次分析一般由人力资源部发起，需要企业执行层或咨询小组的密切配合。企业战略决定着培训目标，如果企业战略不明确，那么培训采用的标准就难以确定，培训

工作就失去了指导方向和评估标准。因此，人力资源部必须弄清楚企业战略目标，方可在此基础上做出一份可行的培训规划。

2. 组织层次分析

组织层次分析主要分析的是企业的目标、资源、环境等因素，准确找出企业存在的问题，并确定培训是否是解决问题的最佳途径。组织层次的分析应首先将企业的长期目标和短期目标作为一个整体来考察，同时考察那些可能对企业目标发生影响的因素。

3. 员工个人层次分析

员工个人层次分析主要是确定员工目前的实际工作绩效与企业的员工绩效标准对员工技能的要求之间是否存在差距，为将来培训效果和新一轮培训需求的评估提供依据。

（四）培训需求分析的实施程序

1. 做好培训前期的工作

培训活动开展之前，培训者就要有意识地收集有关员工的各种资料。这样不仅能在培训需求调查时很方便地调用，而且能够随时监控企业员工培训需求的变动情况，以便在恰当的时候向高层领导者请示开展培训。培训前期工作主要包括：建立员工背景档案；同各部门人员保持密切联系；向主管领导反映情况；准备培训需求调查。

2. 制定培训需求调查计划

培训需求调查计划应包括以下几项内容：培训需求调查工作的行动计划；确定培训需求调查工作的目标；选择合适的培训需求调查方法；确定培训需求调查的内容。

3. 实施培训需求调查工作

在制定了培训需求调查计划以后，就要按计划规定的步骤依次开展工作。开展培训需求调查主要包括以下步骤：

①提出培训需求动议或愿望。

②调查、申报、汇总需求动议。

③分析培训需求。分析培训需求需要关注以下问题：受训员工的现状；受训员工存在的问题；受训员工的期望和真实想法。

④汇总培训需求意见，确认培训需求。

4. 分析与输出培训需求结果

分析与输出培训需求结果主要包括：对培训需求调查信息进行分类、整理；对培训需求进行分析、总结；撰写培训需求分析报告。

（五）撰写员工培训需求分析报告

撰写员工培训需求分析报告的目的在于：对各部门申报、汇总上来的建议、培训需求的结果做出解释并提供分析结论，以最终确定是否需要培训及培训什么。需求分析结果是确定培训目标、设计培训课程计划的依据和前提。需求分析报告可为培训部门提供关于培训的有关情况、评估结论及其建议。培训需求分析报告包括以下主要内容：需求分析实施的背景，即产生培训需求的原因或培训动议；开展需求分析的目的和性质；概述需求分析实施的方法和过程；阐明分析结果；解释、评论分析结果和提供参考意见；附录，包括收集和分析资料的图标、问卷、部分原始资料等；报告提要。

撰写报告时，在内容上要注意主次有别、详略得当，使报告成为有机联系的整体。为此，在撰写前应当认真草拟写作提纲，按照一定的主题及顺序安排内容

（六）培训需求信息的收集方法

培训需求信息的收集方法有很多种，在实际工作中培训管理人员通常使用一种以上的方法，因为采用不同的方法，在研究目标员工和他们的工作时，分析的准确程度会显著提高。

常用的收集培训需求信息的方法有

1. 面谈法

面谈法是指培训组织者为了了解培训对象在哪些方面需要培训，就培训对象对于工作或对于自己的未来抱有什么样的态度，或者说是否有什么具体的计划，并且由此产生相关的工作技能、知识、态度或观念等方面的需求而进行的面谈方法。面谈法是一种非常有效的需求分析方法。培训者和培训对象面对面进行交流，可以充分了解相关方面的信息，有利于培训双方相互了解，建立信任关系，从而使培训工作得到员工的支持，而且会谈中通过培训者的引导提问，能使培训对象更深刻地认识到工作中存在的问题和自己的不足，激发其学习的动力和参加培训的热情。但是面谈法也有自身的缺点，培训方和受训方对各问题的探讨需要较长时间，这在一定程度上可能会影响员工的工作，会占用培训者大量的时间，而且面谈对培训者的面谈技巧要求很高。

面谈法有个人面谈法和集体面谈法两种具体操作方法。个人面谈法是指分别和每一个培训对象进行一对一的交流，可以采用正式或非正式的方式进行。集体面谈法是以集体会议的方式，培训者和培训对象在会议室参加讨论，但会议中不宜涉及有关人员的缺点和隐私问题。无论是哪一种方式的面谈，培训者在面谈之前都要进行面谈内容的详细准备，并在面谈中加以引导。面谈中一般应包括以下一些问题，

①你对组织现状了解多少？你认为目前组织存在的问题主要有哪些？谈谈你对这些问题的看法。

②你对自己以后的发展有什么计划？你目前的工作对你有些什么要求？你认为自己在工作过程中的表现有哪些不足之处？你觉得这些不足是由什么导致的？你希望我们在哪些方面给予你帮助？

2. 重点团队分析法

重点团队分析法是指培训者在培训对象中选出一批熟悉问题的员工作为代表参加讨论以调查培训需求信息。重点小组成员的选取要符合两个条件：一是他们的意见能代表所有培训对象的培训需求，一般是从每个部门、每个层次中选取数个代表参加；二是选取的成员要熟悉需求调查中讨论的问题，他们一般在其岗位中有比较丰富的经历，对岗

位各方面的要求、其他员工的工作情况都比较了解，通常由 8 ～ 12 人组成一个小组，其中有 1 ～ 2 名协调员，一人组织讨论，另一人负责记录。

这种需求调查方法是面谈法的改进，优点在于花费的时间和费用比面谈法要少得多，而且各类培训对象代表会聚一堂，各抒己见，可以发挥出头脑风暴法的作用，各种观点意见在小组中经过充分讨论后，得到的培训需求信息更有价值，且易激发出小组长各成员对企业培训的使命感和责任感。但其局限性在于对协调员和讨论组织者要求较高，由于一些主客观方面的原因，可能会导致小组讨论时大家不会说出自己的真实想法，不敢反映本部门的真实情况，某些问题的讨论可能会流于形式。

3. 工作任务分析法

工作任务分析法是以工作说明书、工作规范或工作任务分析记录表作为确定员工达到要求所必须掌握的知识、技能、态度的依据，将其和员工平时工作中的表现进行对比，以判定员工要完成工作任务的差距所在。工作任务分析法是一种非常正规的培训需求调查方法，它通过岗位资料分析和员工现状对比得出员工的素质差距，结论可信度高。但这种培训需求调查方法需要花费的时间和费用较多，一般只在非常重要的一些培训项目中才会运用。

（1）工作任务分析记录表的设计

工作任务分析记录表通常包括主要任务和子任务、各项工作的执行频率、绩效标准、执行工作任务的环境、所需的技能和知识，以及学习技能的场所等，具体工作可以根据本身要求进行相应的修改。

（2）工作盘点法

工作盘点法是一种比较有名的工作方法，它列出了员工需要从事的各项活动内容、各项工作的重要性，以及执行时需要花费的时间。因此，这些信息可以帮助负责培训的人员安排各项培训活动的先后次序。

4. 观察法

观察法是指培训者亲自到员工身边了解员工的具体情况，通过与员工一起工作，观察员工的工作技能、工作态度，了解其在工作中遇到的困难，收集培训需求信息的方法。观察法是最原始、最基本的需求调查工具之一，它比较适合生产作业和服务性工作人员，而对于技术人员和销售人员则不太适应。这种方法的优点在于培训者与培训对象亲密接触，对他们的工作有直接的了解。但需要很长的时间，观察的结果也易受培训者对工作熟悉程度、主观偏见的影响等。

5. 问卷调查法

问卷调查法是指培训部门首先将一系列的问题编制成问卷，发放给培训对象填写之后再回收进行分析的方法。调查问卷发放简单，可节省培训组织者和培训对象双方的时间，同时成本较低，又可针对许多人实施，所得资料来源广泛。但由于调查结果是间接取得的，无法断定其真实性，而且问卷设计、分析工作难度较大。

在进行调查问卷设计时，我们应注意以下问题；

①语言简洁、问题清楚明了，不会产生歧义。

②问卷尽量采用匿名方式；多采用客观问题方式，易于填写。

③主观问题要有足够的空间填写意见。

三、培训的实施与管理

（一）培训计划的制定

1. 培训计划的主要内容构成

培训计划是企业培训组织管理的实施规程，要使培训计划顺利实施，培训计划就必须具备以下几个内容：

①目的：即从企业整体的宏观管理上对培训计划要解决的问题或者要达到的目标进行表述。

②原则：即制定和实施计划的规则。

③培训需求：即在企业运营和管理过程中，什么地方和现实需要存在差距、需要弥补之处。

④培训的目的或目标：即培训计划中的培训项目需要达到一个什么样的培训目的、目标或结果。

⑤培训对象：即培训项目是对什么人或者什么岗位的任职人员进行的，这些人员的学历、经验、技能状况如何。

⑥培训内容：即每个培训项目的内容是什么。

⑦培训时间：包括三个方面的内容，首先，培训计划的执行期或者有效期；最后，培训计划中每一个培训项目的实施时间或培训时间；最后，培训计划中每一个培训项目的培训周期或课时。

⑧培训地点：包括两个方面的内容：一是每个培训项目的实施地点；二是实施每个培训项目时的集合地点或者召集地点。

⑨培训形式和方式：即培训计划中的每个培训项目所采用的培训形式和培训方式。例如，是外派培训，还是内部组织培训；是外聘教师培训，还是内部人员担任培训讲师；是半脱产培训、脱产培训，还是业余培训等。

⑩培训教师：培训计划中每个培训项目的培训教师由谁来担任，是内聘还是外聘。

⑪培训组织人：包括两个方面的人员，培训计划的执行人或者实施人；培训计划中每一个培训项目的执行人或者责任人。

⑫考评方式：每一个培训项目实施后，对受训人员的考评方式，分为笔试、面试、操作三种方式。笔试又分为开卷和闭卷，笔试和面试的试题类型又分为开放式试题或者封闭式试题。

⑬计划变更或者调整方式：指计划变更或者调整的程序及权限范围。

⑭培训费用预算：分为两个部分：一部分是整体计划的执行费用；另一部分是每一

个培训项目的执行或者实施费用。

⑮签发人：本培训计划的审批人或者签发人。

培训计划可以像上述内容那样详细，也可以只制定一个原则和培训方向，在每个培训项目实施前再制定详细的实施计划。

2.培训方法的选择

培训方法的选择要和培训内容紧密相关，不同的培训内容适用于不同的培训方法。不同的培训方法有不同的特点，在实际工作中，应根据公司的培训目的、培训内容及培训对象选择适当的培训方法。

（1）直接传授型培训法

该培训法适用于知识类培训，主要包括讲授法、专题讲座法和研讨法等。

（2）实践型培训法

该培训法简称实践法，主要适用于以掌握技能为目的的培训

实践培训法是通过让学员在实际工作岗位或真实的工作环境中，亲自操作、体验，以掌握工作所需的知识、技能的培训方法，在员工培训中应用最为普遍。这种方法将培训内容和实际工作直接结合，具有很强的实用性，是员工培训的有效手段，适用于从事具体岗位所应具备的能力、技能和管理实务类培训。

实践法的常用方式如下：

①工作指导法

又称教练法、实习法。是指由一位有经验的工人或直接主管人员在工作岗位上对受训者进行培训的方法。指导教练的任务是教受训者如何做及提出如何做好的建议，并对受训者进行激励。

这种方法并不一定要有详细、完整的教学计划，但应注意培训的要点：一是关键工作环节的要求；二是做好工作的原则和要求；三是要避免、防止的问题和错误。

②工作轮换法

指让受训者在预定时期内变换工作岗位，扩大受训者对整个企业各环节工作的了解，使其获得不同岗位工作经验的培训方法。

③特别任务法

指企业通过为某些员工分派特别任务对其进行培训的方法，此法常用于管理培训。其具体形式如下：

A.委员会或初级董事会。这是为有发展前途的中层管理人员提供，培养分析全公司范围问题的能力，提高决策能力的培训方法。

B.行动学习。这是让受训者将全部时间用于分析、解决其他部门而非本部门问题的一种课题研究法。

④个别指导法

此方法与我国以前的"师傅带徒弟"或"学徒工制度"相类似。目前我国仍有很多企业在实行这种"传帮带"式培训方式，主要是通过资历较深的员工的指导，使新员工

能够迅速掌握岗位技能。

（3）参与型培训法

参与型培训法是调动培训对象的积极性，让其在培训者与培训对象双方的互动中学习的方法。这类方法的主要特征是每个培训对象积极参与培训活动，从亲身参与中获得知识、技能，掌握正确的行为方法，开拓思维，转变观念。其主要形式有：自学、案例研究法、头脑风暴法、模拟培训法、敏感性训练法和管理者训练法。

（4）态度型培训法

态度型培训法主要针对行为调整和心理训练，具体包括角色扮演法和拓展训练等。

（5）科技时代的培训方式

随着现代社会信息技术的发展，大量的信息技术被引进到培训领域。在这种情况下，新兴的培训方式不断涌现，如网上培训、虚拟培训等培训方式在很多公司受到欢迎。

①网上培训

网上培训又称为基于网络的培训，是指通过企业的内部网或互联网对学员进行培训的方式。它是将现代网络技术应用于人力资源开发领域而创造出来的培训方法，它以其无可比拟的优越性受到越来越多企业的青睐。

②虚拟培训

虚拟培训是指利用虚拟现实技术生成实时的、具有三维信息的人工虚拟环境，学员通过运用某些设备接受和响应环境的各种感官刺激进入其中，并可根据需要通过多种交互设备来驾驭环境、操作工具和操作对象，从而达到提高培训对象各种技能或学习知识的目的。

（6）其他方法

除上述培训方法外，还有函授、业余进修、开展读书活动、参观访问等方法，这些方法是通过参加者的自身努力、自我约束能够完成的，公司只起鼓励、支持和引导作用。

3. 培训的经费预算

进行培训计划的经费预算，需分析以下因素和指标：

①确定培训经费的来源，是由企业承担，还是企业和员工共同承担。

②确定培训经费的分配与使用。

③进行培训成本收益计算。

④制定培训预算计划。

⑤培训费用的控制及成本降低。

（二）培训的组织与实施

培训课程的实施是指把课程计划付诸实践的过程，它是达到预期课程目标的基本途径。培训计划能否成功实施，除了有一个完善的培训计划外，培训课程的严格认真实施与科学的管理也都极为重要。

1. 前期准备工作

在新的培训项目即将实施之前，做好各方面的准备工作，是培训成功实施的关键。准备工作主要包括以下几个方面：

（1）确认并通知参加培训的学员

如果先前的培训计划已有培训对象，在培训实施前必须先进行一次审核，看是否有变化，须考虑的相关因素如下：学员的工作内容、工作经验与资历、工作意愿、工作绩效、公司政策、所属主管的态度等。

（2）确认培训后勤准备

确认培训场地和设备须考虑如下相关因素：培训性质、交通情况、培训设施与设备、行政服务、座位安排、费用（场地、餐费）等。

（3）确认培训时间

确认培训时间须考虑如下相关因素：能配合员工的工作状况、合适的培训时间长度（原则上白天8个小时，晚上3个小时为宜）、符合培训内容、教学方法的运用、时间控制。

（4）相关资料的准备

相关资料的准备主要包括：课程资料编制、设备检查、活动资料准备、座位或签到表印制、结业证书等。

（5）确认理想的培训师

尽可能与培训师事先见面，在授课前说明培训目的、内容。确认培训师须考虑如下相关因素：符合培训目标、培训师的专业性、培训师的配合性、培训师的讲课报酬是否在培训经费预算内。

2. 培训实施阶段

（1）课前工作

①准备茶水，播放音乐。

②学员报到，要求在签到表上签名。

③引导学员入座。

④课程及讲师介绍。

⑤学员心态引导，宣布课堂纪律。

（2）培训开始的介绍工作

做完准备工作后，课程就要进入具体的实施阶段。无论什么样的培训课程，开始实施以后要做的第一件事都是介绍，具体内容包括：

①培训主题。

②培训者的自我介绍。

③后勤安排和管理规则介绍。

④培训课程的简要介绍。

⑤培训目标和日程安排的介绍。

⑥"破冰"活动，即打破人与人之间相互怀疑的状态，帮助人们放松心态并变得乐于交往，以促进团队融合的活动。

⑦学员自我介绍。

（3）培训器材的维护、保管

对培训的设施、设备要懂得爱护，小心使用，不能粗暴，对设备要定期除尘，不要把食物、饮料放在设备附近等。

（4）做好培训课程进行过程中的服务与协调工作

①注意观察讲师的表现、学员的课堂反应，及时与讲师沟通、协调。

②协助上课、休息时间的控制。

③做好上课记录（录音）、摄像、录像工作。

（5）对学习情况进行总结和评价

做任何事情都要有始有终，培训也是一样。但培训者通常很重视开始和整个培训过程，而忽略了结束部分。其实回顾和评估具有承上启下的作用，它既高度概括培训的中心内容，又要提示学员注意将所培训的内容应用到今后的工作中去。

3. 培训结束后的工作

①向培训师致谢。

②作问卷调查。

③颁发结业证书。

④清理、检查设备。

⑤培训效果评估。

第三章 绩效与薪酬管理

第一节　绩效管理

一、企业绩效管理流程

绩效管理是用来测评和提高人们工作效能的方法，它包括以下活动：制定目标、跟踪、辅导、评估总结和员工发展。

（一）绩效管理的功能分析

员工绩效管理是将组织战略绩效指标向员工个体细化分解，通过对员工的工作绩效的计划、实施、评价、诊断、反馈与改进，来提高企业整体运营绩效的管理过程。员工绩效管理具有以下功能。

1. 员工绩效管理是发展人力资源管理的重要工具

当前国内企业的员工正处于由"人力资源"向"人力资本"的转变阶段，人力资源管理也随之由粗放式向细化型转型，绩效管理作为人力资源管理的一个核心组成部分，在这个转变过程中处于核心地位。员工绩效考核所获得的第一手原始资料为制订企业人力资源管理计划提供了可靠的依据；通过员工绩效循环系统对各岗位工作说明书的反复修订，使得企业工作分析越来越趋于完善；员工绩效考核的结果是对员工工作业绩的一种认定，为员工的薪酬奖励、职务晋升、培训发展等提供了参考性的依据。员工绩效管理工作贯穿于企业人力资源管理的各个环节，做好员工绩效管理就等于把握住了整个企业人力资源管理的命脉。

2. 员工绩效管理是企业有效激励员工的重要方法

在绩效管理系统中，员工不是简单地处于被管理和被监控的地位，而是处于被充分激励和被充分调动的位置。员工绩效管理是一个过程与结果并重的动态管理模式，谋求的不单是对员工工作成果的"秋后算账"，更加注重的是员工对工作绩效的提高和绩效目标的改进的过程，提高了员工工作的满意度及成就感；员工绩效管理完成了对员工工作绩效目标的陈述，清晰的描述语言和明确的评价标准使得员工明确企业赋予自己的职责以及企业对自己的期望，绩效考核成果又为员工升迁和调薪提供了依据，绩效管理因此演变成为员工"自我约束、自我发展、自我完善"的激励机制；员工绩效管理也是现代企业"集体参与法"管理模式的一种体现，管理者与员工之间已经成为肩负着共同完成既定工作目标的"共同体"，管理者为了员工工作绩效的提高而不断改善组织制约因素，并持续性地运用强化手段纠正员工工作的偏差，员工也会主动地参与绩效管理的全过程，员工的建议被充分尊重并广泛运用，最大限度地提高员工的忠诚度和贡献度。

3. 员工绩效管理是企业实现战略目标的重要手段

进行员工绩效管理时，要根据企业前期运作的情况、未来发展的愿景、内外环境的预测进行组织战略目标陈述，并从战略目标陈述出发，衍生出具有因果关系的量化性绩效指标，然后将绩效指标从组织到员工进行层层分解，使得所有员工个体的工作业绩都在支撑着企业战略目标的实现。通过对员工个人绩效进展情况的监控及完成结果的测评，就可以有效地促进企业战略目标的实现。因此，员工绩效管理实际上是企业打破现实运营现状，挑战更高战略目标，并促成该战略目标达成的管理过程。

（二）制订绩效计划

制订绩效计划，即制订具体目标。这是绩效管理的基础，也是检验绩效规划、评估、报酬、改进、发展等措施的基石。每家公司、每个部门、每位员工都需要目标以及达到目标的计划。有了目标，个人和公司将把有限的资源和时间投入到最重要的工作中。

绩效计划是启动员工绩效管理系统的基础性环节，是管理者和员工共同就员工在考核期内的工作职责、工作目标、评估标准及奖惩措施等内容达成共识的过程。管理者和员工双方经过沟通商谈，依据"职位分类分层"的思想和岗位说明书的要求，为员工制定出具体工作目标，由此衍生出与现有工作相关的、以战略为导向的、可评估的、易达到的员工绩效考核指标，并进一步明确该绩效计划的执行时间和流程方式，最后形成绩效计划书面协议书，并由员工签字确认。

1. 自上而下的目标安排

制定目标是一个自上而下的过程，从公司战略开始，分解成各职能部门目标，各部门目标又分解成每位员工的个人目标。这种类似于瀑布状目标的最大益处在于，组织中的每位员工都能够充分理解个人目标，以及自己目标的完成，影响团队目标实现，并最终为公司的战略目标做出贡献。组织的目标具有一致性，能够确保各种资源被集中到最重要的任务上。

2. 制订绩效计划的原则

从公司战略到个人绩效目标的制定可以遵循"OGSM 原则"。O：objective 即目的，是公司 1～3 年内的战略方向，如公司要在 3 年内成为某地区市场占有率的前 3 名；G：goal 即目标，是本年度公司具体要完成的业绩指标，如销售额、利润率等；S：strategy 是指为了支持目标的达成所要采取的策略，如加大广告投放力度、加强研发力量等；M：measure 是衡量的具体指标和时间，如消费者投诉率要低于 5%、现金流 30 天等。在这个原则里，O、G 和 S 主要应用于公司绩效计划的制订，而 M 则更多地应用于部门和具体员工的目标制定。层层往下的 OGSM 原则有助于更好地控制业务目标，上一级的 S（strategy）策略即是下一级的 O（ob-jective）目标。这种瀑布状的目标分解法确保了公司战略和每一位员工的个人绩效目标环环相扣，紧密联系。

3. 制订绩效计划需注意的问题

（1）自上而下而非照搬上级

制定绩效目标的过程一般来讲应遵循自上而下的规律，而在现实操作中并不是完全如此的。从高层"照搬"目标并非明智之举，因为倘若如此，便无法体现公司上下各级员工的利益和潜能，无法将个人目标在公司战略中反映出来。

（2）员工个人目标必须有所体现

员工个人的目标必须在部门乃至公司目标的形成过程中得到体现，不能体现员工个人目标的公司不可能激发员工的上进心和创造力，不可能产生好的效果。

（3）注重同员工的沟通

全面地了解员工并加强沟通，将对绩效目标的制定产生巨大帮助。绩效目标应是与员工进行磋商后得到的结果，使员工拥有为达到目标而承担责任的能力，同时也帮助公司更恰当地制定有效的目标。

（三）绩效实施环节

绩效实施是按照绩效计划对员工工作绩效进行原始数据搜集，并对员工绩效进程进行监控、辅导与改进的过程。在进行绩效实施时，要搜集并汇总相关的绩效原始数据。对员工绩效评价的数据搜集方法多种多样，包括记录法、抽查法、评价法等。对员工绩效评价的数据搜集范围包括工作业绩、工作能力、工作态度三个方面。尤其是面对着企业运转流程越来越趋向于跨部门的联合，越来越基于顾客的价值取向，越来越依赖于知识技术的获取与创新，员工绩效考核的数据应针对企业整个价值链的动态性评价和企业整个流程的潜力性评价。绩效辅导作为一种确保员工能够按照事先所确定的绩效目标前进的有效武器，贯穿在绩效实施的整体过程中。首先，要求被考核的员工定期进行工作述职，根据绩效计划提出优化工作绩效的行动方案，在管理者的绩效辅导下，促使该行动方案趋于完善；其次，考核者运用绩效评价表格对原定绩效目标的达成情况逐项记录，要对工作绩效的获得过程进行全程追踪和有效监测，并依据定期时间概念进行相关绩效原始数据的汇总和分析，从中发现员工现阶段真实绩效与预期绩效之间的差距；最后，管理者应该与员工就绩效计划实施状况随时保持联系并进行绩效辅导，对员工不良的行为实施纠错，并提出提高绩效和改进工作的行动方案。

（四）进行绩效监督环节

监督的目的在于及时发现绩效差距并改善绩效。绩效监督的具体环节有以下几个方面：

1. 计划回顾和更新

为了有效控制绩效目标，可以以季度为单位进行绩效计划的回顾和更新。每次季度回顾都是一次正式的评估和反馈。主管对员工在上一季度的绩效表现给予反馈，对于优质的绩效给予激励，而对绩效偏差则应及时指出，并一起分析具体原因，了解员工需要的支持和资源。

2. 制订绩效改进计划

绩效改进计划主要包含三个方面的内容：①对未来目标达成的详细做法；②要达到什么样的程度（用数据衡量）；③达成此目标需要的时间。通常一份绩效改进计划的有效期限是 3 个月。主管要确认双方对计划中的所有内容达成一致，并使员工了解到，如果没有执行或执行不到位的话，他很可能面临被解雇。这样做的好处是显而易见的，在年度绩效评估时，就可以避免评估流于形式，或者绩效严重偏离，对组织效率造成影响。

3. 辅导

在发现员工有绩效差距之后，弥补差距并改善绩效的最佳方式就是辅导，这是一项非常有用的技能。它可以在正式的绩效回顾环节进行，也可以在任何适合的场合进行。辅导能够唤醒激励的力量，帮助员工在多方面改善绩效。

4. 建立定期检查制度

定期检查进度是必不可少的，原因如下：①借机提醒员工其工作目标的存在及其重要性；②借机对这段期间内员工表现突出的地方给予正面的肯定和激励；③防微杜渐。无论这些问题是大是小，都称为绩效差距，其代表了下属当前绩效与期望绩效之间的差距。管理者的职责就是找出这种绩效差距，然后与员工一起消除它们。

（五）完成绩效评估

绩效评估是一种正规的测评方法，用以考察员工在完成工作目标时的表现。其最终目的在于：强化个人目标，激励优质绩效，提供建设性反馈，并为制订合理有效的发展计划奠定基础。

绩效评价是在绩效周期结束后，采取科学的评价方法，对员工的工作绩效进行价值判断的过程。首先，要对所搜集到的绩效原始数据进行汇总与检验，如果发现数据中有需要进一步证实的地方，应当通过工作样本分析、错误报告分析、上级反馈分析等方法来判断这些信息的准确性和可信性。其次，如果确认搜集的评价数据充分、全面和准确，可以根据这些数据对员工的绩效完成情况进行评价。常见的评价方式包括两大类：第一类是将绩效评价看作是控制层面的监督工具，基本采用以工作分析为基础的绩效评价方法，即根据员工岗位工作说明书来确定绩效考核的各项要素与评价指标，如工作标准法、叙述评价法、量表评测法、关键事件法、目标管理法（MBO）、360 度反馈评价法等；第二类是将绩效评价看作是企业战略目标的执行工具，采用以战略为导向的量化绩效方法，即从企业的战略目标中衍生出若干个易量化操作的战略导向型绩效评价指标，并以此为基础构建起绩效考核模式，如关键绩效指标（KPI）、平衡计分卡（BSC）、作业成本分析（ABC）、强制比例分布法等，它们将绩效评价推进到了标准化操作的时代。一般情况下，企业需要以上几种方法混合配套使用，才能寻找到适合本企业需要的、能够发挥出最大功效的员工绩效考核方法。最后，在最终的绩效评价结果生效之前，管理人员还必须与员工就考核结果进行面谈沟通，对绩效评价中的关键事件和重要数据进行确认，就绩效考核的结论性意见达成共识。如果员工与考核者对绩效评价的结果有分歧，员工可以通过申诉程序来谋求解决。员工对于考核结果表示认可并签字确认后，绩效评价结果才能被最终运用于绩效应用的各个层面。

1. 绩效评估原则

有效绩效评估通常需遵循 SMART 原则，该原则是工作目标设定时被普遍运用的法则。S 是 specific，意思是设定绩效考核目标的时候，一定要具体，目标不可以是抽象模糊的；M 是 measurable，就是目标要可衡量，要量化；A 是 attainable，即设定的目标要高，要有挑战性，而且，一定要是可达成的；R 是 relevant：设定的目标要和该岗位的工作职责相关联；T 是 time-baced：对设定的目标，要规定在什么时间内达成。

2. 绩效评估方法

第一，硬目标。公司的每位员工都有属于自己的、独一无二的硬目标，即关键绩效指标，这是本职位应当承担的职责。员工应将其中最重要的 6 ~ 8 项列为自己本年度的绩效目标。

第二，自我评估。员工首先应该进行自我评估，根据目标评估自己绩效的达成情况。由于目标是根据 SMART 原则制定的，员工很容易对自己的绩效指标进行评估。

第三，360 度评估。企业借助专业咨询公司，制定了一套适应企业文化和未来发展方向的行为标准，并且对这些行为都进行了具体的描述。这套行为标准包括六个方面，使用于本企业所有员工的评估：①建立信任。对每个人都是坦诚的、开放的，并且重视多元化的观点和讨论，通过沟通、影响力和促进多样化行为来实现。②制定决策。调整行动并确定优先顺序，以促成每天的结果。然后通过计划与组织工作，制订自己和他人的行动计划，以确保工作有效完成。③持续成功。这需要员工树立主人翁意识：为自己和他人制定高标准的绩效，为成功完成工作或任务承担责任，自己主动设定较高的标准，而不是被动地遵守标准。④客户导向。需要了解并预先考虑到客户的需求，并基于他们的利益进行创新。需要树立客户至上的理念，精心制定并实施符合客户和自身组织要求的服务实践。同时在工作环境中产生创新的解决方案，尝试用各种不同的新方式来处理工作中的问题和机遇。⑤不断完善。打破局限，寻找新思路来完善公司业务，需要员工在工作任务或工作环境发生重大变化时保持工作效率，有效调整以适应新的工作结构、流程、要求或文化。同时建立并使用团队、职能部门、国家、地区之内和之间的合作关系，以促进工作目标完成。⑥培育人才。首先及时提供指导和反馈，以帮助他人提高完成任务或解决问题所需的特定知识技能，在培养过程中，采用"主管担当老师"的方式，主动确定新的学习领域，定期创造并利用学习机会，使用新学到的工作知识和技能，并在应用过程中学习。

3. 绩效评估标准

绩效评估标准也分为三类：经常展现、展现和很少展现。员工根据上述六项行为描述进行自我评估就是"照镜子"。同时，这份问卷也会发给四个维度的人，以便于他们进行 360 度评估。这四个维度包括：你的主管、你的下属、你的平行合作者、你的客户。多角度反馈非常有用，因其不是采用某个人单一角度，而是融合多个人的观察，所以这种方式可以大大降低绩效评估中误判的可能性，符合现代企业工作的多面性。

4. 需要注意的问题

在完成关键绩效指标的自我评估和行为准则的多方面评估后，主管就可以客观地完成对这名员工的年度绩效评估并与他进行面谈。面谈的目的除了明确优势与劣势绩效外，更重要的是确定员工的改善计划和发展计划。

（六）绩效应用

只有将绩效考核结果与员工的切身利益紧密联系起来，才能使绩效管理发挥出真正的威力而不流于形式。企业必须将绩效评价成果依据绩效计划书的责任约定及时进行奖惩兑现，包括员工工资的增长、绩效奖金的增加、内部股票的发放、福利待遇的提高、任职资格的确认、工作职务的晋升、培训机会的获得、荣誉称号的授予、企业事务的参与等。根据不同类型员工的不同需求选择不同的奖励方式，是保证绩效管理激励作用的主要手段。通过绩效管理使得员工的工作能力、行为方式与其薪金酬劳、职业前景紧密连接起来，从而确保了所有员工都会努力去完成个人绩效工作目标，进而叠加到企业的总体战略目标中来。

（七）绩效改进

绩效改进是依据上一轮评价周期的绩效考核的情况，对员工新一轮的绩效目标和评价标准进行修正的过程。首先，管理者和员工对上一轮的考评结果和考核资料进行全面分析和深入研究，对达标的及未达标的绩效指标都进行深层次的原因探讨，运用统计学中的因果分析来考量员工惯常行为模式与其绩效成果间的内在联系，并以此为切入点寻找提高该员工绩效成绩的关键性行动措施。其次，结合企业新的年度发展计划和经营战略目标，管理者和员工共同确定新一轮绩效评价周期的绩效考核目标和工作改进要点，对原有的岗位工作说明书和员工绩效计划进行重新修订，从而使得员工绩效管理形成一个"往复不断、不断递进"的良性循环上升运作系统。

二、绩效管理的方法

我国的绩效管理理念可以分为四个阶段：奖勤罚懒、主观评价、德能勤绩和科学考核四个阶段，随着西方各种先进管理理念的不断传播，虽然我们很多企业已经试着把以上所提到的各种绩效管理方法应用到实际工作中，但是大部分企业绩效管理的效果与投入相比较，结果很难令人满意。本节在此仅对绩效管理常用的目标管理法（MBO）、平衡计分卡法（BSC）、关键绩效指标法（KPI）和360度反馈法四种方法进行简要的介绍与分析。

（一）目标管理法

目标管理不仅是一种经过实践证明十分有效的管理方式，还包括了程序和过程，首先是上级和下级一起决定组织的共同目标，并以此为依据分配好权责范围，这些目标既是企业的经营准则，也是评估每位员工绩效和奖励员工的标准。所以，目标管理作为一种绩效考核方式是非常有效的。

1. 目标管理的原理

目标管理最早是由管理学之父德鲁克在1954年首次提出来的，也称作成果管理。它不仅是一种管理的原则，还是一种管理的方式。德鲁克指出，不是工作决定了目标，恰恰相反，只有明确了目标我们才能有效地工作。企业经营的逻辑起点是使命和责任。设想一个没有目标的工作势必不会得到大家的重视，所以管理者管理下级时应该以目标为依据。一旦组织目标确定后还需要组织最高层对目标进行分解，将分解后的目标按照工作内容下发到相应的部门，以便上级依据不同目标的完成情况来考核下级员工。

2. 目标管理的程序

目标管理的原理或方式经过规范后就是一种程序。作为一种程序，目标确定以及执行计划和发展过程中所包括的自我调节都是目标管理的要素。

（1）目标的确定

组织的愿景和使命以及实施所用的考核评价系统是目标管理之前必须要确定的。我们需要明确的、可行的、具体的、具有挑战性以及可以验证的目标。同时，公司的高层管理者确定最高目标后需要和下级进行目标信息的交流，以保证每个员工都能有所了解。只有能将上层领导者的目标转化成自己的具体工作目标，并能形成体系，才能算得上是一个成功的管理者。

（2）计划的执行

确定目标以后，上级和员工需要进行计划的执行。在进行计划执行之前，应当讨论实施计划目标的原则、方法和步骤。

（3）发展过程的检查

该阶段主要分析问题出现的原因，然后判断是否需要进行改正。发展过程的检查对象并不是工作行为，而是评估绩效行为。所以只要有一个确切合理的目标，评估工作就不会很麻烦，就会变得简单。

（4）自我调节

对于管理者来说，应该尽可能地调节自己的工作任务，同时对自己和员工的工作行为进行检查并进行合理的改正。目标管理能否成功地开展，关键在于能否确定好分层目标，并加以检验。

所以管理者和员工要拥有一致的目标思想，这样就不会浪费不必要的时间和精力在这上面了。作为一种绩效考核的手段，它具有许多优点，目前目标管理这项管理工具也得到了广泛认同。

通过目标管理可以使员工明白自己的工作目标，有的放矢，避免去做无用功，只有这样才能使自己的工作效果最大化。经过目标的分解对于组织来说有良好的效益，目标管理方便组织进行职权分配工作。目标管理通过激发员工的自觉性，促使他们更加主动、积极地工作。从另一方面来看，目标管理也具有公平性，实施起来也不需要过多的费用。通过加强上下级的交流和沟通，加深彼此的了解，可以使组织中人际关系更加和谐。但是，有的时候公司的目标不能确定，致使目标管理在实施中存在着一些缺陷：由于缺乏定量化、具体化的目标，所以在商定目标时需要增加许多管理成本。同时，在确定目标时需要花费大量时间，需要上下级不断沟通最终统一思想；建立目标管理，需要以自我控制和自我指导为基础，使员工真正理解目标。但是，人往往是有惰性的，经常存在侥幸心理，因此对于目标管理中的承诺往往做不到；由于缺少必要的指导以及目标没有对工作行为做出具体要求，所以员工很难在目标上集中精力；由于目标管理是在每年年底才测试目标的实现情况，所以具有短期性，员工往往会为了眼前的目标而牺牲长远目标。

（二）平衡计分卡法

平衡计分卡不只是单纯地进行测评，还跟企业战略等因素相关联，从公司的战略目标出发，将企业的战略目标转化为战术目标和指标，具体包括四个维度：财务、顾客、内部运营、学习和成长。其中财务是其他三个方面的出发点和落脚点，财务指标既体现了战略目标对财务绩效的要求，也是平衡计分卡的其他方面指标合理所要达到的最终结果；客户维度方面包括两个层次的绩效考核指标，一是企业为达到客户服务期望的绩效而必须完成的各项目标，二是针对第一层次的各项目标进行逐次细分，选定具体的评价指标，形成具体的绩效考核量表；内部运营维度要求从满足投资者和顾客需要的经营战略出发，制定从上到下的经营目标评估手段，从价值链的通用模式出发，针对不同的过程设置不同的绩效考核指标；学习与成长的维度则是为前三个维度取得成绩提供持续的推动力量。

（三）关键绩效指标法

由于关键绩效指标是部门主管明确部门主要责任的基础，所以目前企业中普遍采用关键绩效指标法，并将它用作确立部门人员的业绩衡量指标，是绩效管理的作用能否得到实现的关键。

1. 关键绩效指标的定义

作为组织绩效管理系统基础的是关键绩效指标，它将战略目标分解成可执行的工作任务，是一种目标式量化管理指标，通过设置和计算分析组织内部流程的关键参数。

2. 关键绩效指标的特征

关键绩效指标是绩效计划的重要组成部分，量化工作人员的工作表现可以使用关键绩效指标，是用于衡量工作人员工作绩效表现的量化指标，经过研究我们发现它有如下特征：

①分解组织战略目标。首先，组织的战略目标决定岗位的绩效指标；其次，关键绩效指标进一步深入细化了组织的战略目标。组织战略和职位的关键性指标不一样，前者具有长期性、概括性和指导性，而后者是短期的并且要求必须是可衡量的。所以，关键绩效指标真正找到了影响实现组织战略目标的因素，它将组织战略中每个岗位的绩效具体化；最后，随着组织战略目标的变化，关键绩效指标要有相应的调整。如果组织战略重点发生改变，关键绩效指标为了能够反映组织战略的新内容也要进行调整。

②组织中可以控制和衡量的绩效可以使用关键绩效指标。员工可控制和影响的是在结合外部环境作用的同时，影响企业的经营活动效果。

③关键绩效指标不是反映操作过程的而是用来衡量重点的经营活动的。关键绩效指标没有覆盖组织的所有目标，它只关注那些对组织整体战略目标影响大的因素，衡量那些影响战略目标实现的至关重要的工作。

④组织上级和下属经过商讨和沟通确定关键绩效指标，是在双方认识达到一致的前提下进行的，而不是某一方的独权。

3. 关键绩效指标的意义

由于关键绩效指标这些特点，使关键绩效指标在组织中具有举足轻重的作用。第一，由于关键绩效指标是公司战略目标的分解目标，有利于公司战略在各单位各部门实施；第二，通过组织设立关键绩效指标，使组织上下级在职位职责和关键绩效上保持一致意见，使双方能在统一方向上努力，不会背道而驰；第三，关键绩效指标具有客观、公正以及透明和可量化的特点；第四，由于它关注的是企业重要的经营活动的绩效，这样关键绩效指标可以使员工摆脱那些琐事和不重要的事，集中精力去做影响公司战略的重要行动；第五，管理人员如果想了解经营领域中的关键绩效参数可以定期计算和回顾关键绩效指标执行结果，尽早发现问题，及时采取行动，解决问题。

4. 确定关键绩效指标的原则

管理学中的"二八定理"在关键绩效指标中很好地体现出来。通常在一个企业中存在着"二八定理"的规律，80%的价值是由 20%的精英创造；就员工个人来说，80%的工作任务取决于 20%的关键行为。所以，我们必须分清主次，抓住业绩评价的重心，分析和衡量 20% 的关键行为。

5. 关键绩效指标法（KPI）的建立

在我们测评和建立关键绩效指标体系的过程时，能促使员工行为和组织目标不断接近，促进绩效管理发挥更大的作用。

①只有清晰地组织战略目标，才能明确工作中的关键任务。通过研究组织经营中的关键领域来找出组织的业务重点并以此为基础，确定重点经营业务的关键绩效指标，建立组织的关键绩效指标。

②依据工作流程，将组织目标从上至下地逐级分解出部门的关键绩效指标，有利于建立评价指标体系。

③部门关键绩效指标一旦确定后，各部门的经理和员工还需细化，部门关键绩效指标经过讨论确定衡量岗位绩效的指标，并把它作为员工考核的依据和要点。

（四）360 度反馈法

360 度反馈法又称全方位考核法，是由英特尔首先提出并加以运用的。它是由被评价者的上级、同级人员、下级和内部客户、外部客户以及被评价者本人，从不同角度对被评价者进行全方位的评价，然后再通过反馈程序将结果反馈给被评价者，以达到改善被评价者工作行为、提高其工作绩效的目的。

因此，360 度反馈法实际上是一种多源的信息反馈的评价系统，通过这种多元的信息反馈所获得的信息主要作为提高员工能力、改进员工的绩效和培训员工的依据，而一般不作为被评价者的薪酬调整、晋升等的依据。

360 度反馈法在真正实施的过程中可能会遇到各种困难，如上级害怕下级考核的心理、下属惧怕权威的心理、情感好恶与利益冲突等，要克服这些困难就要对企业制度的完善性提出非常严格的要求，所以要做好 360 度反馈法，企业就要有一套与之相适应的管理制度和体系。

360 度反馈法从不同视角考核被考评者，评审团由其自身、上级、下级、同级和内外部顾客等人组成。绩效评估这种多角度的考评方法在进行评价时，内容不仅包括员工的人际关系、沟通技巧，还包括领导能力、行政能力等。第一，360 度反馈法可以得到与自己有关的参与者对于自己素质能力、工作风格和工作绩效的看法和建议，能够较全面、客观地认识自己工作的不足，以作为制订工作绩效改善计划、个人未来职业生涯及能力发展的参考；第二，由于这些反馈信息都是来自于员工密切相关的工作伙伴，这样受评者在接受这些信息时也比较容易，同时，通过比较反馈信息和自评结果的差异，可以使受评者直接感受到认识的差距；第三，360 度反馈法可以促使组织成员加强交流和互动，加速企业的发展和变革，增强团队凝聚力和提高员工工作效率。总之，高层领导在进行自我觉察和对员工绩效评估、推荐企业高层候选人时都广泛使用 360 度反馈法。

以上就是对绩效管理四种方法的简要介绍与分析，面对纷繁复杂的绩效考核方法，企业管理者该如何选择正确的考核方法作为评定标准呢？

1. 要明确绩效考核的种类及其特点

企业绩效考核的主导目标类型决定了它选择何种绩效考核方法。例如，有些企业采用目标考核法，凡是达到预定目标的员工都留用或提薪，未达到预定目标的员工则辞退，它的考核目标要的是企业绩效目标的快速实现，稳定的员工队伍的培养不是它的目标。从绩效考核的主导目标来划分，可以分为以下几种类型：

①效果主导型，即考核的内容以考核结果为主，着眼于"干出了什么"，重点在于结果而不是行为，它具有短期性和表现性的缺点，对具体生产操作的员工比较适合，但对事务性人员不合适；

②品质主导型，即考核的内容以考核员工在工作中表现出来的品质为主，着眼于"他怎么干"，由于其考核需要如忠诚、可靠、主动、有创新等，所以很难具体掌握，操作性与效度较差，适合于对员工工作潜力、工作精神及沟通能力的考核；

③行为主导型，即考核的内容以考核员工的工作行为为主，着眼于"如何干""干什么"，重视工作过程，考核的标准容易确定，操作性强，适合于管理性、事务性工作的考核。

2. 要确认绩效数据来源和收集方法

绩效考核是一项长期、复杂的工作，对于作为考核基础的数据收集工作要求很高。在这方面，企业应该注重长期的跟踪、随时收集相关数据，使数据收集工作形成一种制度，尤其是在当前信息时代。绩效考核的资料来源主要有三种：

①客观数据，即客观的生产与工作数据；

②人力资源管理资料，采用得比较多的是缺勤率、离职率、事故率和迟到情况等；

③评判数据，评判数据以管理人员（上级）的评定为主，还包括员工本人的评判、同事的评判以及下属人员的评定等，评判数据受到许多因素的影响，包括评判人的经验、评级量表的类型、考评的方法、被评人工作的类型和特征等。收集绩效考核数据的主要做法包括工作记录法、定期抽查法、考勤记录法、项目评定法、扣分法、事例法以及指导记录法等。

3. 绩效考核的结果处理方法

绩效考核最终会以一定的量化结果形式，为企业的奖惩提供依据。对绩效考核过程中采用各种方法收集到的评估数据，要根据考核的目的、标准和方法，进行分析、处理和综合。一般具体过程如下：

①划分等级，把每一个考核项目，如出勤、责任心，按一定的标准划分为不同等级，一般可分为 3 ~ 5 个等级；

②对单一考核项目的量化，为了能把不同性质的项目综合在一起，就必须对每个考核项目进行量化，即不同等级赋予不同数值，用以反映实际特征，如优秀为 10 分、不合格为 2 分；

③对同一项目不同考核结果的综合，可以采用算术平均法或加权平均法进行综合；

④对不同项目的评估结果的综合，一般采用加权平均法，给员工排名次、分级，以运用考核结果达到明显的激励效果。

第二节 薪酬管理

一、薪酬管理分析

（一）薪酬管理的含义

薪酬管理，是指在企业发展战略指导下，管理者对企业员工薪酬支付原则、薪酬策略、薪酬水平、薪酬结构、薪酬构成进行确定、分配和调整的动态管理过程。在这一过程中，企业必须就薪酬水平、薪酬体系、薪酬结构、薪酬形式以及特殊员工群体的薪酬做出决策。同时，作为一种持续的组织过程，企业还要持续不断地制订薪酬计划、拟定薪酬预算、就薪酬管理问题与员工进行沟通，并对薪酬系统本身的有效性做出评价而后不断予以完善。薪酬管理要为实现薪酬管理目标服务，薪酬管理目标是基于人力资源战略设立的，而人力资源战略服从于企业发展战略。

薪酬管理是一种以激励为主的考核和监督机制，是由以优代劣的被动监督转变为以罚促优的主动监督，它更注重结果，是企业领导者管理思想、管理手段的一种集中体现，是企业人力资源管理的核心内容。

（二）薪酬管理的内容

薪酬管理主要包括确定管理目标、选择薪酬政策、制订薪酬计划、调整薪酬结构。

1. 确定管理目标

薪酬管理目标必须与组织目标相一致。因为薪酬管理是组织管理的一个有机组成部分，现代薪酬管理的目标应主要是吸引高素质人才，稳定现有员工队伍；使员工安心本职工作，并保持较高的工作业绩和工作动力；努力实现组织目标和员工个人发展目标的协调。

2. 选择薪酬政策

所谓组织的薪酬政策，就是组织管理者对组织薪酬管理运行的目标、任务、途径和手段的选择和组合，是组织在员工薪酬上所采取的方针策略。薪酬政策是企业管理者审时度势的结果，决策正确，组织的薪酬机制就会充分发挥作用，运行就会通畅高效；反之，决策失误，管理就会受到影响，引起组织管理上一系列困扰。

3. 制订薪酬计划

所谓薪酬计划，就是组织预计要实施的员工薪酬支付水平、支付结构及薪酬管理重点等，组织在制订薪酬计划时，要通盘考虑，同时要把握两个原则：一是与组织目标相协调原则；二是以增强组织竞争力为原则。

4. 调整薪酬结构

薪酬结构是指组织员工间的各种薪资比例及其构成。对薪酬结构的确定和调整主要掌握一个基本原则，即给予员工最大激励的原则。如果较好地实现了薪酬的公平，则其会产生较好的正向激励，会使该组织有较好的经济效益，从而使该组织更有实力从容地解决公平问题，进入良性循环的发展轨道。

（三）薪酬管理的原则

企业及人事管理在进行薪酬管理时必须遵循一定的薪酬管理原则，做到公平、适度、平衡、刺激等原则，才能有效地激励员工。

1. 公平原则

薪酬系统要公平，这是最主要的原则。要使员工认识到，人人平等，只要在相同的岗位上做出相同的业绩，都将获得相同的薪酬。

2. 适度原则

适度原则是指薪酬系统要有上限和下限，在一个适当的区间内运行。

3. 安全原则

安全原则是指薪酬系统要使员工感到安全，要使企业感到安全，不能经常变动，重要内容变动更要慎重。

4. 认可原则

薪酬系统是由企业管理层制定的，但应该使大多数员工认可，这样会起到更好的激励作用，当然，更要符合法律。

5. 成本控制原则

一般来说，薪酬系统应该接受成本控制，也就是在成本许可的范围内制定薪酬系统。

6. 平衡原则

平衡原则指薪酬系统的各个方面平衡，不能只注重直接薪酬，而忽视非直接薪酬；也不能只注重金钱薪酬，而忽视非金钱奖励。

7. 刺激原则

刺激原则指薪酬系统对员工要有强烈的激励作用。

总之，人力资源的合理配置与使用在社会经济发展中具有特别重大的意义。薪酬作为实现人力资源合理配置的基本手段，在人力资源开发与管理中起着十分重要的作用，对于刺激劳动者的物质需要和精神满足需要有着极高的现实意义，同时也直接决定着劳动效率。如何运用薪酬这个人力资源中最重要的经济参数，全面引入薪酬体系，引导人力资源向合理的方向运动，借助专业的工具和规范的操作流程来最大限度地实现两者的有机结合，从而实现组织目标的最大化，是人力资源管理需要深思和探索的。

（四）薪酬管理的意义

薪酬管理是人力资源管理活动的重要组成部分，人力资源管理的核心就是薪酬管理，薪酬设计直接关系着员工积极性和企业人工成本，企业付出的薪酬关系到能否维持一支可靠的下属员工队伍，了解薪酬体系在企业管理中显得尤其重要。企业就薪酬水平、薪酬体系、薪酬结构、薪酬构成以及特殊员工群体的薪酬做出决策，对于整体组织管理也具有重要意义，薪酬管理对任何一个组织来说都是一个比较棘手的问题，主要是因为企业的薪酬管理系统一般要同时达到公平性、有效性和合法性三大目标。

薪酬管理是管理者人本管理思想的重要体现。薪酬是对劳动者提供劳动的回报，是对劳动者各种劳动消耗的补偿，因此，薪酬水平既是对劳动者劳动力价值的肯定，也直接影响着劳动者的生活水平。在我国物质生活水平日益提高的今天，管理者不仅要保证其员工的基本生活，更要适应社会和个人的全方位发展，提供更全面的生活保障，建立起适应国民经济发展水平的薪酬制度。

吸引优秀的人才加盟。在组织的劳动关系中，薪酬是最主要的问题之一，劳动争议也往往是由薪酬问题引起的。因此，有效的薪酬管理能够减少劳动纠纷，建立和谐的劳动关系。

此外，薪酬管理也有助于塑造良好的组织文化，维护稳定的劳动关系。

企业薪酬管理可以吸引和留住组织需要的优秀员工；鼓励员工积极提高工作所需要的技能和能力；鼓励员工高效率地工作。吸引和留住人才的同时，好的薪酬管理也相应为企业保留了核心骨干员工。薪酬对于劳动者来说是报酬，对于组织来讲也意味着成本。虽然现代的人力资源管理理念不能简单地从成本角度来看待薪酬，但保持先进的劳动生产率，有效地控制人工成本，发挥既定薪酬的最大作用，对于增加组织利润，增强组织盈利能力，进而提高竞争力，作用无疑是直接的。

（五）薪酬管理的影响因素

①外在环境因素。包括政府政令、经济、社会、工会、劳动市场、生活水平等。

②企业内在因素。包括财务能力、预算控制、薪酬政策、企业规模、企业文化、比较工作价值、竞争力、公平因素。

③个人因素。包括年资、绩效、经验、教育程度、发展潜力、个人能力等。

（六）薪酬管理对提升企业竞争力优势的作用

①增值功能。薪酬本身不直接带来效益，但可以通过有效的薪酬战略及其实践，用薪酬交换劳动者的劳动，将劳动力和生产资料结合创造出企业财富和经济效益。这样，薪酬就对企业具有增值功能。

②激励功能。管理者可以通过有效的薪酬战略及其实践，促进员工工作数量和质量的提高，保护和激励员工的工作积极性，以提高企业的生产效率。

③配置和协调功能。企业可以发挥薪酬战略的导向功能，合理配置和协调企业内部的人力资源和其他资源，并将企业目标传递给员工，促使员工个人行为与组织行为相

融合。

④帮助员工实现自我价值的功能。通过有效的薪酬战略及其实践，体现薪酬不再仅仅是一定数目的金钱，它还反映员工在企业中的能力、品行和发展前景等，从而充分发挥员工的潜能，实现其自身价值。

⑤对优秀人才的吸纳和保留功能。合理的薪酬体系不仅能使企业具有外部竞争力，而且能保留住原有的优秀人才。在留住人才的手段中，薪酬体系被证明是效果最好、见效最快的方法之一。

二、薪酬设计

（一）薪酬设计概述

岗位薪酬设计是以科学规范的岗位管理体系为基础，通过科学的岗位评价、员工能力评定以及市场薪酬调查，考虑企业实际经营状况及支付能力等因素，针对不同岗位序列分别设计岗位薪酬结构，确定岗位薪酬。最终确定的岗位薪酬方案应该体现岗位价值、员工能力与岗位的匹配以及员工在岗位上所做的贡献。

影响岗位薪酬设计的因素有内部、外部和个人三个方面。内部因素主要是管理者需要考虑企业经营状况、负担能力、企业文化和薪酬政策等；外部因素包含地区及行业差异、人力资源市场的供求关系、社会经济环境、现行工资率以及与薪酬相关的法律法规等；个人因素则涉及员工个人的资历水平、工作岗位、个人工作能力和工作表现等方面。

（二）薪酬设计的要点

对于人力资源经理来说，设计与管理薪酬制度是最困难的一项人力资源管理任务。如果建立了有效的薪酬制度，企事业组织就会进入良性循环；相反，则使员工的积极性发挥不出来，导致企业发展的关键人才流失。因此，如何让员工从薪酬上得到最大的满意，成为现代企业组织应当努力把握的课题。总结国内外著名企业薪酬设计的成功经验，企业"让员工满意"薪酬的设计应该注意以下几个要点：

1. 为员工提供有竞争力的薪酬

支付最高工资的企业最能吸引并且留住人才，尤其是那些出类拔萃的员工。一个结构合理、管理良好的薪酬制度，应能留住优秀的员工，淘汰表现较差的员工。

2. 重视内在报酬

报酬可以分为内在的与外在的两类。内在报酬是指基于工作任务本身的报酬，如对工作的胜任感、成就感、责任感、受重视、有影响力、个人成长和富有价值的贡献等。事实上，对于知识型的员工，内在报酬和员工的工作满意感有相当大的关系。因此，企业组织可以通过工作制度、员工影响力、人力资本流动政策来执行内在报酬，让员工从工作本身中得到最大的满足。

3. 把收入和技能挂钩，不要和权力绑在一起

建立个人技能评估制度，以雇员的能力为基础确定其薪水，工资标准由技能最低直到最高划分出不同级别。基于技能的制度能在调换岗位和引入新技术方面带来较大的灵活性，当员工证明自己能够胜任更高一级的工作时，他们所获的报酬也会顺理成章地提高。这样，可以给员工更多的机会，在不晋升的情况下提高工资级别。管理的重点是最大限度地利用员工的技能，这种评估制度最大的好处是能传递信息使员工关注自身的发展。

4. 让员工更清楚地理解薪酬制度

企业应让员工弄清楚他们的报酬待遇的真正价值，简明易懂地解释各种收入，增强沟通交流。现在许多公司仍采用秘薪制，提薪或奖金发放不公开，使得员工很难判断在报酬与绩效之间是否存在着联系。人们既看不到别人的报酬，也不了解自己对公司的贡献价值，这样自然会削弱制度的激励和满足功能。

5. 参与薪酬制度的设计与管理

国外公司在这方面的实践结果表明：与没有员工参加的绩效付酬制度相比，让员工参与薪酬制度的设计与管理常令人满意，且能长期有效。员工对薪酬制度设计与管理更多地参与，无疑有助于一个更适合员工的需要和更符合实际的薪酬制度的形成。在参与制度设计的过程中，针对薪酬政策及目的进行沟通，促进管理者与员工之间的相互信任，这样能使带有缺陷的薪资系统变得更加有效。

6. 与薪酬设计相配套的是员工工作绩效考评制度

如果相关的配套工作没有完善，薪酬制度则没法客观、公正地运行。

（三）薪酬设计的思路

①以岗定薪。首先，根据岗位性质划分岗位类别，明确岗位序列，并设计相应的薪酬模式；其次，在岗位分析、岗位评价和员工能力评定的基础上，结合市场调查和企业实际经营情况，可以实施以岗位工资为主、能力工资为辅的结构，采取一岗多薪制度。

②进行市场薪酬调查。参考企业实际的收入状况决定薪酬水平，确保企业薪酬水平的竞争性，同时又要控制薪酬总额，确保企业经济成本的负担能力可以承受。

③量化业绩考核。将薪酬与考核结果紧密联系，增强个人收入与个人业绩的联系，使薪酬的激励作用得到充分发挥。

（四）薪酬设计的模式

从薪酬理论的发展过程看，现代企业的薪酬，既不是单一的工资，也不是纯粹的货币形式的报酬，还包括优越的工作条件、良好的工作氛围、培训机会、晋升机会等精神方面的激励。物质和精神的有效结合，为现代企业薪酬设计提供了多重选择。物质形态是薪酬的主要内容，如发放工资、奖金、津贴、福利等，也是目前我国企业使用得非常普遍的一种激励模式。但在实践中，企业在使用物质作为薪酬激励的唯一内容时，货币

资金投入不少，而预期的目的并未达到，反而可能贻误商机。于是精神食粮挤入了企业薪酬设计的视线，并越来越占据重要地位。这也证明了马斯洛的需求层次理论——员工不但有物质上的需要，更有精神方面的需要。因此长期使用物质作为薪酬起不到很好的激励作用时，企业应该将目光转向将物质激励和精神激励结合起来，针对不同层次的人员，创建有针对性的薪酬激励机制，才能真正地调动员工创造价值的积极性。但有一点，单纯依靠精神上的鼓励和奖赏作为员工的报酬，就失去了物质基础，这显然是行不通的。在长期的心理学研究基础上，有的学者提出了一种同步激励法的主张。这种观点强调，只有把物质激励和精神激励两者有机地结合起来，综合地加以同步实施，才能取得最大的激励效果。同步激励法的关系式可表达如下：激励力量 = 物质激励 × 精神激励。该表达式表明，只有当物质激励与精神激励都处于高峰值时，才有可能获得最大的激励力量。两个维度中只要有一个维度处于低值，就不能产生最大、最佳的激励力量。同步激励法不是物质激励和精神激励的简单拼凑和相加，而是一种有机的综合和融合。从公式及解释上来看，似乎并不难实现，但是如何将物质与精神融合在一起，发挥最大效力？这种效力怎样才算最大？这些问题需要企业不断摸索，积极实践，才有可能找到最佳解决方案。

在新经济时代，企业设计薪酬方案的主要目的是满足企业战略发展的需要，即以所谓"有竞争力的薪酬"聘请合适的员工。具体而言，薪酬方案设计时必须考虑两大因素：一是市场因素，即如何应对竞争激烈的人力资源市场；二是行政因素，即政府制定的最低工资价位等。在充分考虑这两大因素的前提下，企业经营者可充分施展其才华，设计合适的薪酬体系。

设计薪酬方案大致有如下几种模式：

（1）老板拍板决定

这种情况局限于一些小企业或企业初创阶段，老板大致估计市场行情，多为一拍即定的行为，因而往往带有较大的盲目性。当企业走上正轨后，此种模式日见其绌，所以有改变的必要。但是，这种模式因其成本低廉、简捷易行，目前依然有相当大的市场。

（2）集体洽谈模式

集体谈判已成为一种国际性的行为，其中最重要的内容之一便是工资谈判。当然，集体谈判既有企业工会代表与雇主代表谈判，又有行业工会代表与雇主代表谈判等。但是，根据国外经验和教训，工资集体协商可能使劳资关系进一步紧张，甚至限制资方用工的积极性。

（3）专家咨询设计

由专家参与设计的薪酬模式一般能较好地理解市场动态，避免劳资关系紧张，同时对企业稳定人心的作用巨大。但专家设计的成本过高，如果企业职员人数较多，则人均成本较低，使用这种模式就比较可取。

（4）个别协商模式

即在企业总体原则初定的情况下，企业对特定员工（常常是关键人物）的一种协商方式，所谓"上不封顶"，即对某一职位或某一段时间就某一个人的特殊情况进行协商的行为。这种情况称得上是"随机应变"，但也可能"杂乱无序"。

（5）综合设计模式

综合使用上述多种方式，使之更贴近实际，同时又能很好地解决市场、政府、职工、资方、关键人物诸方面的问题。但这种方式耗时费力，成本高昂。虽然取得的结果可能从理论上讲是皆大欢喜，但究竟何时能"成型"为一种模式，则难以确定。

总之，不同的企业在不同的时期，应运用不同的模式，所谓适用的才是最好的。

（五）薪酬设计的原则

薪酬分配对企业的发展具有持久的影响力，对员工的行为形成内在的驱动力。当前，由于企业对薪酬体系设计缺乏系统化思考，往往是顾此失彼。因此，一个企业在对薪酬体系进行设计之前，应该明确以下几个设计原则：

1. 公平原则

公平是薪酬设计的基础，只有在员工认为薪酬设计是公平的前提下，才可能产生认同感和满意度，才可能产生薪酬的激励作用。薪酬制度的公平原则包括内在公平、外在公平和自身公平三个方面的含义。内在公平是指企业内部的员工的一种心理感受，企业的薪酬制度要让企业内部员工对其表示认可，让他们觉得与企业内部其他员工相比较，其所得薪酬是公平的；外在公平是企业在人才市场加强竞争力的需要，是指与同行业、同地区内其他企业，特别是有竞争性质的企业相比，企业所提供的薪酬是具有竞争力的，只有这样才能保证在人才市场上招聘到优秀的人才，也才能留住现有的优秀员工；自身公平性即同一企业中占据相同职位的员工，其所获得的薪酬应与其贡献成正比，同样，不同企业中职位相近的员工，其薪酬水平也应基本相同。

公平原则是制定薪酬体系首先考虑的一个重要原则，因为这是一个心理原则，也是一个感受原则。员工对公平的感受通常包括五个方面的内容：第一是与外部其他类似企业（或类似岗位）比较所产生的感受；第二是员工对本企业薪酬体系分配机制和人才价值取向的感受；第三是将个人薪酬与公司其他类似职位（或类似工作量的人）的薪酬相比较所产生的感受；第四是对企业薪酬体系执行过程中的严格性、公正性和公开性所产生的感受；第五是对最终获得薪酬多少的感受。

当员工对薪酬体系感觉公平时会得到良好的激励并保持旺盛的斗志和工作的积极性；当员工对薪酬体系感觉不公平时，则可能会采取一些类似降低责任心、辞职等消极的应对措施，不再珍惜这份工作，对企业的亲和力降低，寻找低层次的比较对象以求暂时的心理平衡，或者辞职等。因此，在进行企业薪酬设计之前应对企业各岗位的职责以及市场上相应职位的薪酬水平有比较充分的了解，并在此基础上依照公平原则来进行薪酬体系的设计。

2. 透明原则

透明包括三方面的含义：薪酬政策的透明、薪酬管理操作的透明以及相关信息传递的透明。强调透明原则具有经济学和管理心理学的双重意义：从经济学角度讲，信息的对称性与最大化，是个体做出利益最优决策的前提；从管理心理学的角度来讲，员工了解目标的期望值和效价，能产生更强的激励力量，自我意识较强、文化素质较高的知识员工更是如此。

3. 物质激励与精神激励相结合的原则

首先，从企业员工角度来讲，薪酬是员工从企业获得相对满足的过程，也是维持基本生活、提高生活质量的基础。其次，从企业自身的角度来讲，不仅需要有一定保障性的薪酬留住人才，减少企业员工的负向流动，还需要有一定竞争力的薪酬吸引人才，产生强有力的员工向心力及员工的正向流动。

通常情况下，物质激励报酬会在短期或者中期范围内发挥作用，激励员工、调动员工的积极性。但物质激励报酬仅仅是暂时的，并不能在企业长期发展中起到至关重要的作用。

精神激励报酬对员工的激励才是长期的、根本的、更加有效的。

因此，企业在设计薪酬体系时应把物质激励与精神激励相结合来激励员工，使其感受到自己价值的存在，同时，看到自身的发展前景，只有这样，员工才会为企业努力工作。

4. 固定薪酬与浮动薪酬相结合的原则

企业在薪酬体系的实施过程中，往往发现薪酬设计中的固定收入部分可以使员工产生安全感，但如果固定部分过高，就会使员工产生懒惰情绪、不思进取，最终削弱薪酬的激励功能。

同时，企业对员工工作表现和成绩的认可，对员工的激励主要来自薪酬中的浮动部分。

不过若浮动薪酬的弹性过大，又会使员工缺乏安全感，不利于吸引和留住员工。

因此，企业在薪酬体系设计当中，固定收入部分与浮动收入部分的比例应与岗位的特点相结合。一般而言，岗位对企业总体经营业绩的影响越大，则该岗位薪酬中的浮动比例也越大；反之则应越小。

5. 与绩效考核相结合的原则

绩效考核方案应该能够而且必须客观地反映员工的工作业绩。员工的薪酬，尤其是浮动收入部分的发放只有以对员工自身工作的考评结果为基础，薪酬的激励作用才能够体现。

在许多企业中，没有绩效考评、绩效考评体系不健全或绩效考评流于形式，每个月的奖金简单地按照月份固定发放，甚至是平均化"大锅饭"的方式。这样，奖金所具备的激励作用无从体现，激励作用变成了保障作用，完全埋没了设计奖金的初衷。

从实际当中不难看出，这种没有激励作用的浮动收入只能给企业增加成本支出，而没有任何正面的作用。同时，还会给企业文化造成"干多干少奖金一样，干与不干奖金一样"的恶劣风气。

6. 关注"核心员工"的原则

在实际情况中，每个企业都存在"核心员工"，这里所说的核心员工是指那些掌握企业重要客户或掌握企业技术管理等方面的核心机密以及在工作的其他方面堪称表率的员工。由于核心员工在企业生产经营中的巨大作用及其对其他员工的影响力相对较高，因此制定特别的薪酬制度来最大限度地留住核心员工，从而使企业的生产经营能够平稳进行是制定企业薪酬的重点之一。

企业核心员工一般都为知识型员工，他们具有较为鲜明的个性，自主意识强，拥有相对独立的价值观。对于核心员工，管理者在提供有竞争力的薪酬的同时应积极树立"以人为中心"的管理理念，为核心员工提供多种升迁和培训机会，创造其成长、发展的空间，注意营造良好的企业文化氛围，增强核心员工的归属感等。

但是要实现留住人才的目标光靠上面的措施还不够，还应善于使用一些特别的薪酬制度。例如，沉淀福利制度，将高层管理人员的薪酬分为若干部分，当年只能拿到其中的一部分，其余部分在未来几年中分批支付，如果有人提前离开，他的工资是不能全部拿走的。

7. 战略导向原则

战略导向原则强调企业设计薪酬时必须从企业战略的角度进行分析，制定的薪酬政策和制度必须体现企业发展战略的要求。企业的薪酬不仅仅只是一种制度，它更是一种机制。合理的薪酬制度驱动和鞭策那些有利于企业发展战略因素的成长和提高，同时使那些不利于企业发展战略的因素得到有效地遏制和淘汰。因此，企业在设计薪酬时，必须从战略的角度进行分析，哪些因素重要，哪些因素不重要，并通过一定的价值标准，给予这些因素一定的权重，同时确定它们的价值分配即薪酬标准。

8. 竞争原则

企业在市场上提出较高的薪酬水平无疑会增加企业对人才的吸引力，企业的薪酬标准在市场上应处于一个什么位置，要根据该企业的财力、所需人才的可获得性等具体条件而定。竞争力是一个综合指标，有的企业凭借良好的声誉和社会形象，在薪酬方面只要满足外在公平性，就能吸引优秀人才。此外，劳动力市场的供求状况也是进行薪酬设计遵循竞争原则时需要考虑的重要因素。

9. 经济原则

经济原则在表面上与竞争原则和激励原则是相互对立和矛盾的。竞争原则和激励原则提倡较高的薪酬水平，而经济原则提倡较低的薪酬水平，但实际上三者并不对立也不矛盾，而是统一的。当三个原则同时作用于企业的薪酬系统时，竞争原则和激励原则就受到经济原则的制约。这时企业管理者所考虑的因素就不仅仅是薪酬系统的吸引力和激励性了，还会考虑企业承受能力的大小、利润的合理积累等问题。

经济原则的另一方面是要合理配置劳动力资源，当劳动力资源数量过剩或配置过高时，都会导致企业薪酬的浪费。只有企业劳动力资源的数量需求与数量配置保持一致，学历、技能等的要求与配置大体相当时，资源利用才具有经济性。

10. 团队原则

在一些协作性的企业中，基于团队的奖励对组织的绩效具有十分重要的作用，使人们意识到只有团队协作，自己才能获益。尽管从激励效果来看，奖励团队比奖励个人的效果要弱，但为了促使团队成员之间相互合作，同时防止上下级之间由于工资差距过大导致底层人员心态不平衡的现象，所以有必要建立团队奖励计划。有些成功企业，用在奖励团队方面的资金往往占到员工收入的很大比重。

在具体操作中，对优秀团队的考核标准和奖励标准，要事先定义清楚并保证团队成员都能理解。具体的奖励分配形式归纳为三类：第一类是以节约成本为基础的奖励，例如斯坎伦计划，将员工节约的成本乘以一定的百分比，奖励给员工所在团队；第二类是以分享利润为基础的奖励，它也可以看成是一种分红的方式；第三类是在工资总额中拿出一部分设定为奖励基金，根据团队目标的完成情况、企业文化的倡导方向设定考核和评选标准进行奖励。

11. 双赢原则

个人与组织都有其特定的目标指向。个人参与某个组织是为了实现自己的目标，而组织目标的形成必然压制个人目标的实现。就薪酬而言，个人和企业组织都有各自的薪酬目标。作为员工，为了实现自己的价值就希望通过获取高的报酬来加以体现，而企业组织为了有效利用资源和降低运转成本，希望以"较小的投入"换取较大的回报。结果，两个薪酬目标之间没有合适的接口，企业付出的薪酬没能激励员工，更不能换回高的回报，而员工的愿望和目标同样被压制，产生怠工心理，造成企业对员工不满、员工对企业抱怨的局面。所以，企业在设计薪酬体系时，有必要使上下相互沟通和协调，让员工参与薪酬制度的制定，找到劳资双方都满意的结合点。

12. 合法原则

薪酬系统的合法性是必不可少的，是建立在遵守国家相关政策、法律法规和企业一系列管理制度基础之上的合法。如果企业的薪酬体系与现行的国家政策和法律法规、企业管理制度不相符，则企业应该迅速进行改进使其具有合法性。薪酬设计要遵守国家法律法规和政策，这是最起码的要求，特别是国家有关的强制性规定，企业在薪酬设计中是不能违反的。

（六）薪酬设计的流程

1. 制定薪酬原则和策略

企业薪酬策略是企业人力资源策略的重要组成部分，需要在企业总体战略的指导下进行，薪酬策略作为薪酬设计的纲领要对以下内容做明确规定，对员工本性的认识，对员工总体价值的认识，对管理骨干、专业技术人才和营销人才的价值估计等核心价值观，企业基本工资制度和分配原则，企业工资分配政策和策略。

2. 职位设置与职位分析

职位设置就是根据实际工作需要，科学、系统化地进行职位的合理配置，以满足企业正常运营的需要。职位分析要进行分析研究：通过对工作内容、责任者、工作职位、工作时间、怎样操作，以及为何要这样做等分析，然后再将该职务任务的要求和责任、权力等方面进行书面描述。工作分析主要从两方面入手：工作描述，对职务的名称、职责、工作程序、工作条件和环境等方面进行一般性说明；对工作者的要求，通过职务描述，进一步说明担负某一职务工作的员工所必须具备的资格条件。

3. 职位评价

职位评价（或称职位评估）重在解决薪酬的对内公平性问题，即达到企业内部均衡。企业内部均衡失调有两种情况：①差距过大。差距过大是指优秀员工与普通员工之间的薪酬差异大于工作本身的差异，也有可能是干同等工作的员工之间存在着较大的差异。前者有助于稳定优秀员工，后者会造成员工的不满。②差距过小。差异过小是指优秀员工与普通员工之间的薪酬差异小于工作本身的差异。它会引起优秀员工的不满，当内部均衡适当时，员工可以达到正常的工作效率；当内部均衡不适当时，则会大大降低员工的工作效率，而薪酬体系中的职位评价正是为了解决企业内部均衡失调这个问题。

职位评价的方法分为量化评价法和非量化评价法两大类。非量化评价法是指那些仅仅从总体上来确定不同职位之间的相对价值顺序的职位评价方法，量化评价方法则是通过一套等级尺度系统来确定一种职位的价值高多少或低多少。非量化评价方法有两种：排序法和分类法；量化评价方法有三种：因素比较法、计点法和海氏评价法。

（1）排序法

排序法是由评价人员对各个职位的重要性做出判断，并根据工作职位相对价值的大小按升值或降值来确定职位等级的一种评价方法。其主要优点是在理论上与计算上简单，容易操作，省事省时；缺点是其主观性强，评价结果有时差异很大。

（2）分类法

分类法也称分级法，是事先建立一连串的等级，给出等级定义之后，根据工作等级类别比较工作，把职位确定到各个等级中去，直到安排在最合乎逻辑之处。其优点是简单易行，省时易理解，比排序法更为精确、客观；缺点是不能很清楚地定义等级，给主观判断职位等级留下相当大的余地，导致许多争论。

（3）因素比较法

因素比较法是先决定职位评价的因素和关键职位，再用评价因素和关键职位制成关键职位分级表，对于其他职位，依据此表为尺度决定其等级。其优点是把各种不同职位中相同的因素相互比较，然后再将各种工资求和，使各种职位获得转化为公平的职位评价，减少了主观性，比较系统和非常完善，可靠性比较高；缺点是因素定义比较含糊，选用范围广泛，且不够精确。

（4）计点法

计点法是先确定影响所有职位的共同因素，并将这些因素分级、定义、配点，以建立评价标准。然后，依据评价标准对所有职位进行评价并汇总每一职位的总点数。最后，将职位评价点数转换成货币数量，即职位工资率或工资标准。这种职位评估方法将付酬因素进行分解，评估结果比较客观可靠，在一定程度上避免了评价人员的主观随意性，但设定付酬因素和权重较为复杂。

（5）海氏评价法

海氏评价法实质上是将付酬的有关因素进一步抽象为具有普遍适用性的三大因素，即智能水平、解决问题能力和风险责任，相应设计了三套标准性价量表，最后将所得分值加以综合，算出各个工作职位的相对价值。然后根据评估得分确定各个职位的等级排序。这种方法比较客观准确，且较为科学，是目前国内外企业中使用最为广泛的一种评估方法。

4. 薪酬调查

企业要吸引和留住员工，不但要保证企业工资制度的内在公平性，而且要保证企业工资制度的外在公平性，要展开市场薪酬调查，通过调查，了解和掌握本地区、本行业的薪酬水平，及时制定和调整本企业对应工作的薪酬水平和企业的薪酬结构，以确保企业工资制度外在公平性的实现。

薪酬调查重在解决薪酬的对外竞争力问题，企业在确定一个或更多职位的薪酬水平时，需要参考劳动力市场的薪酬水平。薪酬调查的对象，最好是选择与自己有竞争关系的公司或同行业的类似公司，重点考虑员工的流失去向和招聘来源；薪酬调查的数据要有每年度的薪酬增长状况，不同薪酬结构对比，不同职位和不同级别的职位薪酬数据，奖金和福利状况，长期激励措施以及未来薪酬发展趋势分析等。只有采用相同的标准进行职位评估，并各自提供真实的薪酬数据，才能保证薪酬调查的准确性。在报纸和网站上公布的数据，其数据多含有随机取样的成分，准确性很值得怀疑。即使是国家劳动部门的统计数据，也不能取代薪酬调查用作定薪的依据。另外，特别应该注意的是，由于一些特殊的行业人员流动比较频繁，可以利用招聘方式、人员跳槽的机会，了解竞争者的薪酬水平，但要防止以偏概全。薪酬调查的结果，是根据调查数据来反映某家公司的薪酬水平与同行业相比处于什么位置，从而确定本公司某职位的薪酬水平。

5. 薪酬分级和定薪

工资结构线描绘了企业各项工作的相对价值及其对应的工资额，如果仅以此开展薪酬管理，必将加大薪酬管理的难度，也没有很大意义。为了简化薪酬管理，有必要对工资结构线上反映出来的工资关系进行分等级处理，将相对价值相近的各项工作合并成一组，统一规定一个相应的工资，称为一个工资等级，这样，企业就可以组合出若干个工资等级。

6. 职位薪酬、绩效薪酬、工龄薪酬等薪酬部分的确定

在薪酬总额确定之后，根据企业实际情况，适当加大绩效薪酬占薪酬总额的比例，同时设置工龄工资。将绩效薪酬分为体现最低要求工作量的效益工资和超额工作量的奖金两部分，并与绩效考核挂钩。绩效考核分为反映工作质量和工作量两个部分，工作质

量按照业绩考核标准进行考核得分、分等并转化为业绩系数，工作量直接核算为货币，将工作量乘以业绩系数再按照各职位的相对价值比例在各个职位间进行分配。绩效工资体现了员工个人工作的绩效水平和差别，激励效果明显，可以促使组织目标的实现。

7. 薪酬结构设计

薪酬结构是指一个企业的组织机构中各工作的相对价值及其对应的实付工资之间保持何种关系，它基于薪酬的不同功能，将薪酬划分为若干个相对独立的工资单元，各单元又规定有不同的结构系数，组成有质的区别和量的比例关系的薪酬结构。

薪酬结构设计方案出台以后，关键还在于落实，要在落实的过程中不断地修正方案中的偏差，使方案更加合理和完善。

另外，要建立薪酬管理的动态机制，要根据企业经营环境的变化和企业战略的调整对薪酬方案进行适时的调整，使其能更好地发挥薪酬管理的功能。

在薪酬结构设计中需要解决的主要问题包括一个薪资结构中应该设计多少工资等级，中位值及中位值增幅如何确定，工资等级带宽有多大，相邻等级之间的重叠程度有多大，工资等级内的梯级如何设计。

其一，工资等级的确定。对于确定"合适的工资等级数量"没有什么特别标准的公式，这需要看企业的具体要求来决定等级。具体来说，在设计工资等级数目时要重点考虑组织架构现状、岗位数量、中位值、工资区间大小（带宽）和相邻等级的重叠程度等方面。

其二，中位值及中位值级差的确定。前人为确定某一等级的中位值，然后根据级差推算出各个工资等级的中位值。中位值级差的确定要考虑到中位值级差过大，会导致员工晋升的成本过高；级别差异太小，又缺乏有效的激励性。

其三，工资等级带宽重叠度设计。在薪资结构中，带宽之间可能没有重叠，也可能有重叠，重叠部分意味着在两个相邻工资等级中的员工有拿到同样工资的可能。带宽间的重叠部分很小，将会更有机会促使员工持续地改进绩效和增进资历来获得工资的提高；如果重叠部分很大，也可能使一个已经拿到其所在薪资等级中上限工资的人晋升到上一个或两个更高的等级之后，其工资不会有大的提高，这样对员工会产生一定的打击。

其四，工资等级内的梯级设计。当一个工资等级的带宽和中位值确定后，可以考虑是否需要在工资等级的区间内设置"不合格、合格、较好、杰出"等多个梯级。员工在带宽中处于哪个梯级以及梯级晋升，都取决于员工的能力和工作业绩。

8. 薪酬体系的实施和修正

世界上不存在绝对公平的薪酬体系，只存在员工是否满意的薪酬体系。不论工资结构设计得如何完美，在实践中都或多或少地会出现问题。因此在实施薪酬体系过程中，及时的沟通、必要的宣传或培训是保证薪酬改革成功的重要因素。人力资源部可以通过员工座谈会、满意度调查、内部刊物甚至 BBS 论坛等形式，充分介绍公司的薪酬制定依据。同时为保证薪酬制度的适用性，公司要对薪酬体系做定期调整。

评定一个薪酬方案的好与坏，关键看能否有效实施，能否获得意想的效果，也就是能否使员工对获得的薪酬满意，能否调动他们的积极性。在实施过程中，需要企业管理者对岗位薪酬体系进行监督、评价、修正和控制。

（1）薪酬方案模拟实施

建立模拟库。建立薪酬模拟库是设计新的薪酬体系的关键，因为薪酬体系的调整会影响到所有员工的切身利益。

薪酬方案模拟实施。薪酬方案模拟实施可以与实际薪酬支付同步进行。

模拟结果分析。模拟结果分析是将新的薪酬制度与原有薪酬体系对企业和员工的影响进行对比。模拟结果分析应当涉及工资总额变化、每个员工工资的变化、不同岗位工资变化趋势等方面。

（2）方案的评估与最终确定

对工资模拟的结果进行分析后，薪酬设计者可以初步得出此方案能否实现企业的最终目标以及设计初衷，在对方案的优缺点、可行性和如果实施后可能引发的问题做出分析后，由企业高层管理人员对分析结果进行讨论和评价，最终决定方案的正式实施与否。

（七）不同岗位序列的薪酬设计

1. 管理人员的薪酬方案设计

管理人员的工作特点决定了其薪酬模式为基本薪金＋奖金＋福利。各自所占的比例没有统一的标准，根据地区、行业、企业经济性质的不同而有所差别。

（1）基本薪金

管理人员的基本薪金的确定可采取职位等级工资制，针对不同等级的职位赋予不同的薪金水平，同时要体现其管理能力、管理幅度、管理责任、管理难度和管理业绩。

（2）奖金

管理人员的奖金设计要充分体现其业绩水平，以更好地发挥奖金的激励作用。

（3）福利

对于管理人员的福利计划也要体现其特点，具体内容如下：

①管理人员承担着对员工的直接指挥任务，对管理技能水平的要求比较高，因此，要因人而异地为其设计一些提升管理能力方面的培训计划，帮助其提高管理能力。

②管理人员管理任务重，工作时间长，有的甚至要长期盯在生产岗位上，与员工吃住在一起，因此无暇照顾家庭与子女，因此要有意识地增加服务福利项目，为基层管理人员提供更多的家庭服务，解决其后顾之忧，例如提供子女入托、家务料理服务等。

2. 专业技术人员的薪酬模式

从能力趋向的角度看，专业技术人员的基薪，要根据专业技术人员的工作特点，充分考虑专业技术人员的能力成长，划分不同的阶段，设计不同等级的薪酬。一般来讲，人的职业工作能力的发展可划分为六个阶段：培育期、成长期、成熟期、鼎盛期、维持期和衰退期。这六个阶段员工的职业工作能力所表现出来的特点如下：

①培育期。员工刚步出学校走向工作岗位，职业能力低，不能独立开展工作，但工

作热情高,学习能力强,精力充沛,因此职业能力逐步提升。但是,易犯急躁冒进的毛病。

②成长期。员工的职业能力在经过培育期后得到快速成长,具备了独立从事本专业领域内涉及面较窄、操作较简单的工作的基本素质和专业技能,但一遇到较为复杂的局面就感觉难以驾驭,心态浮躁,徘徊观望,职业的稳定性较差。

③成熟期。随着阅历的不断丰富,职业能力继续全面提升,具备了较强的职业工作能力,能够驾驭较为复杂的局面。成熟期员工普遍渴望一个良好的工作平台,以便独立施展其才华。

④鼎盛期。员工职业能力处于鼎盛阶段,具备了一定的事业基础并强烈地追求事业的更大成功。鼎盛期员工渴望扩大自己的事业基础以得到社会的广泛认可,但职业能力继续提升的余地有限。

⑤维持期。员工职业工作能力的提升受到限制,但能够投入更多的时间于工作和事业中,虽然精力不如从前,但尚足以应付工作中的复杂局面,在专业领域还有可能出现第二个职业的高峰。

⑥衰退期。员工的职业工作能力处于衰退阶段时,其精力已经很难胜任繁重的研发工作或者驾驭全局,逐渐从一线退居二线,选择接班人,扶持其工作,不忘组织的培养,发挥自己的余热。

与职业工作能力的发展相对应,专业技术人员的职业生涯必须呈现两条不同的路径,一条是以职位等级提升为主线,另一条是以专业技术提升为主线,两条路径都是企业根据战略需要所鼓励的,因此在设计薪酬体系时,可以设计管理跑道和专家跑道,两条跑道可以是平行的。因此提出职位等级工资与专业技术等级工资并行的薪酬体系。

能力趋向把员工的薪酬提升与员工的职业能力提升结合起来,使员工在提升自己能力的同时,薪酬也不断得到提升,这有力地调动了员工学习和提升技能的积极性。

3. 操作技能岗位薪酬设计

操作技能岗位薪酬一般由计件/计时工资、奖金、津贴和福利构成,其中计件/计时工资是在岗位工资基础上测算出来的。岗位工资是员工基本收入,根据岗位的技术难度、工作强度、工作环境和相应责任来确定岗位等级,不同等级对应不同岗位工资。技能工资是员工按岗位等级考核所获得的技能等级收入,是对员工在岗位上表现出的特殊技能的认可。此外,这类岗位的津贴主要体现特殊工种性质和在特殊环境下工作的补贴。

下面主要说明计件/计时工资(相当于绩效工资)的设计。

根据岗位工资、工人的实际工时数/件数完成率以及质量情况计算工人的工资额。

计时/计件工资 = 岗位工资 × 工作量完成率 × 品质系数

工作量完成率指员工实际完成的工作量与该规定的工作量的比值,品质系数指员工完成工作的质量,可根据产品成品率或质量标准合格率得出。

员工月实得工资 =(计时/计件工资 + 技能工资 + 岗位津贴)× 月业绩考核结果 × 出勤率

三、薪酬制度

（一）现代企业薪酬制度的含义

薪酬是指一个企业组织根据员工为本企业所做贡献的大小，如员工所实现的绩效、付出的努力、时间、管理、技能、经验与创新等，向该员工提供的以货币形式和非货币形式表现的相应补偿或报酬。其中以货币形式表现的可以称为"物质报酬"，它包括基本薪酬、奖金、津贴和福利四部分，并具有相对的稳定性。以非货币形式表现的可以称为"精神薪酬"，它主要是指员工对工作本身或对工作环境在心理上所带来的满足感的体验，也包括工作本身的挑战性、责任感和发展机会，以及工作环境上的良好的同事关系、舒适的工作时间和适当的社会地位标志等。

这两大类薪酬构成了一个完整的薪酬系统，它的合理性及其完善的管理在很大程度上激发了员工的潜能，使员工工作数量和质量得以提高。而薪酬对于一个企业而言，不仅意味着对员工劳动价值的肯定，而且还意味着对员工的关怀和尊重。社会的发展也逐渐使企业将员工的精神薪酬放在重要的位置上，且将它作为企业文化的一个重要组成部分来进行诠释，从而形成一种对员工的吸引力和凝聚力。

现代薪酬体系并不是固定不变的，它表现为两层含义：一是根据公司生产经营和发展情况对薪酬制度进行及时的更新、调整和完善；二是根据各方面员工的积极性的需要随时调整各种员工报酬在报酬总额中的比重，适时调整激励对象和激励重点，以增强激励的针对性和效果。一般情况包括基本工资、奖金、员工福利和特殊薪酬。

目前，国外一些企业所实行的将员工加班时间和一些合理化建议转化为基金，通过基金的运作使其保值、增值，让员工灵活安排工作和休假时间、增加退休待遇以及分享企业发展成果的一种特殊薪酬方式（被称为"时间有价证券"），更使得现代薪酬体系表现为一种动态性。这种薪酬方式对员工来说可以增加积累与投资，更好地分享企业发展成果，降低职业风险，灵活安排工作和休假时间，甚至可以安排提前退休；对企业来说可以根据生产需要灵活地调节生产，扩大企业生产投资基金，在照顾员工利益的同时，使自身利益达到最大化，还可以增加企业凝聚力；对社会来说，可以缓解就业压力，降低失业率，缓解退休金压力，扩大社会资本，促进经济发展。

另外，针对高级管理人员所采用的长期激励制度，如股票期权、股票增值计划等，也被越来越多的企业所重视。这种以期权激励的方式为高级管理人员在经营的过程中能够充分发挥其自身价值提供了空间，也为其谋求长期"职业生涯"奠定了比较稳定的制度环境基础，同时也使企业能够留住高层人才，增强企业管理层的稳定性，使企业的投入达到最优。这种薪酬方式也正被我国企业所接受。

（二）企业薪酬制度制定的考虑因素

企业在制定薪酬制度时所需要考虑的第一个决定因素是社会薪酬水平。一般而言，社会薪酬水平和整个社会经济发展状况有关，具体分为行业薪酬水平和地区薪酬水平。在现代社会中，由于信息的高度发达，信息流通非常方便快捷，使得劳资双方都可以通过薪酬调查来获得比较准确的劳动力市场价格,谁把握得更准确谁就拥有主动权。因此任何一个企业在制定人力资源战略并围绕薪酬制度来运作时,对社会薪酬水平的准确把握是必不可少的。只有充分把握社会整体的薪酬水平,了解本地区、本行业的人力资源情况,将自己的薪酬计划与之相挂钩,这样才能使企业的薪酬水平对外具有竞争力,对内具有激励性。

除了社会薪酬水平对决定企业薪酬水平有作用外,企业薪酬水平还受到以下几个方面的影响:

1. 企业文化

在企业文化比较发达的企业中,常常会有各种各样的物质或精神上的激励来形成员工的凝聚力和创造力。例如,定期举行联欢活动或体育比赛,补偿员工在学习培训的成本。

2. 企业经营战略

企业制定薪酬制度应考虑企业的经营战略来确定薪酬水平。对于那些处于迅速成长阶段的企业,经营战略是以投资促进企业成长,为了与这个经营战略保持一致,薪酬制度应该具有较强的激励性,要做到这一点,企业应该着重将高额报酬与中高程度的奖励相结合;对于处于成熟阶段的企业,其经营战略基本上以保持利润和保护市场为目标,与此相应,薪酬制度应以奖励市场开拓和新技术开发及管理技巧为主,采用一般水平报酬;对于处在衰退阶段的企业,其经营战略是收获利润并转移目标,转向新的投资点,与这种战略目标相适应,薪酬制度则应实行低于中等水平的基本工资、标准的福利水平,同时采用适当的刺激与鼓励措施并直接与成本控制相联系,避免提供过高的薪酬。

3. 员工自身因素

员工的资历(职务、年龄和工龄等)、经验、潜力、技能都会影响薪酬的设定。

劳动力市场状况、劳动力市场(包括人才市场)人才的供求情况和竞争对手之间的人才竞争都会直接影响薪酬的设定。从微观经济学讲,在其他条件不变的情况下,社会上可供企业使用的劳动力少于本企业需要时,企业必须采取提薪的方式来吸引有限的劳动力,从而满足企业的劳动力需求;相反则可以采用压低薪酬水平的方法减少生产成本,或者采用一般薪酬水平来吸引高质量的人才来为企业效力。

还有当地生活水平、国家政策法规以及员工在企业的重要程度等都会影响企业的薪酬制度的制定。

(三)企业薪酬制度制定原则

1. 公平原则

企业员工对于薪酬发放是否公平的认识与判断,是设计制定薪酬制度时的一个重要因素,它包含同一行业、同一地区或同一规模的不同企业中相似职务的薪酬相同。在同一企业中,同工同酬,不同工种应与其对企业所做贡献的大小成正比。

2. 合理原则

有些企业为了吸引人才，不惜重金聘请高级人才为企业效力，这本身无可厚非，但是，如果选来的或者挖到的人才并不适合企业自身的需要，不仅不能给企业带来效益，反而会给外界一个不良印象。另外，提高企业的薪酬水平，可以提高其竞争性与激励性，但同时也会导致企业人力成本的增加，因此，企业在制定薪酬制度时应考虑企业的成本承受能力。

3. 合法原则

合法原则要求企业在制定薪酬制度时必须符合现行的政策和法律，否则会出现劳资纠纷，陷入麻烦的境地。

4. 激励原则

指薪酬制度要在内部各类、各级职务的水平上应适当地拉开差距，真正体现薪酬的激励效果，从而提高员工的工作热情，为企业做出更大贡献。如前面所说，薪酬不仅仅包括物质上的支付，还有精神上的支付，如职业安全、自我的发展、地位象征和成就感等，这些都是内在的激励方式，都能体现薪酬激励原则，企业在制定薪酬制度时也可以考虑这些方式。

薪酬作为激励因素，在现代企业管理中的作用越来越重要。企业必须根据自身的发展状况、社会相关行业的薪酬水平，以及员工所负担工作的具体工作职责、管理任务、学识水平、工作环境等多种因素，做出系统分析，最后制定出合理的薪酬制度。

（四）薪酬制度的类型

薪酬制度是指企业根据员工在不同时期和条件下提供的劳动数量和质量的不同，对员工相应的劳动报酬采取的不同计算与支付方式。它是薪酬理论的重要组成部分，主要有以下五种类型：

①工作工资制。工作工资制是对事不对人，员工工资与岗位和职务挂钩，不考虑超出岗位要求以外的个人能力。

②能力工资制。能力工资制是对人不对事，岗位的变动一般不影响工资。

③绩效工资制。绩效工资制采用个人绩效与团队绩效、长期激励与短期激励紧密挂钩的灵活的薪酬体系，将薪酬与绩效紧密结合，绩效薪酬随绩效的变动而变动。

④结构工资制。结构工资制发挥了工资的各种职能作用，灵活性和适应性较强。

⑤年薪制。年薪制是随着经济和管理的发展，在结构工资中新出现的一个比较特殊的类型。年薪制是指企业以一个经济核算年度为时间单位确定经营者的基本报酬，并视其经营成果确定其效益收入的薪酬制度，充分体现人的能力大小。

（五）薪酬的计量形式

工资就其计量形式而言可分为计时工资和计件工资两类，基本计量形式、其他工资形式都是它们的转化和组合形式。

1. 计时工资

计时工资是根据员工的劳动时间来计量工资的数额。根据时间单位的不同，计时工资又分为小时工资制、日工资制、周工资制和月工资制。

计时工资是根据投入的时间和努力程度为基础计算的报酬形式，与产量没有直接的关系。对于一些劳动投入不容易计算的工作岗位，最常见的计量标准就是工作所消耗的时间。计时工资计量标准固定统一，易于管理，雇员的收入相对稳定。对员工而言，计时工资的风险比较小，但激励水平比较低；对企业而言，实施计时工资的风险比较大。

计时工资的适应性强，实行范围广泛，任何部门、任何单位和各类工种、岗位均可采用。其中，最适用于以下行业、企业、车间、工种和岗位：

①机械化、自动化水平较高、技术性强、操作复杂，产品需要经过多道工序、多道操作才能完成，不易单独计算个人的劳动成果的行业和工种。

②劳动量不便于统计计量的企业行政管理人员和技术人员等。

③劳动成果难以直接反映员工的技术水平和业务能力的工作，如基础研究和实验性生产工作。

2. 计件工资

计件工资是根据员工生产的合格产品的数量或完成的一定工作量来计量工资的数额。

计件工资的形式可根据具体的生产性质和特点进行选择，一般可分为个人计件和集体计件。

与计时工资形式相比较，计件工资具有以下优点：

①计件工资准确地反映了员工的实际工作付出，使得员工对自己所付出的劳动和能够获得的劳动报酬感到心中有数，因此员工容易产生公平感。

②计件工资的实行，有助于促进企业经营管理水平的提高。因为计件工资在实行过程中要求企业在产品的质量、劳动定额、物资供应、各种统计资料、各部门分工协作，以及新产品的开发等各方面有配套的、健全的管理体制，这种要求必将促进整个企业的经营管理水平不断提高。

③计件工资收入直接取决于劳动者在单位时间内生产合格产品数量的多少，因此可以刺激劳动者从物质利益上关心自己的劳动成果，激励员工努力工作、努力学习，不断提高技术水平与劳动熟练程度，提高工时利用率，加强劳动纪律，这对于企业职工素质和劳动生产率的提高都是十分有利的。

计件工资也存在一些缺点，如对工资的追求会使员工们不关心提高质量和减少废品比率；不利于团队工作；可能使员工反对企业引进新技术、新设备或先进的管理方法。

计件工资实行的前提是员工的工作业绩能够准确计量，因此，它的适用范围没有计时工资广泛，主要应用于生产一线的操作工人。

第四章 职业生涯与劳动关系管理

第一节 职业生涯选择的原则、策略和选择

一、职业生涯选择的原则、策略

（一）职业生涯选择的原则

尽管在职业生涯选择中，不同的人可以从自己的职业价值观出发，采用不同的策略，达到不同的满足。但是，在职业生涯选择中，有必要遵循一般性的原则，如可行性原则、胜任原则、兴趣原则、独立原则、特长原则、发展原则等，才能使你顺利地达到人生目标。

1. 可行性原则

即在职业生涯选择中应考虑社会的现实需要，考虑特定的历史条件和时代要求，而不能孤立地一味追求"自我设计"。否则，只能产生"生不逢时"的挫折感和失意感。其实，人是具有能动性的世界的主人，人可以按照客观规律调适自己和世界。这就是职业生涯选择的现实性和发展性原则。

2. 胜任原则

即在职业生涯选择中，应考虑工作的实际需要，考虑自己的学识水平、身体素质、个性特点、能力倾向等是否符合职业要求，而不能盲目攀比，就高不就低。

对于力所能及的工作，人干起来得心应手、驾轻就熟、心情舒畅而且能充分发挥自己的积极性和创造性。而对于不能胜任的工作，干起来则力不从心、困难重重、劳累压抑，不仅效率极低，而且可能完不成任务，使单位蒙受损失，个人也承受压力。

3. 兴趣原则

即选择职业生涯时，在考虑社会需要的大前提下，既要强调"考虑国家需要"或"哪里需要就去哪儿"，也应该兼顾自己的兴趣爱好和个人志愿。

对于兴趣对职业的影响，前面我们也已讨论过。从心理学的角度看，一个人只有对某项职业有兴趣，才会从内心激发起对该事物强烈的求知欲和探索欲望，才能积极地总结经验，摸索规律而有所突破、有所创造。这无疑对自己是一种开发和展露，对工作也是种促进和合理化。

4. 独立原则

即在一个人的成长过程中，总会有许多人提携、指点过我们——这些人中包括我们的父母、长辈、老师和朋友等。他们帮助我们形成一些对生活的信仰、原则和观念，并使我们有所期望。

但是，由于生活环境的变化，由于我们的指导者们自身的局限和个人主观性，使得他们的意见和建议不一定很符合我们自己成长的路径。比如，有的父母因自身条件不好，没能成为艺术天才，便一心期望孩子能够继其未酬之志，可孩子的兴趣却在于技术。再如，有的优秀的学生被家长推到热门的商界叱咤风云，而该学生的志向是致力于教书育人，这在某些亲朋好友眼中会认为没出息、不可思议，甚至横加阻挡。

毋庸置疑，那些对我们有所期待的人，从根本上是希望我们有所成就、生活得有意义，但有时候，他们的关心、爱护反而成了我们的负担。因此当我们意识到这种阻抑，并且认清了真正适合于自己的路和方向时，我们应该独立决断，追求自己选择的人生之路。

5. 特长原则

虽然就总体而言，人和人之间没有多少根本性的差别，但是，就具体的个性特点，特别是适用于工作的能力倾向来说，人和人之间还是有很大的不同的。每个人都各有所长，又各有所短。在职业生涯选择时，只有扬其长、避其短，才可以最大限度地发挥潜力、有所成就。

（二）职业生涯选择的策略

人们在谋求出路、寻找职业、选择职业时，虽然受到多种实际问题的威胁，但人们也不是被动地等待社会的挑选，或是坐待"天上掉馅饼"，而是想方设法、主动地采取"策略"来满足自己的需要和愿望。不同的人选择职业的策略有着不同的特点、不同的针对性。有的人考虑名，有的人看重利；有的人考虑工作的刺激性，有的人看重人际的融洽性；有的人考虑稳定，有的人强调丰富；有的人考虑施展才能，有的人强调保证地位；有的人做短期计划，而有的人则做长远打算。诸如此类，不一而足。但概括起来，择业策略大致可归为以下四种：

1. 试探性策略

当人们刚进入工作界或开始新的工作时，往往对自己所选择的新的生活模式不能完全把握，这时就可以运用试探性策略，也就是试验的方法，即把自己生活的一部分转向新的生活模式，通过一段时间的实践，看这种新的生活模式是否适合自己，然后决定是否要全身心地投入。

在试探性择业过程中，人们不仅可以通过更深入地接触工作，了解其性质，感受其滋味，而作出取舍、去留的决定；而且还可以通过具体实践，扩展眼界和知识面，积累某些方面的经验，为进一步适应工作提供基础和开辟路径。最起码，人们也可以在实践中有所收获，有所结交，无疑也是对平常生活的一种补充和调剂。

2. 以专业为重点的策略

这是指在职业生涯选择时，将"专业对口"作为考虑的中心，即寻求求职者具有的专业知识、技能、经验与所要从事的职业有直接的联系。这是以职业本身的内容、性质为中心的择业策略。

采取"以专业为重点"的择业策略的人们，大多数是追求学以致用、才能的施展，他们更看重职业本身所能给予他们的需要的满足程度、专长的运用程度，以及从中所能获得的满足感和实现感及有利于个体发展的长远机会。这样一来，实际上在选择专业之初，就已经基本上限定了今后的发展方向和前进道路，并且在选择职业时有明确的目标、足够的兴趣和信心以及必要的知识和心理准备。

3. 以工作单位为重点的策略

从事一定的工作，干一定的工作，一般都是要依托一定的单位的。就是相同的工作或在同一性质的不同单位，也会有不同的条件、不同的环境、不同的气氛、不同的交际、不同的待遇、不同的发展机会和不同的成就可能。正是基于这一点认识，有些人将"工作单位"作为择业策略的重点。

4. 稳定性策略

"求稳拒变"是中国人的传统性格之一。虽然，时代发展至今，开放而变革的世界，使得人们的观念也发生了许多更新，"安贫乐道"不再是传统的精神贵族的高洁象征，"安分守己"也越来越因为它的保守、封闭、缺乏活力和缺少创意而不适应社会的需要。但是，"安居乐业"仍不失为一些人所追求的生活模式。相应地，在职业生涯选择中，便也产生了"稳定性择业策略"。一般来说，人们主要追求工作生活中三个方面的稳定性：

①工作性质是稳定的；

②工作内容相对稳定；

③是和前两者有关的，工作所能给予人的地位、待遇等方面的较为稳定的保障。

当然，为了找到理想的职业，充分实现自己的人生价值，在就业的过程中，有必要：

①明确选择职业的目的；

②掌握信息、创造机会，如就业政策信息、宏观职业发展信息、横向职业动态信息、人才需求信息、职业咨询信息、职业参考消息；

③培养主动型人格。顺应时代、利于生存的现代人格，应该是具有竞争意识、自立意识、自主意识的主动性人格。

（三）职业生涯选择的决策过程

职业生涯选择是从社会上众多的工作岗位中挑选其一的过程。这种过程既是一种筛选掉其他不适当的工作的过程，也是将自己从无业者身份转化为某职业从业人员身份的过程。因而，职业生涯选择是一种决策。

在现实生活中，人们面临着诸多职业却往往感到找不到符合自己理想的职业；有时人们面对一些高等级职业，自己又不具备必要的能力。因此，人们的职业生涯选择也是一个人降低职业意向水平适应社会实际需求的现实化的决策过程。社会学把这一现实化过程称为个人职业理想与社会职业实现的"调和"或"调适"过程。

对于个人而言，可能得到某类职业的概率公式为：

$$J = QCAO$$

式中，J——职业概率；

Q——职业需求量；

C——竞争系数；

A——职业能力水平；

O——其他因素。

这个公式的含义是：

职业概率 = 职业需求量 × 竞争系数 × 职业能力水平 × 其他因素。

其中，其他因素 O 包括该类职业机会的时间，地点，家庭对个人的帮助，个人寻求职业的努力，以及社会职业介绍机构的帮助，等等。

由于各类职业需求量（职业岗位数量）、各类职业谋求人数、人们所具备的不同职业的能力水平以及其他因素各不相同，因此对一个人来说，不同的职业可能得到的概率也各不相同。我们可以依据不同职业的期望值（即职业概率）大小，将它们按顺序排列。举例如下：

A 职业（作家）=0.01

B 职业（大学教师）=0.05

C 职业（报社记者）=0.05

D 职业（编辑）=0.10

E 职业（中小学教师）=0.30

F 职业（秘书）=0.30

G 职业（银行职员）=0.50

H 职业（技术工人）=0.70

I 职业（一般工人）=1.00

J 职业（服务员）=1.00

一般来说，期望值最小的职业，往往是人们理想中最好的职业；期望值极大的职业，则往往是现实的、较差的职业。因此，人们选择职业时"调和"程度的大小，就体现为在职业期望序列中，所取相应期望值对应的职业。

从社会的角度看，人的职业生涯选择可以分为以下几种类型：

①标准型。即顺利完成职业准备、职业生涯选择、职业适应期，成功地进入职业稳定期。

②先确定型。即人们在职业准备期接受方向明确的职业、专业教育，并在准备期确定了自己的职业方向；有时教育培训单位还协助介绍对口的职业。

③反复型。当一个人选择职业，走上工作岗位后，不能顺利完成职业适应，或者自己的职业期望又提高，都可能导致二次选择，甚至三次、四次选择。

二、职业生涯选择理论简介

个人如何作出正确的职业生涯选择，因涉及多种复杂因素，因而难以有一个衡量的标准。但是经过职业生涯研究专家们的研究，提供了两个可以运用的职业生涯选择的理论工具，即：

第一，个性理论；第二，职业锚理论。

（一）个性理论

个性理论认为，对组织和个人都适宜的职业可以通过寻求个性与组织环境的要求之间的最佳配置方式而推测出来。职业满意度、稳定性和实际成就取决于个性与职业特点的匹配程度。因此对从事某种职业的人们所具有的共同特征进行研究，结果表明，人们各自有一组特征可以表明他们从事何种职业最合适，能取得有效成果。

（二）职业性格及其自我测验

1. 什么是职业性格

职业性格，一般指个体的性格对职业的适应性。在职业心理学中，性格影响着一个人对职业的适应性，一定的性格适于从事一定的职业；同时，不同的职业对人有不同的性格要求。因此，在考虑或选择职业时，不仅要考虑自己的职业兴趣、职业能力，还要考虑自己的职业性格特点。这样才能给自己良好的职业生涯准备前提条件，以保证个体以积极的心理状态和良好的职业适应性从事职业，并可望获得成功。此外，根据劳动者的职业性格特征来设计职业岗位，将具有不同职业性格的人分配从事不同的职业，可以充分发挥每个人的优势。

2. 职业性格测验

第一组

①喜欢内容经常变化的活动或职业情景。

②喜欢参加新颖的活动。

③喜欢提出新的活动并付诸行动。

④不喜欢预先对活动或职业作出明确而细致的计划。

⑤讨厌需要耐心、细致的职业。

⑥能够很快适应新环境。

第二组

①当注意力集中于一件事时，别的事很难使我分心。

②在做事情时，不喜欢受到出乎意料的干扰。

③生活有规律，很少违反作息制度。

④按照一个设计好的职业模式来做事情。

⑤能够长时间做枯燥、单调的职业。

⑥喜欢做有条件的重复性的事情。

第三组

①喜欢按照别人的指示办事，自己不需要负责任。

②在按别人的指示做事时，自己不考虑为什么要做此事，只是完成任务就算完事。

③喜欢让别人来检查工作。

④在工作上听从指挥，不喜欢自己作出决定。

⑤工作时喜欢别人把任务的要求讲得明确而细致。

⑥喜欢一丝不苟按计划做事，直到得到一个圆满的结果。

第四组

①喜欢对自己的工作独立作出规划。

②能处理和安排突然发生的事情。

③能对将要发生的事情负起责任。

④喜欢在紧急情况下果断作出决定。

⑤善于动脑筋，出主意，想办法。

⑥通常情况下对学习、活动有自信心。

第五组

①喜欢与新朋友相识和一起工作。

②喜欢在几乎没有个人秘密的场所工作。

③试图忠实于别人且与别人友好。

④喜欢与人互通信息，交流思想。

⑤喜欢参加集体活动，努力完成所分给的任务。

第六组

①理解问题总比别人快。

②试图使别人相信你的观点。

③善于通过谈话或书信来说服别人。

④善于使别人按你的想法来做事情。

⑤试图让一些自信心差的同学振作起来。

⑥试图在一场争论中获胜。

第七组

①你能做到临危不惧吗？

②你能做到临场不慌吗？

③你能做到知难而进吗？

④你能冷静处理好突然发生的事故吗？

⑤遇到偶然事故可能伤及他人时，你能果断采取措施吗？

⑥你是机智灵活、反应敏捷的人吗？

第八组

①喜欢表达自己的观点和感情。

②做一件事情时，很少考虑它的利弊得失。

③喜欢讨论对一部电影或一本书的感情问题。

④在陌生场合不感到拘谨和紧张。

⑤相信自己的判断，不喜欢模仿别人。

⑥很喜欢参加学校的各种活动。

第九组

①工作细致而努力，试图将事情完成得尽善尽美。

②对学习和工作抱认真严谨、始终一贯的态度。

③喜欢花很长时间集中于一件事情的细小问题。

④善于观察事物的细节。

⑤无论填什么表格都非常认真。

⑥做事情力求稳妥，不做无把握的事情。

3. 各种职业的性格特点

①变化型。这些人在新的和意外的活动情景中感到愉快，喜欢经常变化的工作。他们追求多样化的生活，以及那些能将其注意力从一件事转到另一件事上的工作情景。

②重复型。这些人喜欢连续不断地从事同样的工作，他们喜欢按照一个机械的、别人安排好的计划或进度办事，喜欢重复的、有规则的、有标准的职务。

③服从型。这些人喜欢按别人的指示办事。他们不愿自己独立作出决策，而喜欢对分配给自己的工作负起责任。

④独立型。这些人喜欢计划内自己的活动和指导别人的活动。他们在独立和负有职责的工作中感到愉快，喜欢对将要发生的事情作出决定。

⑤协作型。这些人在与人协同工作时感到愉快，他们想要得到同事们喜欢。

⑥劝服型。这些人喜欢设法使别人同意他们的观点，这一般通过谈话或写作来达到。

他们对于别人的反应有较强的判断力，且善于影响他人的态度、观点和判断。

⑦机智型。这些人在紧张和危险的情景下能很好地执行任务，他们在危险的状态下总能自我控制和镇定自如。他们在意外的情景中工作得很出色，当事情出了差错时，他们不易慌乱。

⑧好表现型。这些人喜欢表现自己的爱好和个性的工作环境。

⑨严谨型。这些人喜欢注意细节精确，他们按一套规则和步骤将工作做得完美。他们倾向于严格、努力地工作，以便能看到自己出色地完成的工作效果。

（三）职业锚理论

所谓职业锚，是一种指导、制约、稳定和整合个人职业决策的职业自我观。主要包括：

①自省的才华与能力，以各种作业中的实际成功为基础；

②自省的动机和需要，以实际情景中的自我测试和自我诊断的机会以及他人的反馈为基础；

③自省的态度与价值观，以自我与雇佣组织、职业环境的准则、价值观之间的实际碰撞为基础。

职业锚是职业生涯早期个人与职业情景相互作用的产物；职业锚的形成要经历一种搜索过程，可能要经过换好几次职业，才能开发出自己的职业锚，才能找到自己正确的职业轨道。它的功能是：帮助把工作时期感悟到的态度、价值观、能力等分门别类，找到适合自己的工作种类与领域；认识自己的抱负模式，确定自己的工作成功标准；对要求个人发挥作用的工作情况提出标准，找到适合自己的工作通路。

职业锚还反映了一个人职业生涯选择时的着重点。例如，一个在政府机关工作五六年的人，又辞职搞研究工作，也许是因为他逐渐认识到自己是自主型职业锚，在地位、高收入和一个自由的生活方式之间的衡量中，后者更为重要。一个经商十余年、东奔西跑、却又考上某大学的研究生，打算搞学术、教书，是因为他认识到自己是稳定安全型职业锚，高收入、刺激性职业和稳定的家庭、工作生活相比，后者更为重要。从我国的情况看，"把技术人才推上去"或者"发展自己的经理"是一条经常被组织选择的职业通路，它常常被证明十分有效，而易把那些具有技术锚、自主锚或稳定锚的人才推入痛苦的深渊。对个人而言，早期形成的职业锚为全部的职业生涯设定了发展的方向，这对个人才能的发挥具有决定性的影响。它对职业绩效的影响也往往超过了一般的岗位技能培训。

第二节　劳动关系管理

一、劳动合同管理

（一）劳动合同的概念及特征

劳动合同也称劳动契约或劳动协议。我国《中华人民共和国劳动法》第十六条对劳动合同概念作了表述，即劳动合同是"用人单位与劳动者确定劳动关系，明确双方权利义务的协议"。

《中华人民共和国劳动合同法》规定：劳动者与用人单位建立劳动关系应当签订劳动合同。根据《中华人民共和国劳动法》《中华人民共和国私营企业暂行条例》《城乡个体工商户管理暂行条例》《中华人民共和国乡村集体所有制企业条例》等有关法律、法规规定，实行劳动合同制的范围包括全民所有制单位；县、区以上集体所有制单位；私营企业和请帮手带学徒的个体工商户；乡（镇）、村集体企业。

劳动合同是劳动关系建立、变更和终止的一种法律形式。劳动合同的特征主要体现在以下几个方面：

①劳动合同的主体是特定的。劳动合同是在特定的两个主体之间订立的，一方是劳动力的所有者、让渡者；另一方是劳动力的使用者。在我国《中华人民共和国劳动法》中，前者称为"劳动者"，后者称为"用人单位"。而在民事合同中，只要是两个平等的民事主体均可成为合同的当事人。

②劳动合同主体之间的关系具有从属性。虽然在建立劳动关系时，劳动合同主体之间的关系是平等的，但当双方订立了劳动合同并建立劳动关系之后，劳动者成为用人单位成员，双方即形成隶属关系，主体之间的关系具有从属性的特点。

③劳动合同的目的在于劳动过程的完成，而不是劳动成果的实现。建立劳动合同，是为了确立劳动关系，实现一定的劳动过程，劳动过程相当复杂，并不是所有的劳动都能直接创造出劳动成果。劳动合同作为确立劳动关系的凭证，它只要求劳动过程的实现，只要求劳动者按照用人单位的要求从事劳动，即有权获得并享有相应的权利。

④劳动合同具有双务、有偿、诺成的特性。双务性表现为：劳动合同主体双方都负有义务，即劳动者有完成工作任务，并遵守所在单位的内部劳动规则和其他规章制度的义务；用人单位有支付劳动报酬、提供安全卫生的劳动条件和社会保险、福利待遇及其他保护性条件等义务。

有偿性表现为：劳动合同主体双方履行义务都有特定的物质性回报，即劳动者以提供劳动为条件获得工资收入和其他待遇；用人单位则以支付工资报酬等为条件获取对劳动力资源的利用，从而获得相应的劳动成果。

诺成性表现为：劳动合同只需主体双方意思表示一致即可成立，除法律对某些劳动合同有特殊要求外，不需要有实际的行为要件。

⑤劳动合同往往涉及第二人的物质利益关系。由于劳动力本身再生产的特点，劳动者因享有社会保险和福利待遇的权利而附带产生了劳动者的直系亲属依法享有一定的物质帮助权。如若劳动者因生育、年老、患病、工伤、残废、死亡等原因，部分或全部、暂时或永久地丧失劳动能力时，用人单位不仅要对劳动者本人给予一定的物质帮助，而且对劳动者所供养的直系亲属也要给予一定的物质帮助。

（二）劳动合同的种类

按照不同的标准，劳动合同可以进行不同的分类。在我国的《中华人民共和国劳动法》与《劳动合同法》中，按照劳动合同期限的不同，将劳动合同分为固定期限劳动合同、无固定期限劳动合同和以完成一定工作任务为期限的劳动合同。

1. 固定期限的劳动合同

固定期限的劳动合同是指企业等用人单位与劳动者订立的有一定期限（双方约定了合同终止的时间）的劳动合同。合同期限届满，双方当事人的劳动法律关系即行终止。如果双方同意，还可以续订合同，延长期限。

2. 无固定期限的劳动合同

无固定期限的劳动合同是指企业等用人单位与劳动者订立的没有期限规定（双方约定无确定终止时间）的劳动合同。为了充分保护劳动者的合法权益，无固定期限劳动合同的签订，一方面，可以由双方当事人协商选择；另一方面，在一定条件下则成为用人单位的一项法定义务。我国《劳动合同法》规定，劳动者在该用人单位连续工作满十年的；用人单位初次实行劳动合同制度或者国有企业改制重新订立劳动合同时，劳动者在该用人单位连续工作满十年且距法定退休年龄不足十年的；连续订立二次固定期限劳动合同，且劳动者没有《劳动合同法》第三十九条和第四十条第一项、第二项规定的情形，续订劳动合同的；劳动者提出或者同意续订、订立劳动合同的，应当订立无固定期限劳动合同（除劳动者提出订立固定期限劳动合同外）。

另外，《劳动合同法》还规定，用人单位自用工之日起满一年不与劳动者订立书面劳动合同的，视为用人单位与劳动者已订立无固定期限劳动合同。

3. 以完成一定工作任务为期限的劳动合同

以一定工作任务为期限的劳动合同是指用人单位与劳动者约定以某项工作的完成为合同期限的劳动合同。当约定的工作或工程完成后，合同即自行终止。

（三）劳动合同的内容

劳动合同的内容是指在合同中需要明确规定的当事人双方权利和义务及合同必须明确的其他问题。劳动合同的内容是劳动关系的实质，也是劳动合同成立和发生法律效力的核心问题。根据《劳动合同法》第十七条规定，劳动合同的内容分为必备条款和约定条款两部分。

1. 必备条款

劳动合同的必备条款是指法律规定的劳动合同必须具备的内容。在法律规定了必备条款的情况下，如果劳动合同缺少此类条款，劳动合同就不能成立。《劳动合同法》第十七条对必备条款做了如下规定：

①用人单位的名称、住所和法定代表人或者主要负责人。这是作为劳动关系主体之一的用人单位的基本情况，应当在劳动合同中明确。

②劳动者的姓名、住址和居民身份证或者其他有效身份证件号码。这是作为劳动关系主体之一的劳动者的基本情况，应当在劳动合同中明确。

③劳动合同期限。劳动合同期限是双方当事人相互享有权利、履行义务的时间界限，即劳动合同的有效期限。主要分为有固定期限、无固定期限和以完成一定工作任务为期限三种。

④工作内容和工作地点。工作内容是劳动法律关系所指向的对象，即劳动者具体从事什么种类或什么内容的劳动。劳动合同中的工作内容条款是劳动合同的核心条款之一。劳动合同的工作内容条款应明确、具体，便于遵照执行。

工作地点，即劳动合同的履行地。它是劳动者从事劳动合同中所规定的工作内容的地点，它关系到劳动者的工作环境、生活环境，以及劳动者的就业选择，劳动者有权在与用人单位建立劳动关系时知悉自己的工作地点，因此这也是劳动合同中必不可少的内容。

⑤工作时间和休息休假。工作时间又称劳动时间，是指劳动者在用人单位中，必须用来完成其所担负的工作任务的时间。工作时间一般包括工作时间的长短、工作时间方式的确定。

休息休假，是指劳动者按规定不需进行工作，而自行支配的时间。休息休假的权利是每个国家的公民都应享受的权利。我国相关法律法规对劳动者的休息休假都有明确的安排与规定。

⑥劳动报酬。依法或按约定向劳动者支付报酬，是用人单位的一项基本义务。劳动者的劳动报酬主要以货币的形式实现，其中工资是劳动报酬的基本形式，奖金与津贴也是劳动报酬的组成部分。在劳动合同中要求明确规定工资标准或工资的计算办法，工资的支付方式，奖金、津贴的获得条件及标准。在确定工资条款时要特别注意，工资的约定标准不得低于当地最低工资标准，也不得低于本单位集体合同中规定的最低工资标准。

⑦社会保险。社会保险包括养老保险、失业保险、医疗保险、工伤保险、生育保险五项。依法参加社会保险和缴纳社会保险费，是用人单位和劳动者的法定义务，无论用人单位与劳动者是否约定、如何约定，均应依法参加社会保险和缴纳社会保险费。

⑧劳动保护、劳动条件和职业危害防护。劳动保护是指用人单位为了防止劳动过程中的安全事故，采取各种措施来保障劳动者的生命安全和健康。劳动条件，主要是指用人单位为使劳动者顺利完成劳动合同约定的工作任务，为劳动者提供必要的物质和技术

条件。职业危害是指用人单位的劳动者在职业活动中，因接触职业性有害因素如粉尘、放射性物质和其他有毒、有害物质等而对生命健康所引起的危害。

⑨法律、法规规定应当纳入劳动合同的其他事项。《劳动合同法》除了规定上述劳动合同内容的几项必备条款外，还规定双方可以协商约定其他内容。在这里，协商约定的其他内容就是劳动合同的协定条款，协定条款只要不违反法律和行政法规，具有同法定条款同样的约束力。

2. 约定条款

①试用期条款。试用期是指劳动者与用人单位在订立劳动合同时，双方协商一致约定的考察期。《劳动合同法》规定，劳动合同期限三个月以上不满一年的，试用期不得超过一个月；劳动合同期限一年以上不满三年的，试用期不得超过两个月；三年以上固定期限和无固定期限的劳动合同，试用期不得超过六个月。同一用人单位与同一劳动者只能约定一次试用期。以完成一定工作任务为期限的劳动合同或者劳动合同期限不满三个月的，不得约定试用期。试用期包含在劳动合同期限内。劳动合同仅约定试用期的，试用期不成立，该期限为劳动合同期限。

②保守商业秘密条款。《劳动合同法》第二十三条规定，用人单位与劳动者可以在劳动合同中约定保守用人单位的商业秘密和与知识产权相关的保密事项。对负有保密义务的劳动者，用人单位可以在劳动合同或者保密协议中与劳动者约定竞业限制条款，并约定在解除或者终止劳动合同后，在竞业限制期限内按月给予劳动者经济补偿。劳动者违反竞业限制约定的，应当按照约定向用人单位支付违约金。

③培训条款。《劳动合同法》第二十二条规定，用人单位为劳动者提供专项培训费用，对其进行专业技术培训的，可以与该劳动者订立协议，约定服务期。劳动者违反服务期约定的，应当按照约定向用人单位支付违约金。违约金的数额不得超过用人单位提供的培训费用。用人单位要求劳动者支付的违约金不得超过服务期尚未履行部分所应分摊的培训费用。

此外，双方在签订合同中还可根据情况约定其他条款，如补充保险、福利待遇等。

（四）劳动合同的订立、履行与变更

1. 劳动合同的订立

①劳动合同订立的含义及原则。劳动合同的订立是指劳动者和用人单位之间依法就劳动合同条款进行协商，达成协议，从而确立劳动关系和明确相互权利义务的法律行为。《劳动合同法》第三条规定，订立劳动合同，应当遵循合法、公平、平等自愿、协商一致、诚实信用的原则。

②劳动合同订立的程序。劳动合同的订立程序，是指劳动者和用人单位订立劳动合同时所遵循的步骤或环节。我国法律目前还没有对劳动合同的订立程序作出明确规定，但是根据实践经验和客观需要，订立劳动合同应经过要约与承诺两个基本阶段。

要约是指劳动合同的一方当事人向另一方当事人提出的订立劳动合同的意思表示。

它是一种法律行为，对要约人产生一定的法律约束力。要约人在要约有效期内不得随意变更或撤回要约，也不得拒绝受要约人的有效承诺。

承诺是指受要约人对劳动合同的要约内容表示同意和接受，即受要约人对要约人提出的劳动合同的全部内容表示赞同，而不是提出修改，或者部分同意，或者有条件地接受。承诺也是一种法律行为，一般情况下，要约一经承诺，书写成书面合同，经双方当事人签名盖章，合同即告成立。

此外，有些国家行政法规或地方性法规要求备案、鉴证的劳动合同，应当按规定向劳动行政主管部门备案或鉴证，然后劳动合同才发生法律效力。

③劳动合同订立的形式分为书面形式和口头形式两种。许多国家的法律规定劳动合同必须采取书面形式订立。也有一些市场经济国家劳动立法对劳动合同订立的形式无严格要求，即既承认书面劳动合同，又承认口头劳动合同。我国《中华人民共和国劳动法》第十九条对劳动合同订立的形式做了规定："劳动合同应当以书面形式订立。"它意味着我国现行《中华人民共和国劳动法》只承认书面劳动合同而排除口头劳动合同。

2. 劳动合同的履行

劳动合同的履行是指劳动合同的双方当事人按照合同约定完成各自义务的行为。当事人在履行劳动合同过程中必须坚持以下三项原则：

①实际履行原则。劳动合同实际履行原则包括两层含义：一是双方当事人都必须亲自履行合同义务，而不能由第三人代替履行；二是要求劳动者按合同规定的工作岗位和工作任务完成劳动过程，从而使劳动力与生产资料的结合成为最佳状态。

②全面履行原则。劳动合同全面履行原则是指劳动合同的当事人按照合同规定和要求全面履行合同义务。这一原则要求劳动者一方按照法律与合同规定的时间、地点和方式，保质保量地完成劳动任务；要求用人单位全面按照法律和合同规定，向劳动者提供劳动保护条件、劳动条件及劳动报酬和福利待遇等。

③合作履行原则。劳动合同合作履行原则要求双方当事人在履行劳动合同过程中相互配合、友好合作，并在遇到困难时相互理解和帮助。集体劳动客观上要求劳动者遵守劳动纪律、服从管理和指挥；同时，用人单位的领导者、管理者也必须关心职工，考虑职工切身利益方面的要求。

3. 劳动合同的变更

劳动合同的变更是指劳动合同双方当事人就已经订立的合同条款进行修改或补充协议的法律行为。一般来讲，劳动合同签订以后，当事人均应信守合同，不得轻易更改，但由于一定的主、客观情况的变化，使原合同继续履行有一定困难时，则允许依法变更劳动合同。引起劳动合同变更的主、客观情况是多方面的：有用人单位方面的原因，如生产转产，生产、工作任务变动，劳动组合变动，劳动定额变动，生产设备及生产工艺更新，市场急剧变化引起严重亏损，或发生重大事故等，均可能引起劳动合同的变更。也有劳动者方面的原因，如因学习掌握了新技术、新技能或因病部分丧失劳动能力要求调整工作岗位或职务，因家庭困难要求变换工作地点等，也能引起劳动合同的变更。还有国家法律、法规修改方面的原因，如工时休假规定、劳动保护规定、最低工资标准规定、社会保险待遇标准规定等发生变化，也会引起劳动合同的变更。

劳动合同的变更同劳动合同的订立一样，是双方当事人的法律行为，提出变更要求的一方，应当提前通知对方，并须取得对方当事人的同意。根据《中华人民共和国劳动法》第十七条的规定，当事人变更合同，必须遵循平等自愿、协商一致的原则，不得违反法律、行政法规的规定。

（五）劳动合同的解除

劳动合同的解除是指劳动合同订立后，尚未全部履行以前，由于某种原因导致劳动合同一方或双方当事人提前中断劳动关系的法律行为。劳动合同的解除主要有以下几种情形。

1. 双方协商解除

我国《劳动合同法》第三十六条规定："用人单位与劳动者协商一致，可以解除劳动合同。"劳动合同是双方当事人在自愿的基础上订立的，当然也允许自愿协商解除。只要一方提出解除的要求，另一方表示同意即可。但用人单位应注意按法律、法规的规定，给劳动者办理劳动合同的解除手续、社会保险的转移手续及给予经济补偿。

2. 用人单位单方解除

用人单位单方解除劳动合同分为以下几种情况。

（1）过失性解除

根据《劳动合同法》第三十九条的规定，劳动者有下列情形之一的，用人单位可以解除劳动合同。

①在试用期间被证明不符合录用条件的；

②严重违反用人单位的规章制度的；

③严重失职，营私舞弊，给用人单位造成重大损害的；

④劳动者同时与其他用人单位建立劳动关系，对完成本单位的工作任务造成严重影响，或者经用人单位提出，拒不改正的；

⑤因本法第二十六条第一款第一项规定的情形致使劳动合同无效的；

⑥被依法追究刑事责任的。

以上六种情况是由于劳动者本身的原因造成的，劳动者主观上有严重过失，因而用人单位有权随时解除劳动合同。过失性解除不受提前通知期的限制，不受用人单位不得解除劳动合同的法律限制，且不给予经济补偿。

（2）非过失性解除

根据《劳动合同法》第四十条的规定，有下列情形之一的，用人单位提前三十日以书面形式通知劳动者本人或者额外支付劳动者一个月工资后，可以解除劳动合同。

①劳动者患病或者非因工负伤，在规定的医疗期满后不能从事原工作，也不能从事由用人单位另行安排的工作的；

②劳动者不能胜任工作，经过培训或者调整工作岗位，仍不能胜任工作的；

③劳动合同订立时所依据的客观情况发生重大变化，致使劳动合同无法履行，经用人单位与劳动者协商，未能就变更劳动合同内容达成协议的。

以上三种情况，劳动者主观上并无重大过错，主要是客观情况发生重大变化，劳动者身体不好或能力较差，致使劳动合同无法履行。

（3）经济性裁员

根据《劳动合同法》第四十一条的规定，有下列情形之一，需要裁减人员二十人以上或者裁减不足二十人但占企业职工总数百分之十以上的，用人单位提前三十日向工会或者全体职工说明情况，听取工会或者职工的意见后，裁减人员方案经向劳动行政部门报告，可以裁减人员。

①依照《企业破产法》规定进行重整的；

②生产经营发生严重困难的；

③企业转产、重大技术革新或者经营方式调整，经变更劳动合同后，仍需裁减人员的；

④其他因劳动合同订立时所依据的客观经济情况发生重大变化，致使劳动合同无法履行的。

（4）用人单位不得解除劳动合同的情况

根据《劳动合同法》第四十二条的规定，劳动者有下列情形之一的，用人单位不得解除劳动合同。

①从事接触职业病危害作业的劳动者未进行离岗前职业健康检查，或者疑似职业病病人在诊断或者医学观察期间的；

②在本单位患职业病或者因工负伤并被确认丧失或者部分丧失劳动能力的；

③患病或者非因工负伤，在规定的医疗期内的；

④女职工在孕期、产期、哺乳期的；

⑤在本单位连续工作满十五年，且距法定退休年龄不足五年的；

⑥法律、行政法规规定的其他情形。

3. 劳动者单方解除

（1）劳动者提前通知解除

根据《劳动合同法》第三十七条的规定："劳动者提前三十日以书面形式通知用人单位，可以解除劳动合同。劳动者在试用期内提前三日通知用人单位，可以解除劳动合同。"这里没有限定劳动者解除劳动合同的法定事由，也就是说，劳动者可以以任何理由向单位提出要求解除劳动合同。这样的规定符合社会发展需要和国际惯例，其宗旨在于维护劳动者的择业自主权，有利于劳动者根据自己的能力、特长、志趣和爱好，选择适合的职业。但是，劳动者单方解除合同时，必须遵守"提前期"的规定，不能任意解除或不辞而别；否则，要承担一定的法律责任。

（2）劳动者随时通知解除

根据《劳动合同法》第三十八条的规定，用人单位有下列情形之一的，劳动者可以解除劳动合同：

①未按照劳动合同约定提供劳动保护或者劳动条件的；

②未及时足额支付劳动报酬的；

③未依法为劳动者缴纳社会保险费的；

④用人单位的规章制度违反法律、法规的规定，损害劳动者权益的；

⑤因本法第二十六条第一款规定的情形致使劳动合同无效的；

⑥法律、行政法规规定劳动者可以解除劳动合同的其他情形。

另外，用人单位以暴力、威胁或者非法限制人身自由的手段强迫劳动者劳动的，或者用人单位违章指挥、强令冒险作业危及劳动者人身安全的，劳动者可以立即解除劳动合同，不需事先告知用人单位。

（六）劳动合同的终止

劳动合同的终止是指劳动合同期限届满或双方当事人约定的终止条件出现，合同规定的权利、义务即行消灭的制度。

根据《劳动合同法》第四十四条的规定，有下列情形之一的，劳动合同终止。

①劳动合同期满的；

②劳动者开始依法享受基本养老保险待遇的；

③劳动者死亡，或者被人民法院宣告死亡或者宣告失踪的；

④用人单位被依法宣告破产的；

⑤用人单位被吊销营业执照、责令关闭、撤销或者用人单位决定提前解散的；

⑥法律、行政法规规定的其他情形。

二、劳动争议处理

（一）劳动争议的概念与特征

劳动争议又称劳动纠纷，是指劳动关系双方当事人因实现劳动权利和履行劳动义务而发生的纠纷。

具体而言，在我国，劳动争议是指劳动者和用人单位之间，在《中华人民共和国劳动法》调整范围内，因适应国家法律、法规和订立、履行、变更、终止和解除劳动合同以及其他与劳动关系直接相联系的问题而引起的纠纷。劳动争议的特征主要体现在以下几个方面：

第一，劳动争议主体是特定的，一方为用人单位，一方为劳动者。

第二，劳动争议主体之间必须存在劳动关系，而且劳动争议是在这种劳动关系存续期间发生的。

第三，劳动争议主体之间存在单向隶属关系，即用人单位和劳动者在劳动过程中存在管理与被管理的关系。

第四，劳动争议的内容必须是与劳动权利义务有关，即因劳动就业、劳动合同、劳动报酬、工作时间与休息休假、劳动安全卫生、社会保险与福利、职业培训等问题而引起的争议。

根据上述内容可知，用人单位之间、劳动者之间、用人单位与没有建立劳动关系的劳动者之间、用人单位与劳动者之间不是因劳动权利与义务而产生的其他纠纷，都不属于劳动争议。

（二）劳动争议的范围与种类

1. 劳动争议的范围

劳动争议的范围，在不同的国家有不同的规定。根据《劳动争议调解仲裁法》第二条的规定，劳动争议的范围主要包括以下几个方面。

①因确认劳动关系发生的争议；

②因订立、履行、变更、解除和终止劳动合同发生的争议；

③因除名、辞退和辞职、离职发生的争议；

④因工作时间、休息休假、社会保险、福利、培训以及劳动保护发生的争议；

⑤因劳动报酬、工伤医疗费、经济补偿或者赔偿金等发生的争议；

⑥法律、法规规定的其他劳动争议。

2. 劳动争议的种类

劳动争议按照不同的标准，可以有不同的分类。

（1）按照劳动争议涉及的人数划分

按照劳动争议涉及的人数划分，可分为个别争议和集体争议。

个别争议的主体通常是指劳动者个人与用人单位，争议的内容仅涉及个人的权利与义务，并由劳动者个人提请处理。

集体争议则发生于多个劳动者或工会与用人单位之间，争议的内容涉及多个劳动者或工会。集体争议一般包括两类：一类是多个劳动者因同样原因而引起的争议，如同一企业中的多名职工因工资问题与企业发生的纠纷。我国将这种集体争议的人数标准确定为三人以上。另一类是因签订或因履行集体合同发生的争议。第一类争议通常由劳动者推选代表参与处理，第二类争议则由工会出面解决，两类争议的解决程序、依据和影响都有所不同。

（2）按照劳动争议的性质划分

按照劳动争议的性质划分，可分为权利争议和利益争议。

权利争议是指当事人的权利义务已由劳动法律、法规，或劳动合同、集体合同予以确定，当事人就执行法律、法规，或履行劳动合同、集体合同而发生的争议。因此，权利争议也称实现既定权利争议，有的国家称之为法律争议。

利益争议则是指当事人主张的权利义务没有通过法律、法规，或劳动合同、集体合同事先确定，而是当事人（通常是劳动者一方）在协商谈判中，就新的权利提出要求却难以达成一致时而发生的争议。可见，利益争议也可称为因实现将来权利发生的争议，有的国家也称事实争议或经济争议。

（3）按劳动争议是否有涉外因素划分

按劳动争议是否有涉外因素划分，可分为国内劳动争议与涉外劳动争议。

国内劳动争议是具有中国国籍的劳动者与用人单位之间的劳动争议，其中包括我国在国（境）外设立的机构与我国派往该机构工作人员之间、外商投资企业与中国职工之间发生的劳动争议。

涉外劳动争议是指当事人一方或双方具有外国国籍或无国籍的劳动争议，它包括中国用人单位与外籍职工之间、外籍雇主与中国职工之间、在华外籍雇主与外籍员工之间的劳动争议。

（三）劳动争议处理的原则与体制

1. 劳动争议处理的原则

根据《中华人民共和国劳动法》《劳动争议调解仲裁法》以及《中华人民共和国企业劳动争议处理条例》的相关规定，结合劳动争议处理实践，在处理劳动争议时应遵循下述原则。

（1）合法性原则

所谓合法性原则，是指劳动争议处理机构在处理劳动争议过程中坚持以事实为根据，以法律为准绳，依法处理劳动争议案件。需要注意的是，这里"合法"一词所指的"法"是一个广义的概念，既包括劳动实体法，也包括处理劳动争议的程序法，还包括相关的行政法规和政府规章。

（2）公正性原则

所谓公正性原则，是指在处理劳动争议的过程中，劳动争议处理机构应坚持公平正义、不偏不倚，保证争议当事人处于平等的法律地位，具有平等的权利和义务，并对人们之间权利或利益关系进行合理的分配。由于劳动者相对于用人单位往往处于弱势地位，因此劳动争议处理机构一定要坚持公正原则，防止把这种不对等关系带到劳动争议处理程序中确保劳动者和用人单位在劳动争议解决程序中处于平等地位。

（3）及时性原则

所谓及时性原则，是指处理劳动争议时，各方要遵循劳动争议处理法律法规规定的期限，尽可能快速、高效率地处理和解决劳动争议。劳动争议与其他争议的两个重要区别就是，劳动争议与劳动者的生活、企业生产密切相关，一旦发生争议，不仅影响生产、工作的正常进行，而且直接影响劳动者及其家人的生活，甚至影响社会的稳定。因此对劳动争议必须及时处理，及时保护权利受侵害方的合法权益，以协调劳动关系，维护社会和生产的正常秩序。

（4）着重调解的原则

调解是指在第三人的主持下，依法劝说争议双方进行协商，在互谅互让的基础上达成协议，从而消除矛盾的一种方法。调解具有自愿、省时、省力、成本低、方式温和、易于被双方接受等优点，因此各国都重视采用调解方法，使之成为解决劳动争议的重要手段。着重调解原则包含两个方面的内容：一是调解作为解决劳动争议的基本手段贯穿于劳动争议的全过程。即使进入仲裁和诉讼程序后，劳动争议仲裁委员会和人民法院在处理劳动争议时，仍必须先进行调解，调解不成的，才能作出裁决和判决。二是调解必须遵循自愿原则，在双方当事人自愿的基础上进行，不能勉强和强制，否则即使达成协议或者作出调解书也不能发生法律效力。

2. 劳动争议处理体制

2008 年 5 月 1 日《劳动争议调解仲裁法》实施前，我国处理劳动争议的体制主要体现在《中华人民共和国劳动法》《企业劳动争议处理条例》以及《最高人民法院关于审理劳动争议案件适用法律若干问题的解释》等法律、法规和司法解释中，概括起来就是"一协、一调、一裁、两审，先裁后审"，具体而言，即劳动争议发生后，当事人可以选择协商解决；不愿协商或者协商不成的，可以向本企业劳动争议调解委员会申请调解；不愿调解或调解不成的，可以向劳动争议仲裁委员会申请仲裁；对仲裁裁决不服的，可以向人民法院起诉。在这种体制下，形成的相关制度有劳动争议调解制度、劳动争议仲裁制度和劳动争议诉讼制度。

《劳动争议调解仲裁法》实施后，我国的劳动争议处理体制基本上遵循了原来的总体框架，但是也有一些重大突破，其中最主要的一点就是确立了"有限的一裁终局"。具体而言，根据《劳动争议调解仲裁法》第四十七条规定，对追索劳动报酬、工伤医疗费、经济补偿或者赔偿金，不超过当地月最低工资标准十二个月金额的争议以及因执行国家的劳动标准在工作时间、休息休假、社会保险等方面发生的争议，仲裁裁决为终局裁决，即一裁终局。但是，《劳动争议调解仲裁法》第四十八条又规定，劳动者对上述第四十七条规定的仲裁裁决不服的，可以自收到仲裁裁决书之日起十五日内向人民法院提起诉讼，也就是对劳动者而言，上述裁决并不是终局裁决。用人单位不服的，不能直接提起诉讼，必须先向法院申请撤销裁决，只有裁决撤销后，才能提起诉讼。另外，除了第四十七条规定的情况外，当事人不服裁决的，都可以向法院提起诉讼。

目前的"一裁终局"尽管是有限的，但这种制度安排可以让大量的劳动争议案件在仲裁阶段就得到解决，不用再拖延到诉讼阶段，能够有效地缩短劳动争议案件的处理时间，提高劳动争议仲裁效率，保护当事人双方的合法权益。

（四）劳动争议调解

1. 劳动争议调解的概念与特点

劳动争议调解有广义和狭义之分。广义的劳动争议调解，是指调解贯穿于劳动争议处理的全过程，包括：

①企业劳动争议调解委员会的调解；

②依法设立的基层人民调解组织的调解；

③在乡镇、街道设立的具有劳动争议调解职能的组织的调解；

④劳动争议仲裁委员会的调解和人民法院的调解。狭义的劳动争议调解仅指上述前三类调解机构的调解。本部分所论述的是狭义的劳动争议调解。

劳动争议调解的主要特点是与劳动争议仲裁和劳动诉讼相比，劳动争议调解具有自愿、省时、省力、灵活、低成本、方式温和，易于被双方接受等优点。其主要的缺点是执行力不强，权威性不足。

2. 劳动争议调解机构

《劳动争议调解仲裁法》第十条第一款规定，发生劳动争议，当事人可以到企业劳动争议调解委员会、依法设立的基层人民调解组织或在乡镇、街道设立的具有劳动争议调解职能的组织申请调解。

企业劳动争议调解委员会是企业内部解决劳动争议的机构。《劳动争议调解仲裁法》第十条第二款规定，企业劳动争议调解委员会由职工代表和企业代表组成。职工代表由工会成员担任或者由全体职工推举产生，企业代表由企业负责人指定。企业劳动争议调解委员会主任由工会成员或者双方推举的人员担任。

基层人民调解组织是指基层人民调解委员会，它是我国解决民间纠纷的基层群众组织。将劳动争议纳入人民调解组织的职能范围，发挥人民调解组织在调解劳动争议中的作用，有利于解决劳资双方的矛盾。

在乡镇、街道设立劳动争议调解组织，是一些经济发达地区为了解决劳动争议的实际需要而设立的区域性的调解组织。区域性的劳动争议调解组织一般由地方政府部门或者地方工会参与，与企业调解委员会相比较，地位超脱，调解员与企业没有利害关系，调解更有权威性。从实践看，区域性、行业性劳动争议调解组织作用发挥较好，成效明显。

3. 劳动争议调解程序

劳动争议调解程序，是劳动争议调解组织调解处理劳动争议的步骤和程式。

（1）劳动争议调解的申请和受理

《劳动争议调解仲裁法》第十二条规定："当事人申请劳动争议调解可以书面申请，也可以口头申请。口头申请的，调解组织应当当场记录申请人基本情况、申请调解的争议事项、理由和时间。"申请调解是启动调解程序的第一步。申请调解是自愿的。收到当事人的申请后，经过审查，决定接受申请，启动调解的行为。

（2）调解前的准备工作

为保障调解工作的顺利进行还要做一系列的准备工作，主要包括告知双方当事人在调解中的权利和义务以及调解委员会的组成人员，对争议案件进行调查分析。《劳动争议调解仲裁法》第十一条规定："劳动争议调解组织的调解员应当由公道正派、联系群众、热心调解工作，并具有一定法律知识、政策水平和文化水平的成年公民担任。"

（3）实施调解

《劳动争议调解仲裁法》第十三条规定："调解劳动争议，应当充分听取双方当事人对事实和理由的陈述，耐心疏导，帮助其达成协议。"调解工作实际上是一种说服教育工作，需要在事实基础上根据法律、法规和政策，摆事实，讲道理，耐心疏导，做到以理服人，而不能以势压人。实践中当事人不履行调解协议，多数原因是违反自愿原则，没有让当事人心服口服。

（4）调解结果

劳动争议调解组织调解劳动争议，无非有两种结果：一是达成调解协议。《劳动争议调解仲裁法》第十四条第一、二款规定："经调解达成协议的，应当制作调解协议书。调解协议书由双方当事人签名或者盖章，经调解员签名并加盖调解组织印章后生效，对双方当事人具有约束力，当事人应当履行。"二是未达成调解协议书。《劳动争议调解仲裁法》第十四条第三款规定："自劳动争议调解组织收到调解申请之日起十五日内未达成调解协议的，当事人可以依法申请仲裁。"

4. 劳动争议调解效力

劳动争议调解属于任意性调解，是建立在双方当事人自愿基础上的。《劳动争议调解仲裁法》第十五规定："达成调解协议后，一方当事人在协议约定期限内不履行调解协议的，另一方当事人可以依法申请仲裁。"尽管劳动争议调解书没有直接申请强制执行的效力，但根据《劳动争议调解仲裁法》第十六条规定："因支付拖欠劳动报酬、工伤医疗费、经济补偿或者赔偿金事项达成调解协议，用人单位在协议约定期限内不履行的，劳动者可以持调解协议书依法向人民法院申请支付令。人民法院应当依法发出支付令。"支付令是人民法院根据债权人的申请，督促债务人履行债务的程序，是民事诉讼法规定的一种法律制度。

（五）劳动争议仲裁

1. 劳动争议仲裁的概念与特点

发生劳动争议，当事人不愿调解、调解不成或者达成调解协议后不履行的，可以向劳动仲裁委员会申请仲裁。仲裁，也称作"公断"，是指争议双方在同一问题上无法取得一致时，由无利害关系的第三者居中作出裁决的活动。仲裁主要分为对经济纠纷的经济仲裁和对劳动争议的劳动仲裁。

劳动仲裁是指劳动仲裁机构对劳动争议当事人争议的事项，根据劳动方面的法律、法规、规章和政策的规定，依法作出裁决，从而解决劳动争议的一项劳动法律制度。

劳动争议仲裁的主要特点是它是一种准司法的仲裁制度。其特点有：一是快捷，《劳动争议调解仲裁法》第四十三条规定："仲裁庭裁决劳动争议案件，应当自劳动争议仲裁委员会受理仲裁申请之日起四十五日内结束。案情复杂需要延期的，经劳动争议仲裁委员会主任批准，可以延期并书面通知当事人，但是延长期限不得超过十五日。"这意味着劳动争议仲裁在受理后最多在60天内完成，这比诉讼要快捷得多。二是专业性强、执行力及权威性较高。《劳动争议调解仲裁法》第二十条规定仲裁员应当公道正派并符合下列条件之一：曾任审判员的；从事法律研究、教学工作并具有中级以上职称的；具有法律知识、从事人力资源管理或者工会等专业工作满五年的；律师执业满三年的。这就大大提高了其专业性、执行力及权威性。

2. 劳动争议仲裁委员会

劳动争议仲裁委员会是指依法设立，由法律授权依法独立对劳动争议案件进行仲裁的专门机构。

（1）劳动争议仲裁委员会的设立

《劳动争议调解仲裁法》第十七条规定："劳动争议仲裁委员会按照统筹规划、合理布局和适应实际需要的原则设立。省、自治区人民政府可以决定在市、县设立；直辖市人民政府可以决定在区、县设立。直辖市、设区的市也可以设立一个或者若干个劳动争议仲裁委员会。劳动争议仲裁委员会不按行政区划层层设立。"

（2）劳动争议仲裁委员会的组成

《劳动争议调解仲裁法》第十九条第一款规定："劳动争议仲裁委员会由劳动行政部门代表、工会代表和企业方面代表组成。劳动争议仲裁委员会组成人员应当是单数。"《劳动争议调解仲裁法》第十九条第三款规定："劳动争议仲裁委员会下设办事机构，负责办理劳动争议仲裁委员会的日常工作。"

劳动争议仲裁委员会人员构成中最重要的就是仲裁员。仲裁员是指由劳动争议仲裁委员会依法聘任后，专门从事劳动争议裁决工作的人员，包括兼职仲裁员和专职仲裁员。兼职仲裁员和专职仲裁员在执行仲裁事务时享有同等的权力。兼职仲裁员在进行仲裁活动时，应征得其所在单位同意，所在单位应当给予支持。

（3）劳动争议仲裁委员会的职责

劳动争议仲裁委员会的基本职责就是处理本辖区内的劳动争议案件，其裁决劳动争议案件实行仲裁庭制，由仲裁员独立仲裁。《劳动争议调解仲裁法》第十九条第一款规定，劳动争议仲裁委员会依法履行下列职责：

①聘任、解聘专职或者兼职仲裁员；

②受理劳动争议案件；

③讨论重大或者疑难的劳动争议案件；

④对仲裁活动进行监督。

3. 劳动争议仲裁管辖原则

①地域管辖。又称地区管辖，以行政区域作为确定劳动仲裁管辖范围的标准。地域管辖又分为三种：

①一般地域管辖。指按照发生劳动争议的行政区域确定案件的管辖，这是最常见的方式。

②特殊地域管辖。指法律法规特别规定当事人之间的劳动争议由某地的劳动争议仲裁委员会管辖，如发生劳动争议的用工企业与职工工作履行地不在同一个仲裁委员会管辖地区的，双方当事人分别向劳动合同履行地和用人单位所在地的劳动争议仲裁委员会申请仲裁的，由劳动合同履行地的劳动争议仲裁委员会管辖。

③专属管辖。指法律法规规定某类劳动争议只能由特定的劳动仲裁委员会管辖，如在我国境内履行的国外劳动合同发生的劳动争议，只能由合同履行地仲裁委员会管辖；又如，一些地方规定外商投资企业由设区的市一级劳动仲裁委员会管辖。

（2）级别管辖

指各级劳动仲裁委员会受理劳动争议的分工和权限。一般分为：区（县）一级劳动仲裁委员会管辖本区内普通劳动争议；市一级劳动仲裁委员会管辖外商投资企业或本市重大劳动争议。

（3）移送管辖

指劳动仲裁委员会受理的自己无管辖权的或不便于管辖的劳动争议案件，移送有权或便于审理此案的劳动委员会。如《劳动争议仲裁委员会办案规则》规定，区（县）级劳动仲裁委员会认为有必要的，可以将集体劳动争议案件报送上一级劳动仲裁委员会处理。

（4）指定管辖。指两个劳动仲裁委员会对案件的管辖发生争议，由双方协商，协商不成报送共同的上级劳动行政主管部门，由上级部门指定管辖。

4. 劳动争议仲裁程序

根据相关的法律规定，劳动争议仲裁程序可按下列步骤进行。

（1）仲裁申请。仲裁申请，是指发生争议的一方当事人根据有关规定将所发生的争议提请仲裁机构解决的一种意思表示，是仲裁程序的第一个必需的步骤，也是劳动争议仲裁的启动程序，没有当事人的仲裁申请，劳动争议仲裁机构是无权干预和处理劳动争议的。根据《劳动争议调解仲裁法》第二十八条的规定，申请人申请仲裁应当提交书面仲裁申请，并按照被申请人人数提交副本。根据《劳动争议调解仲裁法》第二十七条第一款规定，"劳动争议申请仲裁的时效期间为一年。仲裁时效期间从当事人知道或者应当知道其权利被侵害之日起计算"。

（2）仲裁受理。根据《劳动争议调解仲裁法》第二十九条的规定，劳动争议仲裁委员会收到仲裁申请之日起5日内，认为符合受理条件的，应当受理，并通知申请人；认为不符合受理条件的，应当书面通知申请人不予受理，并说明理由。对劳动争议仲裁委员会不予受理或者逾期未作出决定的，申请人可以就该劳动争议事项向人民法院提起诉讼。仲裁申请是否符合受理条件，主要在于劳动争议仲裁委员会对一些重要事项的审查。

（3）开庭裁决前的准备。

①劳动争议仲裁委员会受理仲裁申请后，应当在五日内将仲裁申请书副本送达被申请人。被申请人收到仲裁申请书副本后，应当在十日内向劳动争议仲裁委员会提交答辩书。劳动争议仲裁委员会收到答辩书后，应当在五日内将答辩书副本送达申请人。被申请人未提交答辩书的，不影响仲裁程序的进行。

②组成仲裁庭。劳动争议仲裁委员会裁决劳动争议案件实行仲裁庭制。仲裁庭由三名仲裁员组成，设首席仲裁员。简单劳动争议案件可以由一名仲裁员独任仲裁。

③劳动争议仲裁委员会应当在受理仲裁申请之日起五日内将仲裁庭的组成情况书面通知当事人。

④仲裁员需要回避的应当回避，当事人也有权以口头或者书面方式提出回避申请。

⑤开庭通知与延期开庭。仲裁庭应当在开庭五日前，将开庭日期、地点书面通知双方当事人。当事人有正当理由的，可以在开庭三日前请求延期开庭。

⑥仲裁庭对专门性问题认为需要鉴定的，可以交由当事人约定的鉴定机构鉴定；当事人没有约定或者无法达成约定的，由仲裁庭指定的鉴定机构鉴定。

⑦仲裁庭成员应认真审阅申诉、答辩材料，调查、搜集证据，查明争议事实。

（4）先行调解

仲裁庭在作出裁决前，应当先行调解。调解达成协议的，仲裁庭应当制作调解书。调解书应当写明仲裁请求和当事人协议的结果。调解书由仲裁员签名，加盖劳动争议仲裁委员会印章，送达双方当事人。调解书经双方当事人签收后，发生法律效力。调解不成或者调解书送达前，一方当事人反悔的，仲裁庭应当及时作出裁决。

（5）开庭裁决。仲裁庭开庭裁决，可以根据案情适用以下程序。

①由书记员查明双方当事人、代理人及有关人员是否到庭，宣布仲裁庭纪律。

②首席仲裁员宣布开庭，宣布仲裁员、书记员名单，告知当事人的申诉、申辩权利和义务，询问当事人是否申请回避并宣布案由。

③听取申诉人的申诉及被诉人的答辩。

④仲裁员以询问方式，对需要进一步了解的问题进行当庭调查，并征询双方当事人的最后意见。

⑤当事人在仲裁过程中有权进行质证和辩论。质证和辩论终结时，首席仲裁员或者独任仲裁员应当征询当事人的最后意见。

⑥根据当事人的意见，当庭再行调解；不宜进行调解或调解达不成协议时，应及时休庭合议并作出裁决。

⑦仲裁庭复庭，宣布仲裁裁决。对仲裁庭难做结论或需提交仲裁委员会决定的疑难案件，仲裁庭可以宣布延期裁决。仲裁庭裁决劳动争议案件时，其中，一部分事实已经清楚，可以就该部分先行裁决。裁决应当按照多数仲裁员的意见作出，少数仲裁员的不同意见应当记入笔录。仲裁庭不能形成多数意见时，裁决应当按照首席仲裁员的意见作出。

（6）执行

《劳动争议调解仲裁法》第五十一条规定："当事人对发生法律效力的调解书、裁决书，应当依照规定的期限履行。一方当事人逾期不履行的，另一方当事人可以依照民事诉讼法的有关规定向人民法院申请执行。受理申请的人民法院应当依法执行。"

（六）劳动争议诉讼

1. 劳动争议诉讼的概念及作用

劳动争议诉讼是指劳动争议当事人不服劳动争议仲裁委员会的裁决，在规定的期限内向人民法院起诉，人民法院依照民事诉讼程序，依法对劳动争议案件进行审理的活动。

劳动争议诉讼，是处理劳动争议的最终程序，它通过司法程序保证了劳动争议的最终彻底解决。由人民法院参与处理劳动争议，从根本上将劳动争议处理工作纳入了法制轨道，有利于保障当事人的诉讼权，有助于监督仲裁委员会的裁决，有利于生效的调解协议、仲裁裁决和法院判决的执行。《劳动争议调解仲裁法》中明确规定了几种可以提起诉讼的情况。

最高人民法院于 2001 年 4 月 30 日公布了《关于审理劳动争议案件适用法律若干问题的解释》（以下简称《解释》），对劳动争议案件的受理、举证责任、仲裁效力等方面作出明确规定。《解释》主要体现了《中华人民共和国劳动法》保护劳动关系中的弱势群体——劳动者的立法精神，同时也能有效地保障用人单位的正当权益。

2. 劳动争议诉讼的主要环节

人民法院对劳动争议案件，依照《民事诉讼法》规定的诉讼程序进行审理。首先，由一审人民法院审理、判决。当事人不服的，可以向上一级人民法院上诉，上一级法院的判决是终审判决，当事人不得再上诉。

①起诉和受理。起诉和受理即当事人向法院提出起诉和人民法院受理起诉。这一阶段的中心任务是审查起诉是否符合条件和能否立案审理。如果决定受理，诉讼便由此开始。

②案件审理前的准备。这一环节主要是人民法院为案件的正式审理做好各方面的准备，包括调查搜集证据、准备有关材料。该环节是案件正式审理的基础。

③开庭审理。开庭审理即审判组织集合诉讼参加人和其他诉讼参与人正式开庭审理案件。这是全部诉讼的核心环节，是诉讼活动的集中体现和典型形态。

④裁判。裁判即对案件的事实作出认定，并依据所选择适用的法律，对案件的争议作出实体判决和程序上的裁定。

⑤上诉。上诉是指当事人一方或双方不服一审法院的裁判而向上级人民法院上诉，上级人民法院由此对该案进行审查的过程。上诉环节的任务在于通过对案件，尤其是对一审法院的裁判进行审查，保证案件最终处理的正确性。

⑥强制执行。强制执行这一环节的主要任务是对当事人不履行法院判决或其生效法律文书所确定的义务，而通过法定手段和形式强制义务人履行。

这六个环节是一个完整的劳动争议诉讼经历的全部阶段，而各阶段必须依次进行，不能逾越。需要说明的是，虽然上述六个阶段共同构成劳动争议诉讼的整体，但并不是每一具体的诉讼都要经历这六个阶段。有些案件在一审终结后，不再上诉，案件便由此而终结，不需再经过上诉环节；有些案件，当事人在起诉后，开庭审理前便撤诉，案件便不必再经历以下环节。

劳动争议诉讼是一种完全的司法活动。它的优点是执行力强、权威性高；主要缺点是费时、费力。

第五章 人力资源风险管理及其应对措施

第一节 人力资源风险管理

一、风险管理概述

（一）风险管理的概念

风险管理是社会成员，包括组织或者个人权衡降低风险的收益与成本并决定采取何种措施以降低风险的消极结果的决策过程。这个过程包括确定减少的成本收益权衡方案和决定采取的行动计划（包括决定不采取任何行动）两个部分。通过风险识别、风险预测、风险评价与衡量，并在此基础上选择与优化组合各种风险管理技术，对风险实施有效控制和妥善处理风险所致损失的后果，从而以最小的成本收获最大的安全保障。

（二）风险管理的分类及目标

1. 风险管理分类

目前比较流行的风险管理主要分为两类，一类是经营管理型风险管理，主要研究在政治、经济、社会变革等所有企业面临的问题及其产生的风险的管理，如市场风险管理、人力资源风险管理、运营风险管理、财务风险管理及法律风险管理等。另一类是保险型风险管理，主要以可保风险作为风险管理的对象，基于组织本身所掌控的资源及抵御风险的能力为前提，将保险管理放在核心地位，将安全管理作为补充手段，通常包括财产型风险管理、灾害型风险管理和人员健康与安全风险管理等。

2. 风险管理目标

风险管理是一项有目的的管理活动，只有目标明确，才能起到有效的作用。只有确定风险管理的各项指标，设定风险管理指标的标准才能更好地评价其效果。风险管理的目标就是要以最小的成本获取最大的安全保障。因此它不仅仅只是一个维持企业有序有效运行安全生产的问题，还包括识别风险、评估风险和处理风险，涉及财务、安全、生产、设备、物流、技术等多个方面，是一套完整的方案，也是一个系统工程。风险管理目标的确定一般要满足以下几个基本要求，一是风险管理目标与风险管理主体（这里主要是指组织）总体战略目标应当一致；二是确定目标时要充分考虑其真实性及实现的客观可能性；三是目标应当清晰明确，并能够测量，即可以使用正确选择和实施各种方案，能够对其效果进行客观的评价；四是目标具有严密连贯的层次性，从总体目标出发，到部分乃至个体，并能够根据目标的重要程度，区分风险管理目标的主次，这样利于提高风险管理的综合效果。

3. 风险管理意义

有效地对各种风险进行管理对企业有着积极的意义：首先，积极的风险管理有利于企业作出合理恰当的决策；其次，恰当的风险管理措施有利于保护企业资产的安全和完整；最后，风险管理可以维持企业的经营活动目标，实现稳定的收益。

（三）风险管理的基本步骤

对于现代企业来说，风险管理就是在考量用最少资源获得最大保障的目标基础上，通过对风险的识别、预测和衡量评估后选择有效的手段有计划地处理风险，尽可能降低成本，以获得企业安全生产的经济保障。这就要求企业在生产经营过程中，对可能发生的风险进行识别，量化不确定性的程度和每个风险可能造成损失的程度，预测各种风险发生后对资源及生产经营造成的消极影响，并通过降低其损失发生的概率，缩小其损失程度来达到控制目的，使生产能够持续进行。可见，风险的识别、风险的预测和风险的处理是企业风险管理的主要步骤。

1. 风险管理 —— 风险的识别

风险的识别是风险管理的首要环节。只有在全面了解各种风险的基础上，快速、有效地识别存在的风险和可能潜在的风险，才能够预测危险可能造成的危害，从而选择处理风险的有效手段，提前预防风险或降低风险损失。风险识别方法很多，常见的方法有三种：第一种是流程分析法，这种方法是对企业整个经营过程进行全面分析，对其中各个环节逐项分析可能遭遇的风险，找出各种潜在的风险因素，比如，在人力资源招聘中因应聘者夸大工作成果而带来的岗位胜任力不足问题影响工作带来的损失，又比如采购的原材料因市场变化导致订单不足而带来的库存损失等。第二种是财务分析法，即通过对企业的资产负债表、损益表、营业报告书及其他有关资料进行分析，比对通常情况下数据变化的情况，查找变化的规律，从而识别和发现企业现有的财产、责任等可能面临的或即将发生的风险。第三种是保险调查法，企业生产经营过程中为减低风险带来的损失，采用保险投入的方式将风险转移给保险公司对所持财产实行担保。

2. 风险管理 —— 风险预测

风险预测实际上就是估算、衡量风险，由风险管理人运用科学的方法，对其掌握的统计资料、风险信息及风险的性质进行系统分析和研究，进而确定各项风险的频度和强度，为选择适当的风险处理方法提供依据。其目的是通过对风险的预测来控制风险，进而制订切实可行的应急方案，编制多个备选的方案，最大限度地对企业所面临的风险做好充分的准备。这样当风险发生后，按照预案实施，可有效地将损失控制在最低限度。风险的预测一般包括两个方面，一是通过预测风险的概率来预测风险的可能性，这种方法通过资料积累和观察，并统计分析资料从中发现造成损失的规律性。比如在一个年度技术员工离职率比上一年度提高了15%，由此分析资料，检讨针对技术员工的福利待遇、成长发展、绩效激励等方面问题突出、发生概率高的风险进行重点防范。另一种方法是通过预测并评估风险强度，假设风险发生，已经导致企业产生直接损失和间接损失，就需要对容易造成直接损失以及损失规模和程度大的风险应重点防范。比如一个时期城中村发生火灾的数量远超过商品住宅区，则可以认为城中村火灾风险发生的概率大过商品住宅区，则需要加强对城中村的火灾风险防范。

（四）风险管理在人力资源管理中的运用

人力资源风险是指人力资源本身具有的风险，如人力资源个体特征的差异性风险、劳动力市场变化的风险等。人力资源管理中的风险管理是指在招聘、工作分析、职业计划、绩效考评、工作评估、薪金管理、福利、激励、员工培训、员工关系管理等各个环节中进行风险管理，防范人力资源管理中的风险发生。风险管理在人力资源管理中的运用主要是指在人力资源管理活动中如何识别、控制和解决人力资源管理风险，尽可能降低人力资源成本，使人力资源管理活动能够正常支持企业整体发展战略，实现企业发展目标。

二、人力资源管理风险的分布及其表现

从资源特征角度理解，人力资源风险作为一种资源风险，同样也与一般的资源一样存在短缺风险、冗余风险、使用风险、流失风险等。同时由于人力资源的独特性和复杂性使人力资源风险具有独特和专有的风险，如增值风险、保密风险、竞争风险及由于劳动关系存续而可能引起的法律风险等，而且这种风险就存在于人力资源的各项日常管理工作中，因此，人力资源风险与人力资源管理风险在某种程度上是一致的。人力资源管理风险是指对存在于人力资源规划、组织设计与工作分析、人才招聘、职业生涯规划与管理、工作评估与绩效考评、薪酬与福利管理、员工培训与发展、员工关系管理等各个环节中的风险包括其中的法律风险进行管理。要比较全面、深入地理解人力资源风险管

理，至少需要从以下三个方面去分析：一是人力资源风险产生的基本原因，即分析风险的成因、缘由；二是人力资源风险的类别，也就是要识别各类人力资源风险，了解它的具体表现；三是控制人力资源风险的措施或方法。整体而言，就是一个认识问题、分析问题、解决问题的基本思路。

（一）人力资源的规划风险

人力资源规划是有关企业人力资源的整体规划和政策程序的设计。它具有前瞻性、预见性、全局性等显著的战略特征，规划工作开展得不好，会给企业人力资源管理带来极大的风险，造成被动，因此管理者在面对与人力资源规划相关的风险需要认真分析和应对。人力资源规划环节的风险主要表现在以下方面：

一是企业本身缺乏人力资源规划意识或者不重视甚至缺乏人力资源规划而带来的风险。人力资源规划的目的是规划人力资源的发展、促使人力资源的合理利用和配合组织发展等三个方面。如果不重视人力资源规划则难以确定未来人力资源的情况，无法对人力资源进行有效培训，也难以知晓是否需要增补或减少用工，无法充分、合理、有效用工，难以留住人才。因此高层领导应当重视并积极推动人力资源规划，要结合企业战略和岗位分析的结果对企业未来一段时期的整体用工做一个预测，采取一定的技术手段进行供需预测分析，包括人员的数量与质量要求，并与目前现状进行对照，形成差距分析，进而提出具体性的人员招聘计划、人力资源培训计划、人员调岗及晋升计划和劳动合同的解除和终止计划等，实现人力资源的总体均衡。

二是在人力资源规划过程中信息不足带来的风险。由于人力资源需求信息、供给信息和其他信息不准确、不相关等导致人力资源规划不科学、不合理的可能性风险增加。因此要求企业在做人力资源规划时充分了解企业战略及人力资源发展战略，利用工作分析的结果，掌握各部门人力资源变化情况，进行充分的调查研究，掌握人力资源内外部的供需信息。同时，建立上下信息交流通道，让员工知晓自己在企业发展中的地位和作用，促使员工积极成长发展。

三是相关岗位设计不合理、岗位人员胜任能力不足、道德低下等导致人力资源规划不科学、不合理的可能性，致使人力资源规划无法实现或实现困难等。这要求企业在工作分析的基础上，坚持客观公正、真实公平、与时俱进的人力资源规划管理，严格选拔人才。

（二）人力资源的招聘风险

1. 忽视招聘工作的重要性带来的风险

人力资源是第一资源，是核心资源，是企业的第一竞争力。所谓"好的开端是成功的一半"，忽视招聘工作的重要性，将难以保证企业核心竞争优势。因此企业应当提高人才是第一生产力，是核心竞争力的人才意识，重视并加强招聘工作，努力把握好人才关。

2. 招聘缺乏规划，过程缺乏规范

比如在一般性岗位招聘过程中往往凭个人感觉就确定招聘人选，这样会导致招聘效果不佳，难以招到岗位匹配的员工，以及离职率居高等现象。因此企业需要严格按照招聘需求分析及人力资源供给情况，制定规范的招聘规章制度，责任到人，从而做到人岗匹配和胜任岗位，降低离职率。

3. 招聘工作人员使用不当带来的风险

招聘队伍中使用了不胜任的招聘工作人员，就很难保证被招聘者合格。因此，为尽量减少人为风险，企业应严格核定合适的招聘工作人员，慎重选择招聘工作人员，确定合适的招聘工作人员。为避免缺乏业务部门的基本专业认知带来的"不匹配"风险，还需安排招聘工作人员经常参加各部门的业务会议，以了解其需求。

4. 招聘策略和信息发布渠道选择错误及招聘信息错误带来的风险

招聘策略和信息发布渠道选择错误容易导致信息不对称，有可能招不到合适的员工，还会增加招聘成本，影响企业正常运转；而招聘信息本身错误带来的可能是法律风险，如招聘信息中使用了"性别、民族、血型、户籍"之类的带有歧视性的信息，则企业将面临法律风险。因此，用人单位应树立正确的招聘理念，如实、合法发布相关信息，谨慎承诺，如实向应聘者提供单位信息、岗位信息、工作环境信息等。为能够招到企业需要的员工，应当准确、真实发布相关招聘广告；为避免法律风险，应当谨慎检查招聘信息的正误。

5. 缺乏深入的岗位调查和工作分析，不了解岗位要求带来的风险

在招聘工作中，很容易出现基于"薪酬与福利待遇"高低的取舍问题。对企业而言过于强调岗位提供的薪酬与福利待遇的现象，容易忽视招聘岗位的职责与任职资格要求。在基于"薪酬与福利待遇"高低的取舍影响下，表面上看起来新员工招聘进来了，但实际上并不是企业所需要的合适的员工，即存在"人岗不匹配"现象。因此，做好深入的工作分析，为消除招聘工作分析的不准确性，需要采用风险预防策略。

6. 招聘方式不合理带来的风险

一般来说，企业招聘员工的方式有内部招聘和外部招聘两种形式。为了达到足够的应征人数或控制应聘者范围，需选择合适的招聘方式。因此，用人单位应当充分评估不同招聘方式存在的风险，权衡利弊，规避因招聘方式选择不当造成的人力资源招聘风险。

7. 缺乏必要的任职资格检验和背景调查带来的风险

一些求职者为了获取职位，可能会采取许多手段，向企业传递一些利己的夸大甚至虚假信息，影响公司对求职者的正确判断，而企业在招聘过程中缺乏必要的任职资格检验和背景调查会导致原本不符合要求的人员进入企业，造成"不胜任"或"骗取工作机会"等问题，甚至还会产生因此而需要重新招聘的成本增加以及解除聘用而带来的法律风险。因此在确定聘任、通知员工入职前一定要严格背景调查工作，了解其过往的真实信息，包括个人资料的真实性、工作经历的真实性、工作业绩的真实性，以判断其工作

能力。另外，为避免法律风险，特别要注意除新参加工作的劳动者外，一定要查验其终止、解除劳动合同以及保密竞业协议等方面的书面证明，方可与其签订劳动合同，建立劳动关系。

8. 人才判别的测评风险

如果招聘工作人员缺乏系统的认识测评政策，认识测评目标不明确，测评工具和测试方法选择错误，测评试题格式不适合、用词不清及评测程序操作不当、评测时间与环境选择不当等，都有可能造成招聘不符合企业要求且不能胜任工作的员工。因此，在识别人才的工具和方法上，尽量采用多种形式、相互印证，并做好背景调查，尤其是过往业绩情况调查，判断其真实能力。

9. 录用决策风险

通常来说多数求职者会同时到几个单位应聘，如果录用决策不明，录用邀请函发放不及时，求职者很有可能被别的用人单位抢先录用，造成前功尽弃。人才没有最好，只有最合适、最匹配，因此，用人单位务必按照人力资源规划的要求，根据工作分析的成果应用，及时确认应聘人员的录用资格，及时发放录用函。

（三）人力资源的培训风险

1. 培训观念风险

观念风险指的是由于高层领导或者受训员工对培训没有正确的认识和定位而可能对企业造成损失的可能性，如有些领导认为"培训会增加企业的运营成本"，"培训会使更多的员工跳槽，不仅造成人才流失，投资收不回来，而且还培养了竞争对手"等等都属于错误的培训观念，这些无疑会影响培训的效果。作为直接参与人的受训员工对培训的认知及参与态度也直接影响着培训的成败。例如，受训员工认为培训是摆花架子，搞形式主义，因而不能正确对待培训，导致培训流于形式，就会使培训目标不能实现，培训不出所需人才。因此企业管理者要从企业的长远利益出发，转变观念，明确培训目标。

2. 培训技术风险

培训技术风险是指在培训需求分析，在制订培训计划、风险评价及培训实施过程中，因不能结合企业发展规划、人力资源战略规划与阶段性工作重点，以及没有制订合理的培训计划可能对企业造成的损失。企业在拟订培训计划时应当从企业职工的实际需求出发，而且经过有效的审批，而不能仅仅是形式上的审批，这就要求审批者熟悉员工培训工作，只有这样，才能保证培训政策是有效的。另外，培训对象不清晰，想当然地指定培训对象，导致该培训的未能得到培训，不需要培训的却接受培训。还有培训未能根据培训对象选择恰当的培训方法，没有充分考虑不同培训方法的适用范围和优缺点，会导致培训不能达到预期的效果。在培训技术风险方面还有由于未能有效控制培训执行中存在的风险会导致无法实现培训计划的目标；培训评估缺乏风险。缺乏有效的评估也就缺乏激励机制，缺乏激励机制必然导致培训效果低下。为了确保培训效果的转化，可以采取以下办法：

①强化学习，即在成功地执行了任务后仍让受训者进行一定的练习，以提高未来保留和转化的程度。

②将培训内容和工作相结合，让受训者在培训课程结束后回到岗位时能把培训学习到的新技能运用到工作实践中。

③让受训者在培训课程结束时制订行动计划，指明员工回到岗位时计划采取什么样的步骤应用新技能。

④将培训分为几个阶段，在每个阶段中让受训者将所学运用到工作中，并及时与其他受训者分享经验与教训。

⑤使用绩效辅助物，如检核单、决策表等，受训者用它们指导工作。

⑥在培训后仍提供服务，包括热线电话和培训者回访。

⑦营造一个支持性的环境，鼓励受训者将所学运用到工作中。

⑧在培训后，对培训进行考核，并将培训结果充分应用到员工的晋升、激励中。

（四）人力资源的绩效管理风险

1. 企业存在理念不清、盲目跟进、照搬照抄等绩效管理现象

一些企业，盲目崇信国际新理念，未从企业实际出发，盲目跟进，极易造成"水土不服"，无法实施。更有企业直接采用"拿来主义"，照搬照抄一些先进企业的绩效管理方法，不仅未能起到提高绩效的效果，反而打破原有稳定的生产秩序，给自己"添堵、添乱"，影响企业的正常运转。

2. 考核指标和标准不明确，存在关键业绩指标空泛化及标准难执行现象

考核指标和绩效标准是绩效考核的核心内容，尤其是关键指标确定是否准确，直接影响了员工的工作目标，进而影响企业目标的实现。缺乏明确的考核指标和执行标准，绩效考核就形同虚设。在政策的制定上，应当鼓励员工参与考核政策及指标的建立和完善。比如为了减少纠纷，员工本人也可以做到心中有数，必须制定有员工参与的书面绩效考核指标书或者相应的文件，通过与员工共同建立绩效契约从而保护员工和企业的利益、明确员工的责任和义务并规范员工的行为，避免责任、利益不清带来的风险。又比如，绩效考核的周期不宜太长，应当能够及时反馈员工工作情况、业绩及其表现，避免不能及时发觉绩效指标、绩效标准设定不合理问题带来的风险。制定绩效考核政策时，需要考虑所处行业、技术的特点、组织规模、组织的发展周期、组织文化，根据公司的环境、战略目标和人力资源管理的需要制定相应的绩效考核政策和程序。企业应该设计系统性的绩效考核管理体系，通过系统性机制来控制绩效考核风险。

3. 考核实施缺乏严格的管理流程，存在走过场现象

部分企业没有形成健康的绩效考核文化，大家认为绩效考核就是惩罚，扣工资，往往碍于情面在实施考核时所有员工都得高分。这样就失去了绩效考核的本来意义。在绩效计划的执行实施上，应当能够体现绩效计划的战略统一性和目的性特点，按计划执行绩效考核的各项任务，并根据情况适时做出调整。传统的绩效考评通常是用目标管理的方法、考评量表评分法、测评法进行考评，也就是考评"人们把事情做得如何""人们怎样做事情""人们能不能做事情"等方式分别得到对被考评人的结果、行为和能力的认识。这种情况是建立在企业战略稳定的前提下实现，但是现在大量的资料表明在战略实施的过程中，战术和政策的变化，也就是说企业战略会做出调整，这种调整会导致"结果、行为和能力"的根本改变。因此，战略实施给绩效考评带来了一定的风险。

4. 考核工具选择不规范，存在随意化现象

绩效考核是技术性非常强的一项企业管理活动，按照工作特征理论，不同的工作任务对员工工作技能、能力、知识、经验等要求不同，对工作反馈的形式、要求也不同。因此需要相应的考核技术，采用不同的考核方式，使用不同的考核工具实施绩效考核。

5. 考核结果缺乏有效应用

绩效工资是绩效考核最常见的应用途径。但要是企业员工的绩效工资占工资总额比重过低，而考核结果又没有其他的应用方式，优秀员工就不能得到有效的激励，优胜劣汰的目标也难以实现。

另外，在绩效考核过程中，绩效考核的执行风险普遍存在，这些风险直接影响到考核结果。如绩效考核者本身的能力、绩效考核的时机选择、绩效分析与评价的客观性以及绩效考核不当都会影响到绩效考核的结果。通过培训加强和提高绩效考核者的能力和个体素质能够有效地避免晕轮效应、近期效应、居中效应及偏见效应的发生，才能保证公平公正的考评结果；规范的考核周期和考核时间，有利于培养员工稳定的工作行为和按时完成相关工作任务的工作作风；及时公开绩效考核的有关信息包括结果可以解决员工的疑惑、防止不当猜测；绩效考评要素容易引发内部冲突。

（五）人力资源的薪酬风险

在任何一个企业中，薪酬体系都是高风险区，这与薪酬自身的特点以及员工对薪酬的期望与要求密切相关。

导致薪酬风险的主要原因体现在薪酬制度与企业经营战略脱钩或错位；薪酬设计存在不科学之处；薪酬支付缺乏公开性、透明性；奖金激励和福利保险计划缺乏柔性，起不到激励作用以及与企业历史形成的薪酬结构很难整合。

薪酬风险主要有两种分类，一种是薪酬政策的制定风险和执行过程风险，另一种是薪酬水平风险和薪酬结构风险。

1. 薪酬政策制定和执行过程风险

薪酬政策制定中存在不当行为的风险，导致制定出的薪酬制度与企业经营战略相脱钩或错位、薪酬设计有不科学之处、起不到激励作用等，这些不当行为主要存在于企业薪酬策略研究过程中的不当风险、在岗位分析及评价过程中的风险、在薪酬调查中存在的风险、在薪酬定位时产生的风险以及薪酬结构设计时产生的风险。

薪酬政策实施、调整以及薪酬计算、审批与发放中都存在风险。由于管理不善、职责分工不恰当，薪酬在计算、审批和发放过程中可能会存在计算不准确、人员重复或虚

列名单、冒领工资、多报加班费、员工薪酬没有及时发放等风险。在薪酬政策的制定和执行中需要针对上述风险采取相应的控制措施。制定有效的薪酬管理制度时，要科学衡量企业薪酬水平，通过物价水平、居民生活水平、同行业竞争水平、企业的支付能力和岗位的评估等因素对企业的薪酬水平进行客观的评估；薪酬制度的设定应该遵循公平原则、竞争力原则、激励原则、经济原则、合法原则和战略原则；实施科学合理的薪酬计算、审批和发放程序等。

2. 薪酬水平与薪酬结构风险

（1）薪酬水平风险

通俗地讲，薪酬水平就是薪酬的高低，通常采用薪酬的公平性作为衡量薪酬水平的主要标准。薪酬公平性又分为内部公平与外部公平。内部不公平会造成员工之间的相互猜疑与不满，影响大家的积极性，进而造成不好的工作氛围；外部不公平关系到员工是否安心在本单位工作，经常导致核心员工流失。因此，要了解企业的劳动生产率、同行业的平均工资水平、企业的支付能力和岗位的评估以及当地物价的水平等，据此来确定工资的水平。解决薪酬水平的风险就是尽量追求薪酬的内部公平与外部公平。

（2）薪酬结构风险

不同的员工要采用不同的工资结构。操作销售人员、管理人员的工资结构应该是不同的。操作人员可以采用基建的结构，管理人员可以采用固定工资加上浮动工资的结构。固定薪酬与浮动薪酬比例的确定也存在较大风险。浮动薪酬比例过高，在给员工形成激励的同时也给员工带来极大压力，造成薪酬的不确定性，员工也缺乏安全感。而在固定薪酬过高的情况下，员工的安全感固然提升了，但激励性可能就要差一些，会影响员工绩效。在确定固定薪酬与浮动薪酬的比例（或各种薪酬组成之间的相互比例）时，企业可以按岗位工作性质与特征将所有岗位分为多个序列，如一般管理序列、职能管理序列、营销序列、技术序列、技能操作序列等，不同序列可以设置不同的固定薪酬与浮动薪酬比例，以满足员工的不同要求。

（六）人力资源的劳资关系管理风险

从人力资源风险管理角度，我们讨论两个方面的风险问题，一是员工离职带来的风险，二是人力资源管理的法律风险。

1. 离职风险管理

广义上员工离职原因可以分为两类：自愿性离职和非自愿性离职；狭义上可以分为六种：正常辞退、违纪辞退、除名、辞职、劳动关系自然终止、退休。一般来说员工离职的处理方法包括正常辞退管理、违纪辞退管理、除名管理和辞职管理等。在人力资源管理实践中，自愿性离职管理是离职管理的难点和重点。本书讨论主动离职的风险管理。

员工离职是一种正常现象，无可厚非，但如果不提前采取必要的防范措施或者处理不当，员工离职会给企业的生产经营带来一定的影响，甚至可能给企业带来损失风险，这些风险主要包括关键技术或商业秘密泄露的风险、客户流失的风险、岗位空缺的风险、集体跳槽的风险和人心动摇的风险。比如，涉密人员离职，如涉密载体、文件资料等交接不清，就有可能发生泄密事件。员工主动离职产生的直接的后果就是岗位空缺，关键岗位的空缺会使企业无法正常运转，还会对未离职的员工产生消极影响，减弱组织的向心力、凝聚力，动摇员工对企业发展的信心，甚至威胁企业的生存发展，因此应将因员工离职带来的不利影响降低到最低程度。

造成离职的原因主要是员工缺乏归属感、缺乏安全感、丧失公平感、缺少被信任感、强烈的挫折感及管理者的性格和风格等。因此，针对员工主动离职可能带来的风险，用人单位应当采取措施以减少员工离职和规避员工离职带来的风险。

用人单位可从以下五个方面规避员工离职带来的风险。第一，规范离职程序，杜绝后遗症，完善辞退制度，提早预防，避免出现被动局面；第二，严格审查辞退程序，责任到人，避免不当辞退引发的风险；第三，遵纪守法，依法依规解除或终止劳动合同，避免不当操作带来的法律风险；第四，用人单位尽可能建立多个研发与技术团队，运用战略型人才管理思想，做好人力资源规划工作，做好人才储备及梯队建设，在可能的情况下不过分依赖某一个或少数几个技术人员或工程师；第五，做好核心技术或商业机密的保密工作，规范涉密人员离职程序，与员工签订保密协议和理智承诺书等。

2. 人力资源管理的法律风险及其控制措施

在新的《中华人民共和国劳动合同法》实施后，劳资双方的权益得到更好的保护，企业人事管理相关工作更加规范。同时，随着劳动者自我保护意识加强，企业人事管理风险明显上升。人力资源管理的法律风险从企业招聘广告公开起就存在了，并贯穿包括招聘、绩效管理、培训、薪酬与福利、劳动关系管理等人力资源的整个使用过程及其环节，从劳动法和劳动合同法角度看人力资源管理的法律风险涉及劳动合同的订立、履行、变更、解除或终止的各个环节，涉及劳动者的平等就业和选择就业的权利、取得劳动报酬的权利、休息及休假的权利、获得劳动安全卫生保护的权利、接受职业技能培训的权利、享受社会保险和福利的权利、提请劳动争议处理的权利及法律规定的其他权利等。人力资源管理的法律风险也包括人力资源档案管理不善产生的劳动关系纠纷。

在人力资源管理实践中劳动关系管理的风险主要包括五个方面。第一是因对国家法律法规理解不透产生劳动纠纷，导致企业遭受损失的风险。企业应严格按照《中华人民共和国劳动合同法》的要求订立、履行、变更、解除或终止劳动合同，避免出现劳动纠纷。第二是企业规章制度不完善产生劳动纠纷，导致企业遭受损失的风险。第三是因为严格执行国家法律法规产生劳动纠纷，导致企业遭受损失的风险。企业也是社会成员的一分子，需要按照国家的法律法规执行相关政策，如在地震、洪涝、病毒疫情等特殊情况下国家为了维护社会稳定，经济发展和政治安全等考量，需要企业支持相关政策的实施而给企业带来的损失。第四是因劳动保护措施不完善或员工违规操作导致员工人身伤害，导致企业遭受损失的风险。企业安全生产管理意识不够强，加上对员工安全教育不够以及员工违规操作等会给企业带来完全责任风险和非确定性生产风险，需要企业对风险概率统计，做出风险预案。第五是因人力资源档案管理不善产生劳动关系纠纷，使企业利益受损的风险。应建立健全人力资源信息管理制度，包括专人管理人力资源档案、按照有关要求保管档案等，保证企业人力资源信息的真实、完整、安全。

第二节　人力资源管理风险的防范

一、人力资源管理风险的预测和衡量

（一）人力资源管理风险识别和预测

人力资源管理风险的识别是建立在企业战略实现基础上，通过对人力资源管理的整个流程进行全面分析，对人力资源管理的每个环节中可能存在的风险逐项分析，找出各种潜在的风险因素。因此人力资源风险具有多层次的结构，可以从企业总体层面和人力资源管理各个流程层面来考察。从企业总体层面讲，主要涉及企业战略规划、企业总体目标、企业决策、组织系统、业务流程等。从人力资源管理流程层面涉及人力资源规划、招聘与配置、培训与发展、薪酬与福利、绩效管理与激励以及劳资关系管理等。

人力资源管理风险预测是对通过分析、判断而识别出的已存在或潜在的风险进行估算并衡量其威胁程度的过程。这个过程是利用掌握的人力资源统计资料、现存人力资源管理风险信息及风险的性质进行系统分析和研究，进而确定各项人力资源管理风险的频度和强度，并以此判断其威胁程度来制定切实可行的人力资源管理应急方案，尽量编制多个预案，最大限度地对企业所面临的人力资源管理风险做准备。这样当风险发生后，根据事先预案选择合适的备选方案来控制人力资源管理不当而造成的损失，尽量使其风险损失最低。

（二）人力资源管理风险评估和衡量

人力资源管理风险评估和衡量是对在人力资源管理中由于主、客观原因而造成的风险进行分析并评估风险带来的损失可能性并衡量可能造成损失的强度。这种损失可能性从企业整体上主要是指对企业发展战略带来的影响及影响程度。而人力资源管理的具体工作主要是评估和衡量人力资源在招聘管理、培训与开发管理、绩效管理、薪酬与福利管理、劳动关系管理等方面带来的风险情况。如招聘管理中因招聘不当带来的招聘重置成本，由于该雇佣所涉及的职位不同而带来的影响不同，所产生的损失也不同。对于已识别的总体层面和人力资源管理各流程的人力资源风险，企业应采用定性与定量相结合的方法对其重要性进行评估。对人力资源管理风险评估主要通过以下几个步骤进行。首先，根据人力资源特征及人力资源管理主、客观风险识别的条目有针对性地进行调研；其次，根据调研结果和经验，预测发生的可能性，如人岗不匹配、不胜任、离职及突发事件等，并用百分比表示发生可能性的程度；最后，根据人力资源管理风险影响程度大小及范围等排序，通过排序法可以轻易地识别出风险的基本情况。

二、人力资源管理的风险防范措施

（一）增强人力资源管理的风险防范观念

风险的客观存在特征，意味着任何企业都面临内部或外部风险，各种风险会影响企业目标的实现，也因此促使企业不断调整面对发展过程中各种机遇与风险的各种策略。人力资源是企业资源中的核心资源已成为共识，因此人力资源管理是企业管理的战略单元重要构成部分，已上升到企业战略层面，所以企业管理者必须进行包括人力资源风险管理在内的风险管理。

首先，企业成长发展并非一蹴而就，其中充满曲折，既有机遇，也有风险。对企业经营管理者而言，"小心驶得万年船"依旧是不可缺少的公司管理箴言，提高风险管理意识是保证企业运营过程中降低风险的首要任务。在人力资源管理的各项活动中，强调能效匹配、人岗匹配、合理授权、刚柔并济的人性化制度管理及充分发挥绩效管理与激励管理对员工工作积极性的推动作用。企业经营管理者应当爱惜"羽毛"，注重企业形象的塑造，在有效经营发展企业的同时维护员工关系、客户关系，处理好人与人、人与设备、人与产品、人与市场、人与技术、人与未来等各方面的关系，摆正并预测、评估并衡量企业各种管理活动及关系在企业经营管理中的位置和影响，使各个方面均能处于企业管理者的有效管理范围之内，有效避免因企业管理不到位带来的风险。

（二）建立有效的人力资源管理风险管理制度

处理风险的方法因人因事因情景而异，但总体上包括两种：消极型风险处理和积极型风险处理。消极型风险处理主要为躲避风险，比如为避免生产事故而停止生产，则企业的收益目标无法实现。积极型风险处理通常是建立在承认风险的客观性并充分预计风险的基础上寻求降低风险或减少风险的途径，使风险可控。如为减少高技能人才流失带来的人力资源风险可以通过建立人才储备库的方法，即使个别人才流失也不会给企业带来重大损失。

企业为应对风险，尤其是在人力资源管理过程中需要建立一系列积极有效的人力资源管理风险应对机制，通过建立规范化、程序化和制度化的风险管理应对体制，采用积极的措施来控制风险，降低其损失发生的概率及缩小其损失程度来达到降低或回避风险的目的。例如设立现代激励机制、培训方案、做好人才备份工作等等，可以降低高技能人才流失的风险。又如对于关键开发人员离职可能带来风险的项目在开始时应做好人员流动的准备，并预先采取一些措施确保人员一旦离开项目仍能继续等。

一套有效的风险管理制度必须关注如何规避风险、监控和管理风险及意外事件计划这样三个问题，人力资源管理风险制度体系的建设亦是如此。为此，在人力资源管理过程中风险管理制度建设应从以下几方面入手：

首先，从企业运营管理角度来看企业应该尽量采用规范化、制度化的管理模式，制定合理、规范的规章制度、完善有序的岗位责任制度。良好的人力资源政策与实务是员工诚信、道德和专业能力胜任等方面的保证，同时也为企业内部控制奠定了良好的基础。

比如通过建立工作说明书，明确岗位职责、内容、权力关系、任职资格、考核评价内容及标准等，并制订较为细致的、有针对性的实施细则、反馈机制和风险管理计划，从而使企业的工作计划均能按统一规定的工作程序、要求、标准去实施，既能做到人岗匹配、人尽其才，有效达成企业经营活动的目的，又能达到规避和降低风险的目的。

其次，从企业运行规律视角看，企业成长发展过程存在众多不确定性，因此建立较为完善的监督检查机制，实施动态管理能够很好地应变企业所面临的不确定性。比如在绩效管理过程中，员工绩效的高低优劣不仅受员工和用人单位的影响，也受到受众的主客观因素的影响。比如从员工个人角度来说，个人情绪、工作动机、知识、经验、技能、能力等都会对绩效产生影响，通过监督反馈机制可以迅速发现问题从而有效回避员工个人原因造成的绩效较低，甚至可以发现员工是否胜任相关工作，从而可以提供员工关怀计划、员工培训计划、员工激励计划以及调岗或重新雇佣合适员工的对策等。因此，控制风险的最有效方法就是制订切实可行的应急方案，编制多个备选的方案，最大限度地对企业所面临的人力资源管理风险做好充分的准备。通过建立完善的监督管理及反馈机制使其人力资源管理风险消失于萌芽状态，从而有效地规避或降低人力资源管理中的风险事故的发生。

最后，风险本身的不确定性会导致意外事件或突发事件，这种意外事件或突发事件本身就是风险体现。因此在企业经营管理过程中可以组建突发事件公关队伍，全面应对突发事件。为了加强对突发事件的管理与应对，有必要在企业内部建立一支训练有素、精干高效的突发事件公关队伍。其成员应包括企业最高决策层、公关部门及人力资源部门等在内的相关部门的人员以及法律顾问、公关专家等专业人士。平时该小组主要负责对企业内外环境进行实时监测并及时引导事情向预期发展，加强对突发事件预警机制的管理，开展对公关人员和全体员工的培训，组织突发事件状况模拟演习等。在广泛收集信息的基础上分析发现存在的问题和隐患，对可能出现的突发事件情况做出预测，并制订切实可行的突发事件相对应的防范预案，监督并指导防范措施的落实。当突发事件发生时，突发事件公关小组就是指挥中心，此时应当迅速建立突发事件控制中心、制订紧急应对方案并策动事先预案实施达到控制险情扩散、恶化的目的，同时及时与媒体进行联系沟通，减弱突发事件的不良影响，化解公众疑虑和敌对情绪，以便尽快结束突发事件。

总之，风险存在必然性，人力资源作为企业经营管理中的核心资源，必然具有与其他资源存在风险的共同特征，同时因为人力资源的双重性、能动性和创造性等特征，使人力资源具有其他资源所不具备的特点，因此体现在人力资源管理风险的防范措施也与其他资源不同。这些措施是否得当、是否健全完善，直接影响了人力资源管理的效率。企业管理者在选人、用人、育人、留人等方面是否能够正确地评估一个被预测的人力资源管理风险是否真的发生了，并保证为这个人力资源管理风险而制订的预案被正确地实施，决定了企业是否能够真正的管控风险给企业带来的威胁或损失。同时，该过程也能够收集用于未来的风险分析信息，从而强化企业面对风险的能力。

第六章 人力资源组织结构

第一节 组织结构配置

一、结构优化

（一）串行排列

队列变长意味着人才库存扩大，变短则反之。怎样才能阻止队列变长，即压缩人力成本呢？

兵家给我们的启示：把最薄弱的兵力放在最前面，把最强大的兵力放在队尾，即对于串行工序的职位（当然对于并行工序的职位，根本不存在这种情况）而言，要把负担最重的职员（主要指能力限制）放在第一道工序，根据能力过剩的情况依次排列。因为靠前的工序往往不会发生较大的差错，这样可以使新手能更快地适应角色，避免怠工现象的出现，而位于后部的职员一方面可以检查之前步骤的操作效果，另一方面可以把更多的精力用于产品的完善与创新上。

（二）并行不悖

创新人力资源的配置如果不得法，则很难产生创新。例如，有些管理者嫉贤妒能，宁愿人力资源闲置也不愿让其发挥所长，这无论对组织还是个人，都会造成巨大的浪费。

个别管理者对"关系户"的照顾，也会浇灭其他员工的热情。举贤不避亲与人才打压这两种方式，谨慎的管理者往往难以取舍，唯恐出差错。其实，人才的脱颖而出不应该是一时的，应该是在长久的历练之后水到渠成的结果。所以，让实践去检验、遴选，是帮助管理者取舍的明智方案。

（三）阵形组合

某足球强国有一种别出心裁的训练方法。教练把球员用绳子联结起来，为保持整体速度，使绳子稍有松弛，在此基础上进行战术演练。充分发挥球星的作用，将其嵌入最核心的位置；在能力欠佳者的旁边以核心球员补位、协助；因为最慢的球员决定整体推进速度，所以不将其放在边缘；为防止距离拉大，将最弱者置于边缘和核心之间。这样做可以保证配合的同时不会出现防守上的盲区。

对于团队（网络）型合作来说，这种方法很有参考价值。不要冒太大的风险把新手放在核心位置或外层，从而给组织外部和员工本人带来不利的影响。组织需要这股新鲜力量尽快地融入，所以边缘化不是好的选择。企业也希望新员工能最大限度地注入生气，所以将其置于核心层与边缘层之间的中间层，而将有一定经验又不足以充当核心的次中坚型员工置于边缘层。这样新手可以从两方面得到技术上的指导，而核心员工的经验技术也不会被浪费，同时新手的新意也会被顺利传达给核心员工从而成为创新的导火索。

（四）用人所短

对企业而言，经典的观点是，个体往往在某一方面有突出的才干，最适于某项特定的工作，扬其所长，用其所能，可成人才；抑其所长，用其所短，则成庸才。对该观点的前半部分，笔者非常赞同。倘若埋没了一个人最有价值的长处，既是对人才的摧残，也是对事业的漠视。由此可见，善于识才、用才者本身就是大德大才者。但对前述观点的后半部分，笔者则持不同意见，事实真的是这样吗？在实际用人中，管理层常常因为在思维上存在盲点而不能量才使用、择人任势。创新意味着对循规蹈矩的挑战，意味着非常规打法的出其不意，所以一个人的短处也并非没有可能成为企业独特的竞争力。

（五）加大尺码

随着业务的高速扩张，企业势必要引进大量的人员。这些空降兵进来后怎么办？单独集结的话，他们等同于新兵连，且不利于沟通。

"空降兵"会带来很多其他问题：一是"空降兵"着陆后如何迅速转变为"地面部队"；二是怎么磨合"空降兵"与"元老"之间的矛盾。在组织架构上，预留空间是一个选择。对于成长型企业，它就像一个儿童，每天都在成长，衣服总是偏小，因此，企业的组织架构搭建得大一些，才能适应企业的迅速扩张。所以，在建设组织架构时，既要不断吸收新的精英，又要保持"空降兵"与"元老"的积极互动，达成动态平衡，以给企业急剧扩张准备空间。事实上，很多知名"空降兵"的进入也确实为企业带来了相当多的创意与充足的发展空间。

二、团队导向

（一）误区一：团队利益至上

团队首先是个集体。由"集体利益高于一切"这个被普遍认可的价值取向，自然而然可以衍生出"团队利益高于一切"的"论断"。但在团队里如果过分推崇和强调"团队利益高于一切"，可能会导致两方面的弊端。一方面是极易滋生小团体主义。团队利益对其成员而言是整体利益，而对整个企业来说，又是局部利益。过分强调团队利益，处处从维护团队自身利益的角度出发常常会打破企业内部固有的利益均衡，侵害其他团队乃至企业整体的利益，从而造成团队与团队、团队与企业之间的价值目标错位，最终影响企业战略目标的实现。另一方面，过分强调团队利益容易导致个体的应得利益被忽视和践踏。如果一味只强调团队利益，就会出现"假维护团队利益之名，行损害个体利益之实"的情况。作为团队的组成部分，如果个体的应得利益长期被漠视甚至侵害，那么其积极性和创造性无疑会遭受重创，从而影响到整个团队的竞争力和战斗力的发挥，团队的总体利益也会因此受损。

（二）误区二：内部禁止竞争

在团队内部引入竞争机制，有利于打破"大锅饭"的情况。如果一个团队内部没有竞争，在开始的时候，团队成员或许会凭着一股激情努力工作，但时间一长，他会发现无论是干多干少、干好干坏，结果都一样，则其热情就会减退，在失望、消沉后最终也会选择有限参与甚至是消极参与。通过引入竞争机制，实行奖勤罚懒、赏优罚劣，打破这种看似平等实为压制的利益格局，团队成员的主动性、创造性才会得到激发，团队才能保持活力。

（三）误区三：友谊挑战制度

有的企业在团队建设过程中，过于追求团队的亲和力和人情味，认为"团队之内皆兄弟"，而严明的团队纪律是有碍团结的，这就直接导致了管理制度的劣化，或虽有制度但执行不力，形同虚设。纪律是胜利的保证，只有做到令行禁止，团队才会战无不胜。严明的纪律不仅是维护团队整体利益的需要，在保护团队成员的根本利益方面也有着积极的意义。比如说某个成员没能按期保质完成某项工作或者是违反了某项具体的规定，但他并没有受到相应的处罚，或是处罚根本无关痛痒，这就会使该成员产生一种"其实也没有什么大不了"的错觉，久而久之，遗患无穷。如果他从一开始就受到严明纪律的约束，及时纠正错误的认识，那么对团队对他个人都是有益的。

（四）误区四：个人臣服群体

很多企业认为，培育团队精神，就是要求团队的每个成员都牺牲小我，换取大我，放弃个性，追求趋同，否则就有违团队精神，就是个人主义膨胀。诚然，团队精神的核心在于协同合作，强调团队合力，注重整体优势，远离个人英雄主义，但追求趋同的结果必然导致团队成员的个性创造和个性发挥被扭曲和湮没。而没有个性就意味着没有创造，这样的团队只有简单复制的功能，而不具备持续创新的能力。团队不仅是人的集合，更是能力的结合。团队精神的实质不是要团队成员牺牲自我去完成一项工作，而是充分利用和发挥团队所有成员的个体优势去做好工作。团队的综合竞争力来自对团队成员专长的合理配置。只有营造一种适宜的氛围：不断地鼓励和刺激团队成员充分展现自我，最大限度地发挥个体潜能，团队才会迸发出期望的、裂变的能量。

三、配置的公开透明

在配置过程中须谨遵透明管理原则。

（一）配置谬误：暗箱操作

有的学者认为内部双向选择是人力资源配置的一个创意。部门选员工，员工选部门，双方完全实行"背靠背"，只与人力资源部"单线联系"。抛开结果不谈，配置的过程"天知地知你知我知"，很大程度上保护了员工的隐私与配置欲求。对此观点，笔者不予认同。

1. 莫使怨声载道

在当今社会，任何个体都不可能永远与利益绝缘。问题在于，如何公正公平地处理利益分配问题。人员配置必将触及员工利益，它是企业各种利益分配的基石。如果在这个阶段就采取保密的做法，将助长灰色交易的风气。员工普遍对企业前景不明，因为即便他们对自己的下一步是明晰的，但身边较大的不确定性仍会成为阻碍其推进创新的桎梏。企业愿景应该被清晰地传达至每个员工，在该愿景的迫近与实现过程中更应该注重员工感受。企业制度未必完美，配置决策也未必最优，难以保证员工对其都是满意的。在结果如此的条件下，要扑灭员工心中的怨气，唯有让他们了解结果产生的过程。所以，人力资源的优化配置必须保证过程的公开透明。员工能不能支持、能不能理解，关键在于配置的过程是否公开透明。

2. 调动员工热情

知识经济时代，企业的创新型人才有明显的年轻化趋势。青年员工比中老年员工有着更强烈的愿望——提高自己和发展自己。如果配置被"暗箱操作"，对于青年员工将是种打击，甚至可能使他们对管理层失去信心。公开透明的竞争与竞聘，能够充分调动员工的积极性，更好地发挥员工的聪明才智，使在位者有压力，使低于其位者有动力，从而形成良性的竞争机制。

3. 杜绝"暗箱操作"

良好的监督机制是保证配置工作不走样的基础。一套好的科学配置方案要得到好的结果，必须强调在实施过程中建立监督机制，包括设立监督举报电话、建立监督员监督方案等。要始终坚持公开透明原则，实行"阳光作业"，对推荐提名、考察考核、评委选定、讨论决定等环节严格把关，配置方案、操作程序、操作步骤、操作结果一律公开，杜绝"暗箱操作"，并接受工会与纪律机构的全程监督。岗位双向选择时，除了制定客观评价指标外，要有多个职能部门共同参与，避免个别部门或管理者主观臆断。

（二）配置通途：市场配置

做到配置的公开透明，简单来说就是进行市场化配置。以市场为基础配置人力资源，可以使现实经济生活中人力资源与物质资本相结合。它既是社会化大生产和市场经济发展的必然结果，又是企业顺势而为、迎合时代要求的明智举措。

1. 持证上岗

强化工作分析，对技术性岗位实行持证上岗。对先予上岗的一些情形，如员工民主选举产生的、通过公开招聘的、党政机关调任和军队转业安排的员工，须在任职后规定的时间内取得任职资格证书；现有企业员工，年龄在 55 岁以下的，也须在实行任职资格制度后的一段时间内取得相应的任职资格证书。同时，要对持证人员深化继续教育，实行动态测评，对不符合时代发展要求的人员，或降级处理，或取消其任职资格。

2. 公开招聘

大规模公开招聘员工，不是简单地用高薪聘请的办法来吸引，而是力求在打破传统用人方式的基础上建立人才形成机制。因此，公开招聘的过程中要注意研究和解决建立人才激励与约束机制的问题，以建设一个能够体现人员价值、展现人员才华和能力的环境和机制。一是实行聘用制。不定行政级别，由企业对被聘用者实行合同制管理，使被聘用者真正对企业决策层或董事会负责，受董事会约束。二是实行试用期制。试用期间享受企业相应的岗位待遇，试用期满后对经考查不适合或不胜任者予以解聘，并不再保留其相关待遇。三是实行年薪制并采取加股权、期权的办法，实行动态管理和长效约束，把被聘用者的努力程度、工作业绩及工作成果与企业的利益捆绑，激励其提升业绩。

3. 退出机制

建立不称职和不胜任现职人员的退出机制。由于历史原因，一些员工的年龄、文化知识和专业结构不尽合理，加上有的员工思想政治素质不高，工作作风不严谨，而表现为不称职、不胜任现职的问题。在大力引进优秀人力资源的同时，如果不认真研究和解决好不称职、不胜任现职人员的退出问题，势必难以聚集引进人才、开发人才的综合效益。竞争上岗是许多企业钟爱的人力资源配置方式，但它不是万能的。实践才是检验人才的唯一标准，竞争上岗是"相马"，而非"赛马"。既然是"相马"，就可能相不准，可能会有善于现场表现但实际能力不强的人竞争成功，因此实行"岗位动态管理制度"就显得尤为必要。要提高认识，形成"能下"的氛围；制定办法，明确"能下"的依据；强化考核，落实"能下"的对象。对考核不符合要求的在岗者通过下岗、换岗、淘汰等方式进行动态调整，包括动态竞岗和末位淘汰等具体制度。应聘、待聘、解聘等硬性条件和操作办法有待规定，以保证配置工作有章可循。

4. 强化激励

在一个有活力的企业里，处处存在着竞争，没有竞争就没有发展。员工配置要强化激励优胜的措施，用市场化的激励措施克服员工的两种消极心理：一是陪练心理，认为人选早已内定，报名也只是陪衬；二是顾虑心理，虽然想竞争，但是因为怕被人误解为"有野心"，或向领导"叫板"，而不敢报名。强化激励措施即增加员工主动参与配置的动力，从而可保证全员参与。只要是有想法、有能力者，都可以去参与，多中选一、优中选优的目的即可实现。

四、定期整合

（一）库克曲线与定期整合

库克曲线表明，为激发员工的创造力，应该及时变换工作部门，促进人力资源流动。研究结果表明：一流的人才正因为流动而思路开阔，有创造性，也说明人才只有在流动过程中才容易找到最适应发挥其才能的岗位和环境。

对于新上岗的员工而言，承担任务具有的挑战性、新鲜感，以及新环境的激励，促使其创造力快速增长。当员工的创造力经过一年左右的峰值期后，即步入衰退期，将持续下降并稳定在一个固定值，如不改变环境和工作内容，创造力将在低水平上徘徊不前。这不是激励机制出了问题，而是配置重整方面出了问题。

（二）卡兹曲线与定期整合

卡兹曲线告诉我们，组织和人一样，有成长、成熟和衰退的过程。超过五年就会出现组织老化，解决的办法是通过人才流动进行改组。卡兹的组织寿命学说从组织活力的角度证明了员工流动和人员退出的必要性。

人力资源整合将使员工的价值得到真正实现。卡兹曲线表明，在一起工作的人员，在一年半到五年的时间里，信息沟通水平最高，获得的成果也最多；而在不到一年半或超过五年的时间里，成员信息沟通水平不高，获得的成果也不多。这是因为相处不到一年半，不熟悉，尚难敞开心扉，而相处超过五年，彼此熟识，相互失去了新鲜感，可供交流的信息减少。对个体人才而言，由人才团队带来的协作、学习、竞争、节约等集聚效应不仅可以使人力资本价值得以实现，还能够带来新的人力资本积累，提高员工个体的技术知识水平和创新能力，为个人发展提供良好的机遇和广阔的空间，实现个人与组织的同步发展。

（三）最优施压点与定期整合

组织和员工必须共同面对职场上的工作压力，对工作压力的共同管理也有助于组织发展目标和个人创造力的激发与保持。适当的压力对工作绩效有显著的影响，在低压力的情况下，工作对于员工来说没有挑战性，员工不会呈现出较佳绩效；当压力达到某一点时，即可改善员工的绩效水平。对工作任务而言，其存在一个最优的压力水平点，这个点就是适当的工作压力，过了该点，工作绩效就开始下降。所以要保持员工的创造力就要使员工认识到这个点，给员工最适当的工作压力。企业中一定程度的人员流动是不可避免的，这样的流动率可以形成企业人员的"新陈代谢"机制，通过人员重组在一定程度上避免思维的同质化。

（四）求变应变与定期整合

人力资源管理需要关注原来的组织与未来的组织，以及这两个组织之间有什么样的变动。这个组织会不会因为公司里即时的改变而变动得特别快，所以要建立起一个观念，组织可能是常变的，定期整合是必要的，一成不变是很危险的。整合过程中整体绩效是重心，整合就是整体绩效的最佳组合。整合可以有多种，可能是甲部门与乙部门合并，也可能是甲部门拆分为乙部门和丙部门，更复杂的则是部门与人员的交错整合。所以组织里面分久必合、合久必分，会有这种反反复复的状况，最重要的是企业追求的是最佳组合。像有些企业，原生产线生产的产品已经沦为低阶产品，原生产线上的员工如何分配？这些员工能不能够成长？如果他不愿意成长，就会遭到淘汰。

人力资源整合不仅能使员工价值得以实现，而且还能带来整体的系统效能大于部分效能的集聚效应。一个定期重整的知识型组织，可以实现知识、技能在人与人之间动态的互补、共享和积累，使整个组织的创新力在规模上无限扩张与加速增长，保证组织形成持续的创新能力，进而推动收益递增、绩效持续增长。

五、配置革命：企业无边界

（一）关于企业边界切分

企业环境的因素几乎是无限的。它既包括政治、经济、科技、社会文化等宏观环境因素，也包括竞争对手、供应商、购买者等市场环境因素；既包括企业的组织结构、技术水平、管理能力、企业文化等内部环境因素，也包括自然环境等诸多外部环境因素。如果将这四个方面的环境因素再进一步细分，则世间的万事万物几乎都会囊括在其中。

于是就产生了一个问题：企业管理者的知识和能力总是有限的，而有限的知识和能力怎么可能去分析并把握无限的环境因素？于是我们必须要讨论企业环境研究的边界问题。也就是说，如果不明确企业环境研究的有限边界，企图把所有因素都纳入企业环境因素分析的范围，不仅在理论上不可行，而且在企业管理的实践中也不具有可操作性。

（二）经济学的解析

传统经济学认为企业边界是由有形资源决定的。此时，企业关注的目标是内部经济，即实现单位产品成本最小化。由于存在组织成本和协调成本，因此，对企业而言，必定存在一个转折点，超过了转折点，企业会从规模经济转入规模不经济。这个转折点就是企业的边界。理论经济学的解释如此明晰，但事实上人们由此展开了寻找企业边界的漫漫征程。

传统经济学认为企业边界在边际成本等于边际收益之处。然而随着信息技术与知识经济的发展，企业边界不断被突破，并有趋于无穷的态势。这是因为，在信息经济条件下，企业随着边界扩张，边际成本递减、边际收益递增，边际成本曲线和边际收益曲线无法随着企业规模的扩大而交于一点。

在现实中，这种类型的边际成本曲线和边际收益曲线往往体现在一些产品知识含量较高企业的运营实际中。请注意：在网络经济充斥全球，信息革命席卷各行各业的时代背景下，这种企业不仅将越来越多，而且将越来越居于领导地位。由此引起的对"企业边界"的革命性再认识已经到了不得不进行的时候了。

（三）重新审视企业边界

正如前文所述，世间万物都可能构成企业环境因素。企业的确无时无刻不在吐故纳新，与有形外界进行各种交流，企业边界与企业环境因素间的关系是绞合的，难分你我。甚至在某些情况下（如并购等），它们之间的转化也是很微妙的。那么，硬要把企业边界划分清楚，是否有意义呢？

单一地追求或寻找企业边界将会"迷失自我"。企业会认为这个是"我"的，那个不是"我"的，从而割裂地看待与外界的关系，缺乏交流性、针对性。"以'我'为主"的打法在市场中一旦受制于某个环节，就可能导致全盘皆输。

但是如果站在另外一极来看待这个问题，同样会得出不分你我的研究于企业有何益的悖论，两者混为一谈的结果岂不是更加"迷失自我"？

诚然，环境因素确实是企业所要面临的一个难题。关于其复杂性、可变性研究已有大量著述，此处无须赘言。寻找企业边界始终让人似懂非懂，将信将疑。换位思考的话，我们会发现边界问题并非企业发展现实中的瓶颈。如此格物致知很可能导致形而上学的结论。那么问题的关键应该在哪里呢？笔者在这里做一个大胆的猜想它应该是企业如何有效利用内外部资源从而对企业绩效施加影响、控制。

（四）越过"边界"谈"互动"

我们的目光应聚焦于企业内部环境各要素与外部环境各要素的互动关系上。

企业内部各要素与外部各要素之间存有相互作用或相互影响的关系。例如，政府的经济政策会对企业管理者的决策、企业经营活动以及企业绩效产生影响；而企业管理者的决策、企业经营行为以及企业绩效也会对政府制定或调整经济政策产生影响。又比如，竞争对手竞争策略的变化会对企业决策、经营活动及企业绩效产生影响；而企业的决策、经营活动、企业绩效的变化也会对竞争对手产生影响。再比如，自然环境的变化会对企业决策、经营活动和企业绩效产生影响；而企业决策、经营活动和企业绩效也会对自然环境产生影响。也就是说，企业内外部各要素之间都是相互影响、相互改变的互动关系。这种互动的关系，在现实中是普遍存在着的客观事实。可以说，"互动"的探讨，是对既有理论的一种突破，它绕过了"边界说"，给我们带来一个全新的视角。

（五）互动因素

根据已有的企业关键因素分析，赵锡斌教授提出，要着重从 12 种关键环境因素着手研究，分析它们之间的相互关系及其对企业决策和企业绩效的影响。

1. 经济

这里主要指一国总体或企业所在地区的经济情况、人均可支配收入及价格指数等变动状况。经济环境既能给企业带来发展机会，也可能产生威胁。

2. 政府

这里主要指政府职能定位和政府及官员对企业的干预程度以及政府政策、条令等对企业决策与绩效的影响。如果政府越位，过多地直接干预企业经营活动，不合理地设限，使企业的自主权受到破坏，那么，企业的发展就会遇到种种困难。反之，如果政府只做市场不能之事，企业的事由企业自主决定，则企业的发展就会有一个良好的环境。

3. 文化

这里主要是指一个国家、一个民族或一个地区的文化传统，如社会价值观、信仰、社会习俗、伦理规范、思维方式和行为模式等，也包括外国文化的渗透。社会文化具有无形性和普遍性的特点，作为外部因素之一，它对企业内部环境因素如企业文化的形成以及限制具有重大的影响。

4. 法律

法律法规对企业来说是具有强制性的行为规范，因而是影响企业决策和绩效的关键环境因素。尽管强制性的法律规范给企业设置了若干行为准则 —— 如《中华人民共和国公司法》《中华人民共和国证券法》等诸多强制规范，但是它同样给了企业一定的机会在法律的准绳内充分发展 —— 如修改的《中华人民共和国公司法》中一降再降的准入门槛及投资门槛的降低与取消等。

5. 科技

科学与技术的发展速度日益加快，不断改变着人们的生产和生活方式。昨天还在津津乐道的技术和工艺，今天可能已经落伍；今天的新技术、新工艺，明天可能惨遭淘汰。不断迎接科技革新，对企业来说意味着广阔的前景与巨大的挑战。而作为第一生产力的科学技术，其影响的范围几乎涉及企业内外环境的各个因素。

6. 自然资源

这里主要指企业所处的自然资源环境，包括地理及区位、土地资源、矿产资源、生物资源、水资源、大气资源、自然生态资源等。企业所处的自然资源环境状况对企业经营方向的选择会产生重大影响。靠山吃山，靠水吃水，那么山穷水尽又该如何？可见，自然资源同样是把双刃剑。

7. 购买者

供买者包括采购商和消费者，他们从企业购买产品或服务。购买者的意愿、购买行为及偏好等方面的变化，对企业的决策与绩效会产生直接的重大影响。"顾客即上帝"的信条为诸多企业所信奉并推崇。但企业需要注意：忠诚的消费者永远是相对的。如果不能满足消费者的需求意愿、需求结构、购买行为及偏好等变化，将使消费者改变购买决策。

8. 供应商

与购买者相对应，供应商包括原材料提供商和服务商。他们向企业提供从事生产所需的原材料、燃料、零部件等物品资源和信息、技术、资金等服务资源。如何稳定地获取企业必需的资源，并降低交易成本和生产成本，提高产品与服务质量，是企业生存与发展的关键。企业与供应商微妙的关系很可能使企业产生收购的欲望，进而将其内部化。当然，另一个趋势是企业为节约成本而将某一环节外部化，即外包。因此，资源获取的有利方式的重要性甚于供应商本身。由它而形成的机会与威胁，也是左右企业绩效的关键因素。

9. 竞争对手

竞争对手包括国内外生产、提供相同或相似产品和服务的企业，也包括替代品的生产者或潜在进入者。竞争是市场经济的一大特征。随着市场环境的变化，企业之间的竞争日益激烈，竞争策略和手段日趋多样化。"左手挥拳，右手握手"是竞争者之间的真实写照。竞争者之间的"协同"与"勾结"，有时可以把市场做得更大。这就要求企业在"与狼共舞"的同时审慎地处理与竞争对手的关系，谨防一招不慎，满盘皆输，努力把博弈引向最优。

10. 管理者

企业何去何从，很大程度上取决于管理者——此处指的是管理团队。管理者的素质、能力、企业家精神等，对企业决策与绩效的优劣以及企业成败起着关键的作用。公司政治的激化会使管理者常为一己之私而明争暗斗、相互掣肘，这样的企业将举步维艰。如果管理者的素质高、能力强、勇于承担责任，与企业步调一致，企业就会更上一层楼。需要提出的是，管理者因素理论上应该是最可控的，然而客观事实上又往往表现为最不可控——直面现实需要一种勇气。

要使企业去短扬长，管理者就应"三省吾身"。

11. 人造资源

赵锡斌教授认为，人造资源是指非自然形成的、通过市场交换可获取的资源。在企业内部，这些关键资源包括信息资源、物质资源、技术资源、人力资源等。其中，信息资源又可能是最重要的资源。因为，环境是作为信息输入企业的。信息的收集、整理、加工、储存以及信息的利用能力，是影响企业决策与绩效的宝贵资源。卓越的管理者和资源，尤其是灵敏准确的信息，就是企业运筹帷幄、决胜千里的前提保证。

12. 企业文化

企业文化包括企业的价值观、职员习惯、伦理道德、企业精神等。企业文化，具有导向、凝聚、激励、约束企业员工行为，塑造企业形象等功能。因此，优秀的企业文化是企业无形的经济资源。它可在潜移默化中引导企业员工协调一致地自觉做出有利于企业价值观和企业目标的行为选择，激发创新精神，节省交易费用，提高资源配置效率和边际收益。卓越的管理者和优秀的企业文化，可形成企业持续的核心竞争力，使企业实现可持续发展。

第二节 组织结构柔性

一、兵无常势

（一）刚柔并济

管理要有一定的张力，同时又要有一定的韧性，要允许下属有一个自我认识、自我改正的过程，不要过分急躁、过分强求。需要果断的时候就不能优柔寡断，需要灵活的时候就不能保守僵化。常规的职能划分、流程管理、目标管理、制度管理是企业必不可少的刚性管理方式，因为它们能够为员工明确奋斗目标和工作程序，是管理的坚实基础。有了这样的管理基础，才能更好地发挥柔性管理的作用。但同时，如果员工的主人翁精神能够被充分激发，在问题产生时主动补位，并在组织内流动起来，自觉自愿地为企业发展尽心尽力，企业管理即可事半功倍，这就是柔性管理的根本目的。

（二）相机而动

企业经营要在"先为不可胜"的基础上，学会在运动中进行战略转移，寻找"待敌之可胜"之机。当企业资源处于劣势，市场竞争白热化使行业利润下降，市场前景不佳时，采用防御型战略；当企业资源处于劣势，但市场环境机会看好时，采用巩固发展型战略；当企业有较强的资源优势，市场环境机会看好时，采用进攻扩张型战略；当企业有较强的资源优势，市场竞争白热化使行业利润下降，市场前景不佳时，采用竞争转移型战略。企业管理者好比军队的指挥官，他必须根据快速变化的战场情况来组织、部署兵力。静态的人员组织结构只适用于静态的市场环境，最优的人员组织结构应该是灵活的、动态的，是可以因市场变化而及时调节的。善于用兵打仗的人，会去努力发现、创造有利的态势和机会，并不对下属求全责备，而是依不同的形势去选用合适的人才，来把握和利用态势和机会。企业应能把握商场上的"势"，及时组织合适的人力，抓住商机，而不是消极地对员工求全责备。人员的组织结构只是手段，而非目的。它必须能因"势"的变化而变化，让合适的人才在合适的位置上，把握好机会，发挥出作用。

（三）项目运作

当新技术、新产品正快速进入市场时，公司必须组织不同的团队，以不同的"新项目组"的形式，来开发设计新产品、新服务和新的解决方案。所以，柔性组织往往是针对项目而运作的。理想的项目化企业，其组织结构应有三个特征：首先是"静态"的部门服务于"动态"的项目团队；其次是部门之间的界限如同虚设，员工可横跨这些界限工作而不受不必要的行政约束；最后是让所有中上层经理接受变革管理的培训，使整个管理层能充分理解组织结构从一种状态转变为另一种状态的过程。这样，绝大部分员工在项目上而非部门里工作，同时每个项目都有明确的范围、完成时间和所需资源。这与那种大部分人员都进行日常固定工作的企业有很大的不同。

孙子曰："夫兵形象水，水之行，避高而趋下。兵之形，避实而击虚。水因地而制流，兵因敌而制胜。故兵无常势，水无常形。能因敌变化而取胜者，谓之神。故五行无常胜，四时无常位，日有短长，月有死生。"企业组织的变革如同用兵一样，必须根据不同的外部环境确定适当的组织结构。

二、虚拟团队

（一）魅力十足

虚拟团队并非仅存于网络的虚拟世界中，它早就存在于真实企业中，通过互联网、电话、传真或视频来进行沟通、协调，甚至共同讨论、交换文件，以分工的方式完成事先拟定的工作，而不再有永远开不完的会议。虚拟团队最大的竞争优势就是低成本、高效率。低成本是指虚拟团队不需要额外的办公设备与空间，也没有加班费、退休金、遣散费的负担，同时还可以协助企业用较低的成本寻得更专业的人才。事实上，"虚拟团队"并非新概念，在信息时代其可以发挥得更淋漓尽致。在低成本之下，它可以创造出更多的商机与利润，并提高专业性与竞争力。不论是数十人的小公司还是成千上万人的大企业，虚拟团队的观念与策略其实都可以被充分地应用。善用虚拟团队资源整合的优势，自然可以发挥以一当十，以十当百的杠杆效应。

（二）形散神聚

虚拟团队的出现，对传统的组织形式和管理方法提出新的要求和变革。如何维护和管理虚拟团队，提高团队效率，日益受到关注。对这种无形的团队，只有靠有形的管理，才能做到"形散而神聚"。虚拟团队不一定依赖于一个看得见摸得着的办公场所而运作，但同时又是一个完整的团队，有其运行机制。

它的存在跨越了时间和空间的限制，团队成员来自各个分散的地区，因此没有成员之间相互接触时所具备的特征。虚拟团队利用最新的网络、移动电话、可视电话、微信等技术实现基本的沟通，在技术上的诱惑力是显而易见的，但在管理上稍有不慎，就会造成管理的失控。所以，虚拟团队管理是非常重要的，管理者必须能够整合团队资源，并清楚地让成员知道整个任务的重要性。除了拟定项目目标外，还能够营造出成员的向心力，凝聚深厚的合作默契。因此，称职的团队管理者必须协助沟通，让团队能够顺利完成任务。在虚拟团队的运作过程中，管理者除了要不断掌控进度外，也要预测各种情况，避免危机发生。所以，随时保持危机意识，提早洞悉潜在危机，并随时安排备用人选待命，加长工作截止期限的缓冲期，就是在管理虚拟团队时，避免失误的重要法则。

（三）信任维系

面对虚拟的成员，传统的命令和控制方式已不再有力，欲真正管理好虚拟团队，必须调整虚拟成员的定位，并在虚拟团队中建立起良好的信任氛围。这种信任并非一成不变的，而是随环境和成员的变化而改变的。虚拟团队的管理者很可能担心：一个看不见的团队，如何控制呢？问题的症结就在于这种提问的方式。对虚拟团队的管理，我们无法先入为主地导入"控制"的概念，而控制和命令是传统团队管理的两大法宝。虚拟团队管理的核心问题其实是信任的建立和维系。如果我们仍需使用控制这一方式，控制的对象应该是信任本身。因此虚拟团队的管理体系和管理思维都是围绕着信任而展开的。在信任的建立和维系上，基本的规则有四个。

①信而有情。授信给不应得到信任的人是一种失误。另外，在信息时代更常见的陷阱是企图在纯粹的数字化中建立信任。试想，当面对冷冰冰的机器，联系的对象都是数字化代码或单纯的电邮地址，怎么能给予对方信任呢？这可能是网络经济中的最大悖论：组织的虚拟程度越高，人们对人情味的需求就越强烈。

②信而有限。无限的信任既不现实，也不合理。组织对虚拟团队成员的信任其实是一种信心，即对成员能力的信心，以及对他们执行目标决心的信心。要做到这点，必须对组织重新建构，比如改变按照层级分派下达的方式，转而建立任务明确的工作单元。在这种情况下，可以最大限度地释放信任和自由，由此产生的利益将避免职能重复的弊病。

③信而有学。为实现最大程度的信任而建立的工作单元，如果不能跟上市场、客户和技术的变化，对整个组织将会造成巨大损失。因此，这些单元的员工就必须时刻紧跟变化的步伐，并形成一种不断学习的文化。这对组织的人力资源政策提出了挑战：一旦招聘的人员不具备这种经常性的学习心态，则无法实现及时的知识和能力更新，最终迫使组织收回信任。

④信而有约。对追寻商业目标的企业组织而言，信任不仅是一种主观的反应，其还应该和契约联系在一起。在给予独立业务单元信任的同时，必须保证该单元的目标和整个组织的目标一致，这就要求信任和契约相辅相成。在给予充分信任的同时，保证个体目标和整个团队目标的一致性，以契约的形式明确成员的权利、义务及违约责任等。

（四）角色转换

信任为虚拟团队的管理者带来另一个两难问题：员工角色。虽然员工得到了信任，但他会不会把信任寄托给一个他看不见的虚拟化组织？传统经济学中这一问题比较容易解决，员工是组织的人力资源，他们和组织间是一种合同制的关系，良好的薪金、开阔的职业发展路径、挑战性的工作都可成为他们工作的激励因素。在知识经济时代，员工所代表的无形资产在很多企业中已经远远超过有形资产的价值。作为高价值的无形资产代表者，他们可以轻易离开所处的团队，尤其是以信任而非控制为主导管理思想的虚拟团队。这一风险的存在往往会引发恶性循环：投资者为规避风险，急于尽快收回投资，不惜采取短期行为，而管理者迫于投资者的压力，施压于现有员工，这又会加速员工的离开。

消除虚拟团队中的恶性循环，最理想的方式是改变员工的角色定位，就是把他们从

"劳动者"的角色转换为"会员"角色。作为会员，他们需签订会员协议，享有相应权利并履行相应义务，更重要的是参与管理。例如，如果会员反对，俱乐部是不可以拍卖的。虚拟团队员工的会员化，道理完全一样。成为会员后，员工的归属对象就不再是某个"地方"，而是某个"社区"。这种情况下，对虚拟的社区他们也会产生归属感。"劳动者"转换成"会员"，虽然不等同于把所有权拱手让渡，但这一改变无疑会削减所有者的权力。因此，股东的角色也须相应地从"所有者"转换为"投资者"。他们追求回报，但同时又要承担风险。另外，他们也不能越过会员转卖公司，或是轻易向管理层发号施令。虚拟是无形的，而管理的转型却实实在在。不难预计，谁能顺利地实现这一转型，谁就能在知识经济的新一波发展中抢占先机。

三、企业虚拟化

（一）何谓虚拟

组织间和组织内各部分相互沟通、协调的方式是组织结构的重要内容，信息技术作为一种低成本的控制手段降低了交易成本，促使企业和外部企业组成一些各自独立的组织，为达成一定的目的而暂时组成某种同盟，或松散或相对紧密，由此可以克服单个企业在空间和时间上的局限性。这是一种能保持集中和分散活动协调统一的组织形式，企业之间的合作关系可以突破传统的、长期的、固定的模式，通过网络并应用现代信息技术进行分散的、互利的合作。这种发展的趋势就是组织的虚拟化。组织虚拟化后成员间的合作关系往往是在一个项目完成后即告解除，成员则根据自身的资源禀赋和市场机会重新组合，采用这种组织形式的企业即为虚拟企业。企业的虚拟化是通过组织内、组织间高度的网络化形成的。网络使企业把员工与员工、员工与客户直接联系在一起，减少了传统企业通过上下级构成的纵向和部门间的横向联系环节，使企业组织本身成为"空壳型组织"。

（二）虚拟化浪潮

目前在世界范围内，企业正在掀起一股虚拟化的浪潮，进行分散化、裁员、建立联盟以寻求技术与组织的创新。为什么虚拟企业的思想这么诱人？这是因为人们已经开始相信科层组织的弊端可为柔性组织所改善。实际上，虚拟企业是战略与结构的有机结合，它既是一种企业间的暂时组织形式，也是企业有效的竞争战略之一，或称战略联盟。不同的成员企业通过组建虚拟企业，可以各自发挥竞争优势，共同开发一种或几种产品，最终把共同开发的产品迅速推入市场。成员公司共同分担所有的成本费用，并分享先进技术。虚拟企业与传统的企业组织形式相比较，明显具有松散性、灵活性、生命力强等特点，而且虚拟企业的联盟，突出的是技术联盟。但企业间要结成技术联盟，必须具备一定的条件，即企业需要有核心技术、企业优势具有互补性、要有一个果断高效的决策机构。

不难看出，以虚拟企业作为目标组织模式的企业组织创新的本质有两个方面。一方面是通过市场机制来激励企业的创新行为和实现对环境变化的快速响应。虚拟企业利用市场来协调它们的大部分经营活动，可以迅速完成开发、制造、市场化和服务等一系列环节，而这是以往的传统企业难以做到的。另一方面则是借助外部环境中的组织资本来实现自身组织资本的增值。虚拟企业可以充分利用外部的人力资源和组织资源，实现资本的快速增值。不要幻想本行业的精英都在本公司工作，要利用外部资源，最好的方式就是将企业虚拟化。正是这两方面的优势，使得虚拟企业成为许多企业组织创新的理想目标模式。

（三）虚拟化需慎行

从企业核心能力成长、组织学习和知识管理的角度看，虚拟企业的激励和效率优势同时也是其弱点。激励增加的同时风险会增大，而且随时间的推移和范围的扩大，通过市场调节所得到的效率也会越来越低，更重要的是，导向那种过分依赖虚拟企业的组织创新，或会严重损害企业固有的组织学习机制和知识共享机制，从而影响企业核心能力的培育和成长。因为，在企业努力寻求市场关系代替原有的组织关系以增加组织的柔性和灵活性的同时，极容易失去另一种柔性和灵活性，即来自组织视野的认同和组织学习的柔性与灵活性。企业外部环境的变化总是通过各种途径显示出来的，而且这种变化更多的是通过企业的文化子系统或隐含的学习过程表现出来，并且会在整个企业系统内进行传递。如果过分关注于虚拟化而不注意企业核心能力的完整性，将使与核心能力有关的辅助或次要功能市场化，那么，以文化为纽带的次级子系统和非正规调节子系统就会失去或难以发挥其应有的作用，造成创新过程中学习循环的中断，严重影响组织知识的有效积累。这种情况的出现，是因为在相当程度上忽略了企业组织创新的隐过程。因为，即使将结构与战略联系在一起，从战略联盟的角度来考虑虚拟企业的创新过程，往往也仅是从操作子系统和正规调节子系统出发，侧重于产品和技术战略进行有关导向虚拟企业的结构调整，而没有从与文化子系统乃至组织视野相结合的角度，来全面考察战略、结构与文化的创新过程和孕育其中的学习过程、知识管理过程，以及它们与企业核心能力之间的关系。应根据虚拟企业主要是一种以技术为核心的战略联盟的特点，有针对性地分析组织通过虚拟企业进行的技术创新类型和企业学习机制特点，进而决定企业的虚拟程度。

（四）何时虚拟

企业虚拟经营不是为了赶时髦，更不是为了虚拟而虚拟。当企业发展到一定阶段，成长到一定时期，就有必要虚拟。善于选择虚拟经营的时机，是摆在企业面前的一个重要课题。那么，到底什么时候选择虚拟经营呢？

①亏损严重。企业所从事的业务出现较为严重的亏损是企业需要考虑虚拟经营的首要信号。企业发生大的亏损，表明企业运营成本过高，此时企业就不宜固守成规，而应该大胆地尝试虚拟经营，以降低成本，提高收益。

②战略调整。企业的经营战略有重大调整也是企业考虑虚拟的重要信号。

譬如，企业认为没有必要把太多人力、物力投放在生产环节，或希望在新技术的研究和开发上做更大的投入，争取在将来的竞争中抢占有利地位。未来的经营中，虚拟经营将会在配合企业重大战略决策中发挥越来越大的作用。

③竞争激烈。随着世界经贸格局的进一步形成，市场竞争空前激烈，以国外品牌和中国诸多新创品牌为代表的众多厂家、商家加入竞争的行列，使竞争从激烈走向残酷。企业要安然自保，就须"大隐隐于市"，通过虚拟经营来应对过于激烈的市场竞争。

（五）何以虚拟

在正确地选择虚拟经营的时机之后，就要解决如何虚拟的问题，即企业到底哪些部分是应该虚拟的。对不同的企业而言，答案是不一样的。在对虚拟环节进行决策时，应着重把握好三个原则。

①标准化原则。所谓标准化原则，是指虚拟的环节是标准化处理的，已经有了统一的技术、性能要求，而且，达到这一要求的工艺、技术也已经是众所周知的，一般的企业都能生产达到要求的产品。也就是说，企业与市场共享的那部分或环节不宜包含特别的技术诀窍。如果企业经营的某个环节或产品的某个部件能够符合上述要求，就可以考虑虚拟经营。

②强化竞争优势原则。企业要通过虚拟经营，加强自身的竞争优势，使有限的人力、物力、财力投入最能提升竞争力的领域。"有所不为，才能有所为。"虚拟的目的就在于，做价值链上含金量最高的部分，只要虚拟经营对提升竞争力是有益的，就可以去做。

③规模经济效益和灵活性原则。虚拟经营要能给企业带来规模经济的好处和增加企业的灵活性，如果虚拟经营不够经济或在产品质量、技术要求等方面受制于人，降低了企业的灵活性，就不宜实行虚拟经营。换句话说，虚拟经营要能使业务获得更好的规模经济效益及更大的灵活性，才有利于巩固保持企业在市场中的领先地位。

（六）何处虚拟

怎样虚拟，虚拟到什么程度，对成功达到虚拟经营的目标都是十分关键的。虚拟经营绝不是越"虚"越好。

①品牌不能"虚"。品牌是企业在市场中赖以生存的标志，是企业标识自身及其产品的标签，所以它是企业避免同质化竞争的最后一道屏障，是企业最有价值的资产。企业在虚拟经营中，如果连品牌都虚拟了，将是十分危险和得不偿失的。

②核心专长不能"虚"。通过虚拟经营，将集中力量进行企业所专注的技术研发、产品设计、品牌推广和市场营销业务，生产和供应可能就会交由市场去负责。这样做的目的，是将含金量最小的一部分，如生产环节虚拟出去，而含金量最大的研发仍由企业控制。这就需要企业认清其价值链。虚拟是建立在对自身价值的清醒认识和准确把握的基础上的。核心价值环节留在公司内，其目的就是要做价值链上企业最擅长的部分。如果将核心价值环节虚拟经营，企业无疑将丧失核心竞争力。

③虚拟经营应该"虚""实"结合。企业在选择进行虚拟经营时，最好与"实"体互为补充，互相依托，发挥"虚"与"实"的综合优势。例如，许多全"虚"的电子商务网站连年亏损就是很好的反面教材。因此，虚拟经营要高度重视"虚"与"实"的结合问题。

四、推陈出新

（一）扁平

研究知识管理的学者预言：基于知识创新的组织结构将趋于扁平化发展。德鲁克认为"信息型组织的结构将更加扁平，看起来就像一个世纪以前的企业，与现代的大企业相去甚远。""在美国、欧洲和日本，高度创新的组织有着较为扁平的结构，较小的经营部门、较小的项目团队。"

所谓"扁平"，即意味着组织的中间管理层较少。这一结构特征是与其他结构特征相关联的：一个组织若规模庞大，它所需要的中间管理层必然较多。为了适应变化及保有灵活性，组织一般应尽力保持较小的规模。除了这种关联性原因之外，组织呈现扁平外观还有更深层的原因：扁平结构减少了决策与行动之间的时间延迟，加快了对动态、变化的反应，从而使组织的能力变得柔性化、反应更加灵敏。减少层次和压缩规模源于降低成本的需要，当然也反映了信息和通信技术对管理的冲击。中层管理的作用是监督他人，以及采集、分析、评价和传播组织上下与各层次的信息。但是，它的功能正随着电子邮件、声音邮件、大数据等技术的不断发展而减弱。而减少层次的潜在效应，即加快个人与小组对竞争与市场变化、更大跨度的管理幅度、增加的工作量和更广泛任务要求的反应。

（二）反转

组织结构的另一新趋势是"反转"。"扁平"是指组织的外观，而"反转"是指管理者与被管理者之间的内在逻辑关系。这在很大程度上是由知识型组织资源要素的特征及其工作方式决定的。知识型组织的个体是专业人士，决定组织行动的许多信息不是来自管理者，而是来自基层的专业人员。德鲁克对此做了分析：在一个世纪以前，知识都掌握在企业领导手中，其他人只不过是充分帮助和劳动，按照指令行事，做着重复性劳动。在信息型组织中，知识却主要体现在基层，体现在专家的脑海里。这些专家在基层从事不同的工作，自主管理，自主决策。这样，在知识型组织中，管理的职能发生了改变。"管理就是服务"成为必然，组织管理的角色是提供服务，而非发号施令，是清除障碍、开发资源、提供咨询、支持和帮助建立新的文化等。"反转"正是指知识型组织结构中管理与管理对象的这种内在逻辑关系与传统组织的倒置。

（三）橄榄型

为引导创新，企业的研发、生产和营销职能的比例结构须进行合理的设计。从整体上说，就是从橄榄型到哑铃型的转变。橄榄型组织结构是"两头小、中间大"，哑铃型则是"两头大、中间小"。橄榄型结构普遍存在于传统企业里，具体表现为技术开发能力小，营销能力小，而制造能力却很大（尽管其产品可能不是适销对路的）。有限的资金和人力，主要被用来购买设备、建厂房、招工人，以提高制造加工能力，但这种结构的经济效益比较低，因为产品加工环节投入多而附加值小。

（四）哑铃型

哑铃型的组织方式则将重点置于市场与研发。组织的构成单位从职能部门转化成以任务为导向、充分发挥个人能动性和多方面才能的过程小组，职能性工作外包使企业的所有目标都直接或间接地通过团队来完成。企业可以随时把握战略调整和产品方向转移，进行内部和外部团队重组，以战略为中心建立网络组织，通盘考虑顾客满意和自身竞争力的需要，不断进行动态演化，以对环境变化做出快速响应。这样的结构可以使企业把更多精力放在研发、供应链和客户关系管理上去，使内部变得简洁、高效，其两端具有很大的向外扩张的能力，组织的边界就不断被扩大。在建立起组织要素与外部环境要素互动关系的基础上，向顾客提供优质的产品或服务。为了保证技术持续领先，企业可以硬性规定从每年的收入中提取一定比例用于技术开发以研制换代产品。这种做法可以集中人力物力，取得重点突破。因而，哑铃型较橄榄型结构更易催生企业创新。

（五）超越矩阵

矩阵结构又称"规划－目标"组织结构，它是在直线制结构的基础上，再加上一种横向的管理系统，将按职能划分的管理部门与项目小组结合起来，使同一小组的成员既与原来的职能部门保持组织和业务上的垂直联系，又与项目小组保持横向联系，形成管理矩阵。矩阵结构克服了传统组织中各个职能部门间相互脱节的现象，一定程度上促进了组织内部信息的交流和传递。

但是，对于需要更通畅的信息交流及更灵活机动的知识型组织，矩阵结构依然存在缺陷。知识型组织未必需要一个正式的矩阵结构达到信息沟通的目的，正如德鲁克所言："未来信息型组织肯定要超越矩阵形式，而且有一点很清楚：它需要高度的自律，并更多地强调个人在人际关系和沟通交流中的责任。"超越矩阵的结构依据鼓励创新的原则而设计，它的特征可以概括为，松散的边界、跨部门的通路、灵活的任务分配、开放的信息系统和使用多学科的项目团队。

许多知识管理专家认识到，组建小规模的项目小组或许是实现超越矩阵的途径之一。这种项目小组根据解决特定技术问题的需要进行组建。小组的规模和要素配置都因需而定，任务结束可以自动解散。小组成员间的关系，不同于工业组织中直线制的"等级－命令"关系，也不同于矩阵结构。它在组织图中通过多条虚线或实线来表示。小组成员之间是平等的关系，组织良性运转所依赖的是一种基于科学评价的技术权威分层体系，成员对权威的服从是自愿的，而组织中技术权威"经常是以师傅对待晚辈，对待缺乏经验的学徒的姿态出现"。知识管理大师詹姆斯·布赖恩·奎恩用"蛛网"来贴切地形容这种超越矩阵的形式。

（六）非正式组织结构

此处要讨论的是无形组织对知识型组织结构的影响。非正式组织存在于正式的组织中，著名的霍桑实验引起研究人员注意的即是该组织中的非正式组织。巴纳德在《经理人员的职能》一书中，将组织正式区分为正式组织和非正式组织两种，最早从理论上概括了非正式组织的概念：非正式组织是指在工作中联系起来的人群，但这些联合体并没有被正式组织的蓝图明确指定，所以它意味着在工作环境中的自然分组。

科学社会学的研究表明存在着两种主要的非正式科学技术组织形式：一种是由一些具有共同学术思想的科学家组成的，另一种则是由被称为"无形学院"的科技非正式组织组成的。后者在其运作过程中形成了一种特殊的分层结构，

它是基于组织成员所获得的"承认"的不同而形成的等级体系，这种"承认"主要是根据科学家成果的质量和数量，即由他对科学共同体所做的科学技术上的贡献而获得的。由"承认"不同而形成的等级体系，不同于由权力和财产不同而形成的等级体系，它在本质上是一种权威结构。权威的行使和对权威的信仰、服从，完全是建立在双方自愿的基础之上的。这种自发形成的等级体系结构在许多方面都适合科学技术活动的需要，它理应引起对正式科技组织进行设计的重视。

①可以将这种无形的结构体系外化为正式科技组织的有形结构。譬如，正式科技组织的正式结构的领导中心数量与相对地位、等级层次的多少与幅度等都可以根据在一定程度上对非正式组织结构模拟得出。

②可以直接利用这种无形的组织结构力量。如果能清楚地意识到这种无形组织的力量发生作用的条件和效果，那么在正式组织的某些范围内，就可以有意识地直接利用。从外观上看，科技组织就是无结构的，它依靠无形结构来运转。当然，在何种程度上能够利用无形的组织结构力量，既依赖于对这种力量的全方位认识，也依赖于正式组织的具体情况。

③如果认识到科技组织中无形组织的作用，就能更好地认识到正式的科技组织力量的范围。进行正式组织结构设计时，就须思考，应该怎样使正式组织结构适应于非正式组织。组织需要协调相关资源并完成组织目标，除了正式组织内部成员之间的有效联系，成员与组织外无形组织的联系也是必需的。这种联系的广泛存在就意味着正式组织边界的模糊和内部正式结构的松散。

第三节　组织结构网络

一、以员工为节点

在高效创新的组织之内，员工的关系须重新定义。要强调每位员工在贡献智慧方面的作用，层层命令、控制的关系必须改变。组织绩效的提升，重要的是员工观念的更新、智力的激发与知识的不断学习积累，即采用恰当的组织关系把员工的智慧综合发挥到极致。管理者与员工之间不仅仅是等级链条中的上下级关系，每位员工都应该是一个资源中心，类似于网络中的节点，可以和其他节点自由地交流。

（一）客观的要求

员工是资源，企业要通过他们延伸触角，与社会建立绵密的关系网。同一企业的员工间应是战友与合作者的关系，某些企业士气低落的原因在于管理者割裂地看待员工、产品与市场，未能让员工真正参与其中并与企业共同成长。以员工为节点，则可将企业指数级的发展从梦想拉到现实。

1. 默会性的要求

知识的可交流性实际上决定了组织采用何种结构。首先，知识可交流性的程度越高，中间的治理结构就越倾向于松散型，反之则紧密。如果无法交流，知识完全是默会的，治理结构就是一体化的组织。其次，当知识的默会性和专用性增强时，默会性的特点决定了它不能一次就被传递，这就要求交易双方必须重复多次交易并且双方愿意努力互相合作而不加保留。专用性的特点决定了合作双方的联系紧密，双方合作满意能带来协同效应、系统效应。反之则双方的价值都会有较大的折损。总之，知识的默会性和专用性增强时要求组织能提供更好的合作环境，使员工乐于交流信息。这时，或许只有网络这种功能强大的结构模式，才能更容易地使知识有效地传递和交流。同时，默会性和专用性的要求也意味着网络对有形个体依赖的重要性。可见，网络的节点势必为员工。

2. 价值链的要求

企业的任务是不断创造价值。企业创造价值的过程，是由一系列互不相同但又相互联系的增值活动组成的，它包括研究开发、设计试制、原材料与设备采购、产品生产、运输、仓储、营销、服务等环节，这些环节形成一个完整的链状网络结构，即价值链。在知识经济时代，企业价值链其实就是一条知识链。传统观念认为，人只是填充固定工作岗位的可替换工人；而新的管理理念则把人看作具有独特竞争力的知识节点。只有激活每一个节点，只有善于开发员工的智慧与潜力，企业核心能力才能持续提升。从管理角度看，企业应首先把员工意识与企业的管理哲学、管理行为联系起来，建立一种从员工角度出发的网络管理体系，把握知识创新的机会，提供激化知识创新的氛围。即在个体层面上保证企业平稳运行的同时，不断接近创新。

3. 人性管理的要求

现代社会中，企业是由若干个体组成的有机统一体，这些单个的分子对企业的发展会产生或多或少的影响。企业可以从深层次上来调动员工积极性，提升其素质，发挥其创造潜能。这种积极性的调动不是依靠单纯的物质刺激来完成的，而是在对精神需要和物质需要双重满足的情况下借助制度建设和机制安排来完成的。受到普遍推崇的人性管理方法突出重视人存在的观点，包括重视人的参与、学习等方面的要求，其实质就是把员工看作高于利润的重要存在。以重视员工的存在为中心，去安排企业管理。员工只有不断被证明是存在的，才会产生接受组织目标和理念的义务感。而员工存在又应当如何得到公平与最大价值的体现？恐怕答案还是在建构个体节点的网络之上。

4. 有机企业的要求

企业不是无生命的生产经营工具，而是一种虚拟的生命活动；它不仅是一个社会组织机构，还是带有自然属性的有机生命现象。当企业试图由上而下地强制贯彻适应性变革计划时，效果往往欠佳。而在有机企业中，适应性变革源自企业全体成员求生存的本能，根植于企业管理层与员工之间相互信任、相互扶持的有机契合。在这种企业氛围中，员工受到鼓励去承担责任。毕竟他们才是最经常与客户见面并交流的人，与供应商并肩共事的人，以及亲手生产出公司产品的人。当然，也只有他们才是最清楚企业问题所在的人。所以，只有他们真正地行动起来，"推行变革以适应环境"方可真正落地。这种以员工为节点搭建起来的有机企业能够顺应市场发展的趋势，快速处理信息，领会其中隐含的危险或者机遇，并及时采取恰当的行动，从而在新的动态竞争环境下持续创造优势。

（二）企业的选择

如果把企业间的互动视作以企业为节点，那么它的运作就是按部就班的，或是中规中矩的，也完全有可能是循规蹈矩的。官僚机构时代要求员工公私分明，八小时内外分明的做法事实上压抑了员工的激情与创意，也限制与束缚了企业的进步与发展。如果把视角切换为以员工为节点的互动，企业就会惊喜地发现诸多市场与创新机会。如是行之，结合股权等激励举措，企业就会愈发感受到员工才是企业最宝贵的财富。

1. 制造型企业

制造型企业所需要的是一个包括顾客在内的开放系统：能够及时收集和处理市场信息的系统；需要建立客户服务部和快速反应部队，按照客户需求进行开发与生产；需要制定一个涵盖顾客的经营战略，而不是让有限的相关人员闭门造车。如何探测产品的市场效果，客户的意见和信息如何被快速反应，答案是功能强大的员工网络。

2. 销售型企业

员工是企业与市场联结的节点，人力资源工作的核心是绩效，人力资源之于企业几乎就意味着工作绩效。"抓大不放小，拓展客户群"是许多企业的市场策略。在倾力争取大客户的同时，公司深知其利润由众多节点构成，所有客户都要经历成长期和培育期。如果可以发动员工参与到这些节点中去，并以他们为节点施以激励、控制，企业将以线性的投资换取指数级的回报。以订单方式链接为数众多的节点，构造覆盖企业、员工和客户的利益共同体，同时可在中短期内达到规模扩张的目的，并以此为稳定的资金来源，更新改造设备，创新技术工艺，实现企业增效和员工增收的双赢。通过员工招商引资，特别是针对货量少的客户提供服务，不仅可以降低企业成本，更能赢得客户，使长期、稳定的小客户连年增多。

3. 服务型企业

服务型企业须保证高水平的服务质量，在多数情况下，这意味着权力分散，管理层次减少，管理方式灵活。在多样化、复杂化、个性化的顾客需求的强力驱动下，市场上企业间的竞争日趋激烈，每个竞争者都努力抓住转瞬即逝的市场机会。在如此快速多变而又充满不确定性的市场中，组织结构面临的挑战是使其保持弹性与自适应性，从而把握市场中多变的商机。当企业关注的重心聚焦到客户的完整体验时，组织结构才能说是成功的。这意味着，公司要能够提供优秀的信息系统，使客户能够从单个接触点上获取完整的信息。这还意味着，公司要甄选出能够反映客户满意度的绩效考核标准，并把激励措施与这些标准挂钩。可见，企业成败始终离不开员工这个节点。

二、企业集群

企业的创新资源在一定程度上会受到时间和地域等因素的限制，表现出动态性、变化性和有限性，所以仅依靠企业自身有限的资源来开拓创新，难免会遭遇弹尽粮绝的尴尬境地。企业集群是指在某一特定领域中大量联系密切的企业和相关支撑机构在空间上的集聚，并形成强劲、持续竞争优势的现象。企业集群的生成源于同类型企业的选址决定。虽然个人的行为是有意识和有目的的，但是大量的例证表明人类行为认知具有局限性，对认知和信息收集过程具有重大影响力的社会因素决定了新企业的形成或选址。

（一）行为生态学特征

企业集群具有类似于生物种群的若干行为特征，主要表现在四个方面。

1. 互惠共生

在生物群落中，互惠共生是指两物种相互有利的共居关系，彼此之间有直接的营养物质的交流，相互依赖、相互依存、双方获利。在企业集群中互惠共生的各方尽管分离后能够独立生存，但如能在某种方式下紧密结合，通过功能互补，可以创造更广阔的生存发展空间。知识包括技术、信息、经验等，这些知识一旦被创造出来，拥有的人越多则扩散的速度越快，为企业带来的外部性就越大。企业技术学习能力和创新能力的提升，并不只是企业个体的行为，而通常是在本地企业集体所构成的创新网络环境中，通过生产联系而得以实现的。从经济学的角度来看，企业集群可以带来外部经济，包括外部规模经济和外部范围经济。不同企业分享公共设施和专业技术劳动力资源，可以大幅节约生产成本，优化企业之间的分工和生产灵活性。从社会学的角度看，企业相互靠近，可以在长期交往中，逐渐建立起人与人之间的信任关系和保障。这种信任关系的社会制度和安排，会为企业积累社会资本，降低交易费用。特定产业的空间集聚有助于加强企业的本地化联系，获得研究开发、人才、信息等方面的外部经济和集体效率，帮助企业从低价竞争的陷阱中走出来，进入创新的轨道。

集群的发展有利于吸引更多的企业加入，促进新企业的建立，从而形成更大规模的集群。一方面，良好的创新氛围、激烈的竞争环境以及完善的配套体系，使集群在吸引新企业进入时具有竞争优势；另一方面，地理集中性和良好的外部环境，不仅鼓励产业新丁的出现，也有利于现有企业的增长和规模的扩张。在集群形成后，不仅使吸引来的工厂根植于本地，还使很多新创企业在本地繁殖成长。集群规模的不断扩大，使集群企业的整体发展速度远远超过孤立的企业。集群内新业务的形成与共享使规模经济成为集群发展的主要动力。一个扩展的集群可以增强所有上述利益竞争性资源的总量，这将使集群内的所有成员受益。其结果是，相对于其他地区的对手而言，集群内的企业发展得更快更好。

2. 协同竞争

在生物群落中，有机体既竞争又协作，从而促进相互依赖和协调。同一种群的不同个体之间为争夺有限的资源进行竞争，而在抵御外敌时又采取协作行为，最终促进了生物群落的平衡发展。集群中的企业是以专业化分工与协作为基础的，类似于一个生态系统，集群是一个有机的、相互作用、相互依存的社会。正如生物种群一样，竞争在企业群落中普遍存在，使得企业个体始终保持足够的动力以及高度的警觉和灵敏性，在竞争中发展壮大。企业彼此在地理空间上的接近使它们更加熟知对手的情况，由于企业间竞争的加剧，后入企业更容易模仿先入者，而先入企业为保持竞争优势会更努力创新。尤其当一个强有力的新竞争者出现时，模仿效应会使新竞争者的新思想迅速产生前向、后向、侧向的联系，集群企业可以因那些先进企业的竞争而提升其竞争力和创新力。

企业集群虽然加剧了竞争，但这种竞争并不排斥企业间的合作。竞争对手为赢得和保留客户要进行激烈的竞争。如果没有激烈的竞争，集群就会走向失败。竞争迫使各企业不断降低成本，改进产品与服务，追赶技术变革的浪潮。企业群居一地，竞争对手毗邻而居，企业永远不能满足，必须不断进取。竞争的结果由零和博弈转为正和博弈，竞争者为了不断地从对手那里得到信息和激励，不断地改进管理，以更加有效的方式组织生产，不断地发现新的市场机会。竞争并不仅仅表现为市场的争夺，更多地则表现为追求卓越的压力。在不断的技术创新过程中，难言一家企业独立完成一件产品的研究与开发。同时，企业要应付复杂多变的外部环境，也必须与其他企业结成网络，共同解决问题。与竞争的同行交流合作，共同分享本行业的知识与信息，这不仅是可能的，也是必需的。竞争对手不是敌人，而是伙伴。因此，协同竞争是集群企业创新的显著特点。竞争的结果是，各个企业不断创新，集聚的企业比其他单打独斗的企业更具有竞争优势，更容易进入行业的前沿地带，同时使整个集群的竞争能力得以提升。

3. 领域共占

在生物群落中，动物为了个体和群落发展的需要，通过领域共占，共享食物、信息来提高抵御外敌和延续自身的能力。创新资源主要包括人才、资金和技术等，创新资源越容易获取，创新越有优势。在创新过程中，创新资源不足是制约企业创新的关键因素。众多相互关联的企业聚集在一起形成集群，进行集群式创新，可以实现创新的资源共享、优势互补，克服单个企业创新资源不足的缺陷。知识的溢出效应使得企业更容易获得相关技术。创新资源的便利可大大降低企业成本，提高其竞争力。集群内的个体可以利用共同的交通、实验基地等基础设施，分享共同的信息资源，拥有共同的专业人才市场，共同吸引风险基金，相互利用对方的创新特长，互为创新成果的传播者和使用者。

集群使得衡量和比较公司业绩更为便捷。因为集群企业是在相同的环境下经营，如劳动力成本和当地市场渠道一样，同时它们还从事相似的经营活动。集群企业都非常熟悉其供货商的生产成本。管理者也可在成本和员工表现方面与其他企业进行比较。企业集群形成过程的实质是一个网络外部化的过程，只不过这里的网络外部化不是体现在产品需求上，而是体现在企业的区位决策上。集群发展是组织间相互依赖、相互促进的一种企业成长模式，是企业受利益驱动的创业和市场化的成长过程。从这一视角出发，可以更深入地理解企业集群的实质和发展问题。当大量的企业进入特定行业而形成区域的企业集聚时，其区域规模经济效应将吸引更多的专业人才、技术和资金的进入，由此进一步强化企业集群，优化其共生领域。

4. 结网群居

在生物群落中，有机体或生物种群以亲缘关系、互惠关系为基础，聚集于某一地理区域内，在适当的环境中结网群居。企业集群实际上是以产业关联为基础，以地理靠近为特征，以设施配套、机构完善为支撑，以文化融合为纽带的区域创新网络。集群内广泛积累了市场、技术和竞争的信息，集群成员优先获取这些信息。另外，个人关系和社会联结能培育信任，促进信息的传递。所有上述条件都有利于信息的传播。在有活力的集群内，公司可以充分利用现有的各种专业化、有经验的员工，从而降低其在招聘过程中的搜索成本和交易成本。因为每一个集群都意味着机会的存在，能减少重新安置员工的风险。

一个发展状况良好的集群即一个深层次、专业化的供应商基地。企业就地取材而不是从遥远的供应商那里获取资源，可以降低交易成本，这有助于降低存贷款需求，减少进货成本以及避免生产延误，而且其本地声誉可以起到重要作用，有助于降低供应商抬高价格或违约的风险。地理位置的相近性有利于改善通信联络，有利于供应商提供辅助性服务。因此，如果其他条件相同，就地采购比从远处采购更为方便快捷，即使某些投入要素需从远地获取，集群也仍然可以提供某些优势。那些致力于抢占一个广阔而又集中的市场的供应商，将会使其定价更具竞争性，因为他们知道，其做法能够实现营销和服务的高效率。每个集群总是在持续不断地提高其在某个地区特定领域的声誉，这一行为使得买者转向卖者聚居地的可能性更大。此外，集群成员还能从大量的联合营销机制中获益，如商品交易会、贸易杂志以及营销代表团等。互补性使客户倾向于购买集群的产品，因为他们有众多的供应商可供选择。

（二）集群与创新

集群化实际上是在催生一种新的创新模式集群式创新。从概念上来看，它是指以专业化分工和协作为基础的同一产业或相关产业的企业，通过地理位置上的集中或靠近，产生创新聚集效应，从而获得创新优势的一种创新型组织形式。借助这种组织形式，集群内的企业既可以发挥自身的创新活力，又可以弥补单个企业创新资源不足的缺陷，因此，集群式创新是企业进行技术创新的一种有效组织模式，而其影响主要体现在三个方面。

1. 提供氛围

知识是非常难以标准化的，特别是大量的隐性知识，只能通过非正式的、偶然的、面对面的，以及口头的方式交流和传播。这类知识的扩散成本较高，很难借助市场机制进行交换，需依靠非正式交流来进行。而且隐性知识的交换不是一次性市场的交易行为，它必须以相互信任为基础，建立在长期合作关系的基础上。隐性知识的重要性和传播与交流的困难使得创新活动在新时期面临新的困难。产业集群恰恰通过为隐性知识提供交换机制而解决了这一难题。产业集群内部企业地缘上的接近，以及集群内部形成的共有的亚文化，为隐性知识的获得和传播提供了极大的便利。在集群内部，企业之间相互信任，存在长期合作关系，各种非正式的、偶然的、面对面的，以及口头的交流方式是常见的。竞争对手乐于提供必要的帮助，并相信这种行为在未来会得到回报，这种交流方式使得在区域内聚集的企业和机构在创新方面可以获取独有的优势。此外，生产企业、供应商、用户在地缘上的聚集缩短了反馈回路。由于知识活动的外溢效应，地缘上的接近使得相互竞争的企业或者具有互补性生产活动的企业可以彼此受益。随着时间推移，知识不断积累，技能在人员之间传递，集群内部的知识和技能逐渐成为集群内的公共知识。当管理者和具有专门技能的劳动力在区域内流动时，可以促进知识和技术的扩散。从整体来看，集群内部的共生机制为创新活动提供了一种其他组织模式难以获得的动力来源和传播途径，可以提高集群内组织获得创新资源即隐性知识的能力，从而极大地促进了创新活动的发展。

与传统市场相比，集群内的信息分布更广泛、更密集，多个参与者都进行创新，并通过信息的对接和企业间的互补依赖，形成知识传播的有利机制。集群是培育企业学习与创新能力的温床。创新是个体和群体共同参与的演化过程，它一方面是特定部门、特定技术的个体活动，另一方面也是一种集体行动，不同部门、企业之间的互动学习在其中起着重要的作用。企业创新所需要的知识部分来自企业内部，更多的新知识来自企业外部。集群内不仅存在大量有创新压力的企业和研究机构，而且拥有稳定的促进学习、交流和进步的共生机制。因此，集群为企业创新活动提供了合作平台，也为其提供了个体和群体两方面的优势。与单个企业不同，集群创新能力的大小不仅取决于某个创新个体，同时也取决于产业集群的结构和共生机制，取决于集群内部组织间知识的生产与分配，取决于对基础知识的依赖和利用程度，更取决于完成创新并产生经济价值的整个系统。

2. 促进扩散

集群与知识技术扩散之间存在着相互促进的增强关系。集群内由于空间接近性和共同的产业文化背景，不仅可以加强显性知识的传播与扩散，而且更重要的是可以加强隐性知识的传播与扩散，并通过隐性知识的快速流动进一步促进显性知识的流动与扩散。集群内由于同类企业较多，竞争压力激励企业的技术创新，也迫使员工相互攀比，不断学习。企业拥有更多现场参观、面对面交流的机会。这种学习、竞争的环境可以促进企业创新。集群内领先的企业会主导产业技术发展方向，一旦某项核心技术获得创新性突破，集群内企业很快会协同创新，相互支持，共同参与这种网络化的创新模式。事实证明，集群内知识和技术的扩散要明显快于非集群企业。

集群内部的压力包括竞争性的压力、同行之间的压力、持续不断的比较压力。企业间相互竞争就是为了彰显卓越。集群之所以持续创新，正是由此所致。企业彼此接近，竞争的隐性压力迫使其不断进行技术创新和组织管理创新。由于存在着竞争压力和挑战，集群内企业需要在产品设计、开发、包装、技术和管理等方面，不断进行创新和改进。一家企业的知识创新很容易外溢到其他企业，因为这些企业通过实地参观访问和经常性的面对面交流，能够较快地学习到新的知识和技术。在集群中，由于地理接近，企业间密切合作，可以面对面打交道，这样将有利于各种新思想、新观念、新技术和新知识的传播，由此，企业能够获取学习信息，增强了其研究和创新能力。企业有共同利益基础（目标是实现长期共同发展），因而有利于营造一种创新的气氛。

3. 降低成本

由于地理位置接近，相互之间可以进行频繁的交流，这为企业提供了较多的学习机会，尤其是隐性知识的交流，更能激发新思维、新方法的产生。学习曲线的存在使集群内企业学习新技术变得容易且成本低。同时，建立在相互信任基础上的竞争合作机制，有助于加强企业间的技术创新合作，从而降低新产品开发和技术创新的成本。

集群化对企业创新的影响同时表现在需求与供给两个方面。从需求方面看，集群化可以促使企业在相关产业领域内培养市场优势，从而形成一定的规模效应，既可以吸引供应商，也可以吸引用户。当供应商为某些企业提供创新信息或技术时，同样也可以为集群内其他企业服务。由于一个发展完善的集群包括一些相关产业，这些相关产业通常能吸引相同或极其相似的要素投入，因此，供应商拥有扩张的机会。哪怕企业创新失败，退出的风险也相对较低。对用户而言，集群内大量同类企业的聚集，降低了用户的市场搜索成本，为用户与企业建立长期合作关系提供了条件，用户的聚集反过来又能成为主要的信息来源。从供给方面看，在同一地区聚集一群从事相同生产活动的企业，可以促进专业化分工的深化，专业化分工有利于在某一专门领域内建立较强的能力，培育知识基础。集群常常会成为创新过程所需的产业独特技能或能力的聚集地。创新费用和压力可以分散到集群的各个组织中去。

三、网络技术

随着信息网络技术的不断发展，网络化、信息化已然成为时代趋势。企业的经营活动日益依赖互联网，网络技术成为企业竞争的利器和企业经营不可缺少的工具。可以说，对网络化机会的把握，将最终决定企业的命运。著名科学家王选教授曾深刻指出："谁错过了互联网，谁将犯历史性错误。"网络化管理提升了管理的技术含量，使其更为廉价、高效，突显其巨大的优势。可以说，网络技术的发展既为人力资源网络化管理创造了良好的条件，又使人力资源的网络化管理成为必然。

（一）信息技术让"组织网络"名副其实

网络信息技术使组织内甚至不同企业间可共享信息，这进一步促使组织结构演进为网络组织。在网络组织中，关键活动由总部负责，其他功能则外包给个人或其他独立的公司，通过网络保持及时的沟通。信息技术作为一种便利的低成本沟通手段，使得部门间横向联系协作不再受空间距离的束缚，促使组织向横向组织变迁，使网络组织成为公司低成本扩张的工具。组织网络化描述的就是这种新型企业间的组织关系。组织网络化是以某一企业为核心，由相关企业联合而成的一种企业组织网络，网络中的其他企业可看作核心企业组织边界的扩展。由于计算机与互联网在管理中的应用，组织的信息收集、整理、传递和控制手段趋于电子化、无纸化，一线员工可以轻易地通过电子邮件直接与高层管理者沟通。

（二）一"网"就灵

现代企业管理必须面对复杂繁重的日常事务，如快速变化的组织结构、纷乱庞杂的资源信息、急剧膨胀的管理空间等，管理部门要想适应企业发展，发挥自身作用，从容应对挑战就必须转变原有工作职能和作用，从事务性工作中解脱出来，转向能为企业创造更多价值的战略性工作上来。而事务性工作的完成是实现战略性管理的基础和前提，因此必须采取一定的方法和手段提高管理者从事事务性工作的效率，减少事务性工作占用的时间。虽然企业已经意识到管理部门角色转变的必要性，但现实中仍有很多企业的绝大部分日常工作围绕着大量的事务性工作展开，而对人力资源规划、员工发展等战略性工作很少顾及。这种情况的出现，主要在于管理部门缺少能提高处理事务性工作效率的工具。网络化管理的出现，使得这一事务瓶颈被轻松突破。许多定量性的工作，如员工考勤、薪酬计算等，相对于手工操作，信息技术更为快捷准确，从而大大降低了这些工作所占用的时间。这样一来，管理工作的技术含量得以提升，处理事务性工作的效率大为提高。诸如企业信息流分布更广、工作场所更分散之类的挑战也不再困扰管理者。

（三）节约成本

信息技术降低了信息传播、存储、处理费用，减少了组织内部的交易费用，在很大程度上取代了中间管理层。网络化管理的高效快捷使管理者成功实现了职能角色的转变。以网络化管理中的自助服务功能为例，传统管理者亲自处理一项业务已然使其大伤脑筋，一旦出现错误，让他跟踪并改正过来则将令其绝望。而采用自助服务技术，管理者只需关心更正的项目。如果错了，将由出错的员工自己去改正，纠错的费用也可节省下来。网络招聘、网上培训也会为企业节约不少费用。报纸上一期广告的价格往往不菲，而通常这笔费用可以在门户网站做一个月的广告宣传。网上培训，尤其是远程异地培训，更能节约大量的人力、物力和时间，知识信息的获取也更为容易和广泛。网络化管理可以节省的成本费用包括：员工名录（免去名册的印刷、邮寄费用并且压缩查询信息的时间）；提交费用（实时提交）；沟通费用（共享沟通平台，从而大大降低沟通费用）；招聘费用（通过网络直接招聘，免去舟车劳顿）；培训费用（差旅费、误工费等归零，师资费用可多期分摊）；其他费用（避免雇用更多采购员、办事员或管理员）。

（四）秉公无私

数据库完整记录了员工的人事、考勤、培训、薪酬福利等各方面的信息，系统可以方便快捷地获取各种资料进行统计分析，为管理者提供公正客观的管理要素决策支持，从而有效提升决策质量。就绩效考评而言，传统的考评方式存在种种弊端。例如，在经过一个较长时间的工作后进行绩效考评，被考评人的考评结果就更多地受到近期表现的影响。网络化管理可以对员工的工作表现进行全程观测，从而形成对员工工作行为的全面客观记录，为实现公平公正的绩效考评和根据考评结果制定正确决策创造了条件。

商品经济社会中，速度成为时代的主旋律，如联系的速度、交易的速度，快人一步就会占尽先机，网络化管理为企业的发展插上了翅膀。对外界变化更加快速的反应，帮助企业在网络化社会的竞争中获得成功。可以预见，网络化管理将拥有越来越广阔的舞台，成为越来越多的企业不可缺少的管理手段。

四、企业网站

（一）公共关系

一般而言，企业网站不大可能马上带来新客户、新业务，也不大可能马上大幅度提升业绩。企业网站的作用更类似于企业在报纸和电视上所做的宣传公司及品牌的广告。不同之处在于企业网站容量更大，企业几乎可以把任何想让客户及公众知道的内容嵌入网站，从而可以全面详尽地介绍公司及其产品。企业网站是企业在互联网上的一面旗帜，直接反映了企业的形象与品牌。它好比一个超级推销员，具有企业画册、户外广告等所有宣传品的作用，而且具有互动性。企业形象及业务，将被位于地球任何角落的感兴趣之人浏览。通过网站，企业可以向新闻媒体和员工及消费者即时发布公司的政策变化，与新闻界建立友好的关系，也可以对招募人才产生重要的影响。通过网站，企业还可以及时纠正网上社区、论坛或邮件列表中关于企业的不准确信息，消除误导。

（二）客户服务

网站可以使企业与潜在客户建立商业联系，使潜在客户能够便捷地检索企业和产品，从而成为企业的新客户。对现有客户而言，网站可以提高客户服务的效率。它可以回答大多数客户经常提出的问题，及时得到客户的反馈信息，知晓顾客对公司产品的满意程度、消费偏好、对新产品的反应等并做出回应。通过回应顾客的问题，及时向他们传送公司新产品信息、升级服务信息等，保持与顾客的长期友好关系。能够及时发现不满意的顾客，了解他们不满意的原因，并进行妥善处理。客户也可以通过网站了解他们所关心的问题。企业还可邀请对公司产品非常了解的忠实顾客介入公司的网络运营，建立忠实顾客数据库，甚至邀请其介入公司的绩效考评系统。他们能帮助公司解决消费者提出的问题，回答一些技术上的问题，同时他们还会提醒企业哪些消费者会在网上发布对公司不利的信息等。

（三）运营管理

除却广告媒体的角色外，因特网还应充当企业扩展业务的工具。网站是企业的全天候业务代表，是企业忠实的接待员。企业网站就是一个 24 小时营业的业务门市，且永不壅塞。如果企业有一个精美、完善的网站，可以增加客户的信任感，同时可以使管理者在短时间内了解企业情况、产品信息、资质认证等信息，减少业务员的拜访次数，有效节约管理资源。企业可以实时、互动地发布资料，迅速进行信息管理，并借此控制企业的运营事项。网络化管理使信息流突破了部门限制而延伸到企业内外的各个角落，使得业务流程再造成为可能。各级管理者及普通员工也能参与到管理活动中。这些使得运营管理变得更为开放和超前，使企业决策和工作质量大为改善。员工有了更好的工作环境，沟通渠道更为直接和广泛，管理过程更为透明，信息获取更为快捷，这些使企业在进入良性运作的同时，也促使其竞争力不断增强。

（四）网络营销

网络用户是数量巨大的潜在客户群体。一般大客户的采购量会很大，所以他们也比较谨慎，会精挑细选，货比三家。如何低成本检索货源？答案是网络。公司网站为企业提供了被选择的机会，如果连网站都没有，企业则连被选择的机会也不具有。网站是企业开展网络营销的前沿阵地。虽然有很多商务平台能够为没有网站的企业提供产品信息发布、企业形象展示等服务，也起到了网络营销的部分功能，但这种商务平台外部依赖性强，不利于企业开展长期的网络营销活动。拥有自己的网站，企业才能有效开展各种具有针对性、时效性的网络营销活动，将网络营销落到实处。网站最令企业看重的就是它可以实现电子商务功能。企业可以在网站上嵌入实时新闻系统、实时报价系统、在线下单系统、在线支付系统和客户留言板、在线调查、客户论坛等。利用互联网进行市场调研可以跨区域缩短调研周期、节约费用。网站又是实现线上品牌推广营销的根据地，线下的广告、公关、促销等系列营销活动都可以结合网络同步进行，放大其效应。

（五）厚积薄发

尽管企业网站建设已是大势所趋，并已有相当一部分企业成功建站，但是其运营仍体现出诸多问题。建设了网站的企业，有些尚能用其发布信息或更新企业的产品，有些则在制作完成并运行一段时间后就变成"晒网"状态。有些企业在建网初期对公司网站设计并没有深刻的认识，尤其是一些中小企业，初期建网多为试探性操作，有的只是简单的几页介绍而已。网站信息有限，技术含量较低，再加上设计公司鱼龙混杂，所以网站在企业运营中的作用参差不齐。

企业建网不是面子工程，而是要从中获得切实效益。网站的制作不能只求美观，而要根据企业经营的需要，构造适合自身特点的模式，以最小的投入换取最大的回报。只有把网站做成企业和外界之间有效的沟通桥梁，以其调整企业决策，修正员工行为，企业创新与绩效提升方可有效落实。当然，网站建设是一个不断完善的过程，企业网站应该多关注特定的客户群，通过多种形式和客户保持沟通，吸引客户不断通过网站和企业进行交流。再者，网站推广是建站之后的基础工作，利用搜索引擎、电子邮件、网络广告等方法和手段，其效果是明显的。网络是载体，信息价值在于企业对信息的重视程度。如何通过这个载体，高效地推进业务，需要企业缜密设计，精心安排。网站工作厚积薄发企业才会逐渐感受到网站带来的巨大效益。

第七章 现代人力资源管理与信息化建设

第一节 现代人力资源管理信息化理论知识及其影响

一、人力资源管理信息化的主要任务

（一）建设人力资源管理信息化标准规范

标准规范是人力资源管理信息化建设的重要基础之一，是信息化快速、有序、健康发展的保障。只有在统一的规划和统一的信息技术标准的指导下才能真正推进信息化的发展。标准规范建设，应以面向业务过程的流程为主线进行考虑和分析。标准的制定，既要符合国家、行业标准要求，又应考虑与国际接轨。在充分调研的基础上，根据信息化建设国际标准和通用规范，逐步推出适合的相关标准规范，从管理、法制和技术等方面规范和协调人力资源管理信息化各要素之间的关系。

要全面贯彻推广与电子政务、电子商务相关的法规和标准；建立符合人力资源管理信息化要求的制度，健全人力资源电子文件归档、电子档案管理、信息公开和信息安全、网站建设与管理等方面的规章，制定人力资源信息采集、整合方面的标准，加快建立健

全人力资源管理信息化标准实施机制，形成有效的人力资源管理信息化建设激励约束机制，促进管理能力、决策能力、服务能力得到改善和加强。要制定和实施一体化的信息资源管理法规和政策，实现对各种信息资源的有效控制和高质量的开发利用，规范人力资源电子文件归档和电子档案管理，规范人力资源信息标识、描述、存储、查询、交换、管理和利用等，逐步形成关于信息化的标准规范体系，促进人力资源信息开发利用的政策法规和标准的制定，保证人力资源管理信息系统的良性运行与健康发展，推动人力资源管理信息化建设有序进行。

（二）建设人力资源管理信息化技术设施

人类社会从农业社会到工业社会再到信息社会，每一次发展和进步都与科学技术的发展息息相关，人力资源管理信息化的关键是技术建设。

①办公自动化技术。手工办公方式与不断增长的办公业务量之间的矛盾日益尖锐，人力资源信息量迅速膨胀与信息的社会需求迅猛增长之间的矛盾更加突出，依靠手工管理，利用人工手段进行庞大的人力资源信息的收集、处理、分析及科学决策已经不能适应时代发展的要求。因此，改变办公模式，将办公业务的处理、流转、管理过程电子化、信息化，实现办公自动化，是人力资源管理信息化的基础任务。人力资源管理现代化与办公自动化应同步建设、同步发展，建设自动化、网络化的电脑办公系统，实行联网运作、联网监控、联网审批。逐步实现文件、信息等主要办公业务数字化和网络化、文字材料的无纸化传输、各种应用资料的随机查询，以及文件制作及管理电子化作业。通过网络交换电子文件和资料，并逐步建立多媒体应用系统，为中心工作服务，为经济建设和社会发展服务。

②软硬件基础设施建设。软硬件基础设施建设是加强人力资源管理现代化的前提，是人力资源管理信息化建设不可缺少的基本条件和重要保障，是人力资源信息开发利用和信息技术应用的基础，是人力资源信息传输、交换和资源共享的必要手段。软件设备主要涉及文字、数据、声音、图像处理系统以及各种数据库、管理信息系统、决策支持系统，实现系统的开发、新建、完善、推广或升级。软件投入将是信息化的重点。硬件设备主要有计算机设备、通信设备、轻印刷设备、信息存储设备以及电子会议支持设备等。为了实现信息化，购买必要的硬件设备是最基本的环节。在硬件投入方面更多的将是设备的升级与换代，使硬件平台不断完善。配置高性能的软硬件基础设施是人力资源管理信息化的保障，是充分发挥人力资源管理信息化的整体效益的前提。

③网络建设。人力资源管理信息化的核心是网络建设。要利用现代信息技术来改善管理模式，架构一个共享资源的平台，提高计算机和网络技术在人力资源管理中的应用程度，逐步提高人力资源管理信息化水平。网络建设包括局域网建设、互联网建设。局域网的设立是各项工作的基本条件。近年来，相当数量的人力资源部门建设了内部局域网，实现了与办公自动化网络系统相连通，在互联网建立了站点。信息化以大力推进各级人力资源部门内部局域网建设和连接各单位的外部网建设为基础，以互联网网站建设为重点，在国际互联网上建立人力资源网站或主页，为人力资源工作公开和人力资源信

息的更好服务开辟新的渠道，加强信息联系、沟通及互动交流。所有接入互联网的计算机严禁存储涉密人力资源信息，凡存储涉密信息的计算机必须与互联网进行物理隔离。人力资源信息网络建设，可以更好地提高工作的透明度，降低办公费用，提高办公效率、大幅度提高人力资源管理者的信息化水平。

（三）开发和利用人力资源信息

1. 人力资源信息库的建设

人力资源信息建设的重点是人力资源信息库。人力资源信息库包括社会就业、专业人才档案、人才中长期供需预测等信息。要以加快人力资源信息的数字化进程为基础，以电子文件的归档和管理为重点，充实与完善现有数据库，将人才供需信息上网发布，实现人力资源信息的电子管理和动态查询，采用相关技术将已有各类高质量的数据库实现互联，提高资源的利用率，加强人力资源信息建设。信息化建设，必须要从信息资源建设抓起，信息资源是信息化建设的基础和核心。

2. 人力资源信息的有序整理

随着信息化时代的到来，在未来信息社会，决定一个国家和地区生产力发展水平的不再是自然资源、历史条件等，而是包括知识在内的各种信息，信息将成为知识经济时代最为重要的资源。可以说，以信息资源有效开发和应用为标志的信息化是一场信息革命，它意味着各种相关信息行业都必然随之进行深刻的变革，走信息化的道路，从而推动社会全方位的发展与进步，这是社会发展的潮流。作为信息资源重要组成部分的人力资源信息同样具有重要的社会价值，其价值实现的基础是人力资源信息的科学有序。人力资源信息的整理是使信息从无序到有序的过程，通过利用科学的原则和方法，对信息进行分类、组合，形成有机体系。它是人力资源信息有效沟通的保证，是信息开发和利用的重要手段，促进人力资源信息的社会共享，对人力资源管理具有重要的意义。

3. 人力资源数字信息建设

信息技术和通信设施的存在，有力地推动了信息数字化。数字化是信息技术发展的重要特征。只有数字化的信息才能计算机化，才能通过数据通信网络进行传输。

人力资源信息的数字化是利用数据库技术、数据压缩技术、高速扫描技术、光盘存储技术、多媒体技术、网络技术等技术手段，将数据、图形、图像、声音等信息转化为二进制代码，系统组织成结构有序、整体统一的数字化信息。

现阶段人力资源数字化信息形成的主导方式是键盘录入和光学字符识别（OCR）扫描输入。键盘录入是一种手工转换，以汉字键盘录入而言，常用的录入方法主要有五笔字型、自然码、拼音码、音韵码、智能码等，缺陷是速度慢、效率低、成本高。光学字符识别扫描输入技术是一种较为先进的自动化信息资源输入技术，是信息资源数字化的主要手段，通过扫描仪将原文件转换为适于计算机处理、存储和高速传输的数字化图像。

利用计算机可以直接产生数字化信息。人力资源部门使用单机起草文件、制作文件目录等，形成的文件数据就是数字化的。在计算机模板中储存有各种常用的文件格式，只需输入文件各数据项目的具体内容，计算机便可自动生成具有规范格式的文件。在办公自动化系统中形成的文件数据或从网上接收、通过网络产生并向外发送的各类文件数据都是数字化信息。随着多媒体技术的广泛应用，办公自动化过程中产生的数字化信息形式多样，不仅有简单的文本形式，还有语音形式。语音处理技术可以通过语音识别与语言合成将人的语言转换成语音邮件在网上传送。通过软件转换，视频邮件也可转换成电子邮件，以数字化文本方式传送或存储。利用数码相机直接摄取的数字影像满足文件要求，也属于数字化信息。随着信息技术的普及和发展，公用信息平台与信息系统实现联网，人们借助计算机系统生成的人力资源数字化信息越来越多，可以提供目录网上查询，有选择地公布信息和提供信息全文浏览服务。

模拟转换过程中可以产生数字信息。模拟转换是将模拟信息转换成数字信息，以便计算机处理的过程。模拟信息要转变为数字信息要通过相应的转换设备。对于图像信息可以通过扫描仪将模拟图像分解为由像素构成的数字图像；若为影视图像则需要通过视频存储器或影视图像数字卡将模拟影视图像转化成数字影视图像。通常利用扫描仪将文件上的所有信息内容复制到计算机里，生成图像文件。纸质文件通过扫描可以形成数字图像，数字图像再通过光学字符识别（OCR）系统，进一步由图形文件转化成字符文件，字符文件可通过关键词达到全文检索等。

人力资源信息的数字化是信息化建设的一项迫切任务，是人力资源信息网络建设的基础性工作。为确保数字化人力资源信息的质量，实现人力资源信息数字化的既定目标，数字化工作必须遵循规范、安全、效率原则。规范原则是指人力资源信息必须按照规定的技术模式、文本格式和工作标准进行数字化，并尽可能采用通用标准，减少因存储格式和软件平台的不同而进行转换所造成的资源浪费，提高信息存储传输的效率，选择最佳的人力资源信息数字化方案。安全原则是指在人力资源信息的数字化过程中确保信息原件的安全，最大限度保持信息的本来面貌，避免数字化人力资源信息内容的失真，对具有保密性、不宜对外开放的人力资源信息，原则上不应列入数字化范围，对于内容敏感或者有使用范围限制的数字化信息，应采用密文方式数字化或为数字化信息设置必要的识读密令。效率原则是指人力资源信息的数字化工作必须讲究效率和效益，选择最优化的人力资源信息数字化方案，采用最优化的工作流程、最合理的技术模式和最适宜的数字化加工系统设施，加强人力资源信息数字化工作的社会化和协作性，从总体上提高信息数字化工程的投入效益。

（四）建设人力资源管理信息化应用系统

应用系统建设是信息资源开发利用和信息网络建设的技术保障。人力资源管理信息化既要重视软硬件基础设施建设，又要注重应用系统建设，根据实际情况建立和完善人力资源管理信息系统。

人力资源管理信息系统是信息化发展的重要进程，也是人力资源管理现代化的必然产物。人力资源管理信息系统是一个利用计算机硬件和软件进行分析、计划、控制和决策的人—机系统。以计算机为工具建立人力资源管理信息系统，获取支持自身发展的各类最新信息，处理日益增多的信息量，并通过人力资源招聘、考核、培训体系及时将信息转化为竞争力，能够提高管理效率、管理水平和管理效益，实现人力资源管理者办公模式的转变，实现人力资源信息的广泛交流。

人力资源管理信息系统的开发和运行能够产生巨大的效益，但必须具备一定的条件。要有领导的重视与业务人员的积极参与，要有高水平的专业技术团队，管理信息系统的开发、分析和设计应建立在科学管理的基础上。

（五）建设人力资源管理信息化人才队伍

人才是最宝贵的资源，人才队伍建设是信息化成功之本，是保证信息化建设持续发展的关键，对信息化其他各个要素的发展速度和质量起着决定性的作用。因此，要坚持以人为本，始终把培养人才、建设队伍、提高人的素质放在第一位。信息化管理涉及计算机信息管理技术、网络技术、企业管理，需要综合型、复合型的人才，要求他们具备坚实的现代管理科学的理论知识，熟练掌握现代信息技术手段和系统工程方法，具有创新思维和组织能力。要加大培训力度，有针对性地进行各种形式的业务培训，特别要加强对信息化理论知识、计算机知识与技术、信息开发技术、网络技术、信息化系统应用等方面内容的培训，不断提高信息技能。要把人力资源管理信息化建设的过程作为锻炼队伍、培养人才的过程，成为边学习、边实践，不断总结、不断提高的过程。

二、人力资源管理信息化对企业经营的意义与影响

（一）人力资源管理信息化对企业经营的意义

①有助于公司人力资源的有效管理。人力资源管理的信息化采用计算机技术实现。公司人力资源管理相关人员的，培训和就业可以逐步有效地实施，同时避免过度依赖人力资源，大大减少了错误的可能性，减少了人力资源管理所花费的时间，提高了效率。

②有利于提高人力资源管理计划实施的顺畅性。企业发展往往需要很长一段时间。业务发展过程揭示了机构和人力资源管理问题，了解业务管理问题有助于制定具体的问题解决策略并提高企业管理的效率，必须促进企业发展，提高企业经济效益。人力资源管理的信息化有助于实现上述目的，从而有助于实施各种人力资源管理决策。

③有助于提高人力资源管理水平。人是业务发展的基础，公司人力资源管理的内部工作侧重于公司人员。为了最大限度地提高公司人力资源管理的有效性，有必要扩大人力资源管理的范围。与人力资源管理有关的若干方案应广泛适用于人力资源管理进程。这样，人力资源管理部门与其他部门之间的信息交流将更加顺畅，管理工作的实施将是"大规模"基于人力资源管理和内部人力资源信息的概念。

（二）人力资源管理信息化对企业经营管理的影响

首先，规范了企业经营管理流程。人力资源管理信息规范了公司的管理和控制流程，使其能够参与公司各方面的发展规划。公司生产和运营所需的人事管理计划的优化得益于此。在人力资源管理的情况下，信息管理模式颠覆了传统的工作方式。复杂的行政问

题逐渐被信息系统所取代，进一步提高了工作效率。在建立人力资源管理信息的同时，必须使用先进的信息方法来规范人力资源管理流程。从招聘流程到配置，绩效评估，培训和其他任务，需要执行这些任务以实现业务流程合理化。信息管理模式可以促进人力资源管理的合理化和系统化，使员工能够在短时间内准确地收集必要的人力资源信息，促进企业健全、高效地发展。

其次，促进了企业人力资源管理角色的转变。在传统的工作方式中，人力资源管理工作主要通过人工操作完成，包括简单的工作，如员工评估、工资计算和许可审批协助。这类工作对人力资源经理来说非常耗时，因此很难用现有的工作模式进行创新。此外，手动操作模式不仅效率低，而且容易出错。获得的信息的准确性通常不符合理想标准，并且不可能获得业内最先进的信息。因此，很难在业务决策中发挥必要的支持作用，人力资源管理信息的应用为解决这些问题提供了新的思路。公司员工可以在线完成日常运营申请，大大减轻了人力资源经理的困难。在线审批和报告工作模式也可以通过在短时间内做出决策，在促进公司健康发展方面发挥积极作用，同时提高信息获取的准确性和及时性。在构建信息化的背景下，人力资源管理已经完成了职能角色的转变，积极承担了企业生产和业务发展的战略重要性、前景设计、人力资源规划和员工专业，开展的工作得到了显著改善。信息化使员工获得前沿的管理信息，实现了管理思想转化和管理方法创新。作为管理者，在信息化人力资源管理的背景下，可以直接依靠信息系统获取有关员工的信息和公司的宏观层面，进而在短时间内做出响应。

再次，信息化的管理可以提升管理效率、节省开支。信息管理的一个重要作用是它还可以通过信息技术的运作来提高公司的管理效率。在过去的管理过程中，一些管理程序相对复杂，采用人为操纵的管理方式，效果缓慢且劳动强度大，一旦控制结束，效果就不那么明显了。

最后，实现了与其他管理系统的高效衔接。信息技术与人们的生活密切相关。信息技术在人力资源管理中的应用是促进企业良性发展的有力支撑。它不仅可以创新公司人才的管理方法和理念，还可以为公司的发展提供持续发展的动力。它还有助于管理者制定科学合理的业务战略，提高员工效率，促进不同部门的协调运作。公司的管理体系是整个公司发展的核心，这包括人事管理系统、财务系统和其他管理系统。这些子系统连接到中央系统。子系统之间是相互独立的，如果人事管理系统与每个子系统关系更密切，则会产生影响。因此，人事管理系统需要与信息化的发展趋势联系起来，不断优化管理模式，以便与多个子系统有效联系，促进企业的合理发展。

第二节　人力资源管理的信息开发与人才队伍建设

一、人力资源管理的信息开发

（一）人力资源信息开发的作用

1. 最大限度发挥经济和社会价值

信息技术的快速发展，为深度开发和广泛利用人力资源信息创造了前所未有的条件。树立和落实科学发展观，根据社会需要，全面、及时、准确地提供人力资源相关信息，充分开发利用反映劳动、工作、保险福利以及人力资源管理方面的信息，强化人力资源管理，能够加快人力资源管理制度的建立，使信息流更加有效地引导人员流、物资流和资金流，实现对物质资源和能源资源的节约和增值作用，带来直接和间接的社会和经济效益。

同时，随着政府、社会公共服务、企业上网工程的深入发展，办公自动化的普及和电子商务的发展，人力资源数字化信息数量不断增加，人力资源信息也越来越丰富，不断满足社会各项事业对人力资源信息的需要。人力资源管理部门要通过各种有效的方式，最大限度地发挥人力资源信息的价值效用，更好地为社会发展和进步服务。

2. 发挥人力资源信息的价值

在信息社会中，信息价值往往体现在运动中。只有处于运动中的信息，才能被人们随时捕捉到，进而发挥作用。处于静态中的信息，即使蕴含巨大的价值，如果不能得到及时充分的开发利用，其潜在价值不能转化为现实价值，也就无法有效发挥作用。

人力资源部门保存并积累了大量人力资源信息，人力资源信息的存储和传递就是为了有效地提供利用，即把静态中的信息变成动态信息，进而无止境地开发利用，直接体现信息的使用价值。人力资源信息是人力资源活动的原始、真实的记录，及时、有序、系统地开发利用人力资源信息，就是揭示人力资源信息的使用价值，发挥人力资源信息富有生命力的独特作用。

3. 加大人力资源的管理服务

在一切管理系统中，人是最主要的因素，是最活跃、最能动、最积极的要素。组织活力的源泉在于劳动者的创造力、积极性和智慧。要充分挖掘、准确识别和长足发展人的潜力和能量，必须开发利用人力资源信息。

　　加强人力资源信息的开发利用，是人力资源管理的基础和可靠保证，也是人力资源管理的根本目的。人力资源管理的各项活动都必须充分利用信息。参与决策、建立企业优秀文化、决定组织的结构需要信息；设立人事选拔标准、制定招聘计划、建立新的招聘市场、确定职业发展途径、制定员工开发计划要建立在充分信息的基础上；实施招聘计划、设立并运作控制系统、管理报酬项目、建立年度绩效评估系统、贯彻员工培训计划、安排员工上岗或转岗需要信息。有关人力资源招聘、培训、晋升等具体计划的信息的提供利用，可以便于员工据此制定自己的发展计划，有助于提高员工留任率。员工的教育、经历、技能、培训、绩效等信息的利用，可以帮助了解并确定符合某空缺职位要求的人员，对内部人员晋升非常重要。为了有效地进行工作设计，必须通过工作分析，全面了解和把握工作现状。只有获得工作单位以及工作本身所需完成的任务方面的详细信息，管理者才能选择适宜的方式来进行工作设计。

　　必须指出，现代人力资源管理是一个开放的系统，人力资源管理的发展过程是一个适应外部环境变化的过程。人力资源管理者必须时刻接受外界环境输入的信息，利用这些反映人力资源发展趋向与需求的信息，适时地改变人力资源管理的目标、战略、方式、措施、技术，才能使人力资源管理发生适当的变革，适应环境变化，服务于社会。

4. 为决策者提供有效信息依据

　　决策对管理的影响作用大，而且影响持续的时间长，调整起来比较困难。进行正确的决策，需要完整、准确、真实的人力资源信息。人力资源的供需状况、人力资源的素质、人力资源的工作绩效与改进、人力资源培训与开发的效果等信息，可以为决策的确定提供内在保证；劳动力供给的状况、竞争对手所采用的激励或薪酬计划的情况以及关于劳动法等法律方面的信息，能够为决策制定提供外在依据。充分开发利用人力资源信息，才能保证客观、科学地进行决策。

5. 积极促进人的潜能开发

　　人是生产力中最基本、最活跃、最关键的因素，提高人的素质，充分调动人的积极性、创造性，合理利用人力资源信息，是提高生产力水平的主要途径。人力资源信息对于开发人的智能，调动人的积极性和创造性，推动经济社会发展具有重要作用，是科学合理开发人才资源的必要条件。人才的筛选、识别和管理、制定人才机制、进行人才战略储备，都需要掌握大量的信息。充分挖掘人的潜力，提高人的素质，发挥人的聪明才智，关键在于对人力资源信息的开发和管理。人力资源管理部门以信息为依据，根据经济、社会发展的需要，从战略目标出发，有计划、有步骤地实施人才培养计划，进行吸收、选拔、任用等一系列管理活动，使人才的培养与岗位的要求，个人的发展与组织的目标相适应。

6. 为制定人力资源规划提供数据

　　现代竞争的根源是人力资源的竞争。一流的人才才能造就一流的企业。

　　人力资源规划是单位的长期人力资源计划。要做到规划的科学性，必须根据经济社会发展的需要，制定出一定时期人才需求规划。依据人力资源信息，才能根据社会环境状况、单位的规划、组织结构、工作分析和现有的人力资源使用状况，处理好人力资源的供求平衡问题；才能科学地预测、分析环境变化中人力资源供给和需求状况，制定必要的政策和措施，合理分配组织的人力资源和有效降低人力资源成本，确保组织的长远利益。

（二）人力资源信息开发的类型

1. 按照加工程度分类

按照对信息加工的程度，信息开发分为浅加工和深加工。浅加工是指对人力资源信息进行压缩提炼，形成信息线索并存储在一定载体上的过程，即信息检索工作。深加工是根据一定的需求，对庞杂的人力资源信息进行系统化、有序化的过程，以解决利用者需求的特定性与人力资源信息量大、有杂质的矛盾，即信息编研工作。

2. 按照加工层次分类

按照对信息资源加工的层次，信息开发分为一次信息开发、二次信息开发和三次信息开发。

（1）一次信息开发

一次信息开发在人力资源管理活动中直接形成的原始信息，具有直接参考和凭证的使用价值。对一次信息进行开发有利于把无序的原始信息转变成有序的信息，节省收集原始信息的精力和时间，提高利用率。其主要形式有剪报、编译。

（2）二次信息开发

二次信息开发是对一次信息进行加工整理后而形成的信息，专门提供信息线索，供人们查阅信息来源。它是对信息加工而得到的浓缩的信息，容纳的信息量大，可以使人们在较短的时间对一定范围内的信息有概括的了解。其主要的开发形式有目录、索引。

（3）三次信息开发

根据特定的需要，在一次、二次信息的基础上，经过分析研究和综合概括而形成更深层次的信息产品。从零星无序、纷繁复杂的信息中梳理出某种与特定需求相关的内容，解释某种规律性的认识，并最终形成书面报告，从而为管理决策服务。三次信息是高度浓缩的信息，提供的是评述性的、动态性的、预测性的信息。其主要形式有简讯、综述、述评、调查报告。

（三）人力资源信息开发的不同形式

1. 编写材料

（1）编写工作说明书

工作说明书的编写，是在职务信息的收集、比较、分类的基础上进行的，要根据工作分析收集的信息编制工作说明书，可以帮助任职人员了解工作，明确责任范围，为管理者的决策提供参考。工作说明书是对有关工作职责、工作活动、工作环境、工作条件以及工作对人员素质要求等方面信息所进行的书面描述，一般由工作描述和工作要求两部分组成。工作描述是对工作职责、工作内容、工作条件以及工作环境等工作自身特性所进行的书面描述。工作要求则描述了工作对人的知识、能力、品格、教育背景和工作经历等方面的要求。

（2）编写人员供给预测材料

人员供给预测包括内部供给预测和外部供给预测。要充分利用信息，对信息进行综合分析，进行人员供给预测。

要收集有关人员个性、能力、背景等方面的信息，分析研究管理人才储备信息，如工作经历、教育背景、优势和劣势、个人发展需求、目前工作业绩、将来的提升潜力、专业领域、工作特长、职业目标和追求、预计退休时间。在对信息进行综合分析的基础上，编制出"职业计划储备组织评价图"，编写人员供给预测信息材料。

编写人员供给预测材料，必须收集和储存有关人员发展潜力、可晋升性、职业目标以及采用的培训项目等方面的信息；要获得目前人力资源供给的数据，包括：个人情况；工作历史；培训经历以及职业计划；目前的工作技能；累计数据，如员工总数以及他们的年龄分布、教育程度等，明确目前的人力资源供给情况，有效分析人力资源的供给及流动情况。

2. 编制统计表

（1）统计表的结构

由总标题、横栏标题、纵栏标题和指标数值四部分构成。

总标题是统计表的名称，概括说明统计表所反映信息的内容，一般位于表的上端中央；横栏标题是横行的名称，表明信息反映的总体及其分组的名称，一般位于表的左侧；纵栏标题是纵栏的名称，说明信息指标的名称，一般位于表的上方；指标数值列在横栏标题与纵栏标题的交叉处，具体反映其数字状况。有些统计表还增列补充资料、注解、资料来源、填表时间、填表单位等内容。

（2）统计表的分类

①按用途分类。

分为调查表、汇总表和分析表。

调查表是用于登记、搜集原始统计资料的表格，只记录调查对象的特征，不能综合反映统计总体的数量特征。

汇总表是用于表现统计汇总和整理结果的表格。由两部分组成，一部分是统计分组，另一部分是用来说明统计分组各组综合特征的统计指标。汇总表能够综合说明统计总体的数量特征，是提供统计资料的基本形式。

分析表是用于对整理所得的信息统计资料进行定量分析的表格，能够更 144 现代人力资源管理与信息化建设

深入地揭示信息所反映内容的本质和规律性。

②按分组情况分类。

统计表按照内容的组成情况，分为简单表、分组表和复合表。简单表指总体未做任

何分组的统计表。分组表是指总体按一个标志进行分组后形成的统计表。利用分组表，可以分析不同类型的不同特征，研究总体的内部构成和分析现象之间的依存关系等。复合表是指统计总体按两个或两个以上标志进行层叠分组后形成的统计表。利用复合分组表可以反映研究总体同时受几种因素影响而产生的变化情况。

（3）统计表设计的一般原则与要求

统计表的设计应遵循科学、实用、简明、美观的原则，力求做到五方面：第一，标题要简明扼要地概括信息的内容及信息所属的空间和时间范围。第二，纵、横栏的排列内容要对应，尽量反映逻辑关系。第三，根据统计表的内容，全面考虑表的布局，使表的大小适度、比例适当、醒目美观。第四，统计表中的指标数值，都有计量单位，必须标写清楚。计量单位都相同时，将其写在表的右上角；横行的计量单位相同时，在横行标题后列计量单位；纵栏的计量单位相同时，将其标在纵栏标题下方或右方。第五，统计表中的线条要清晰，尽量表明各指标的简单包含关系。

3. 编制统计图

统计图是用点、线、面、体等构成的几何图形或其他图形表现信息，表示变量的分布情况，是信息分析研究的重要方法。利用统计图来表现信息，形象具体、简明生动、通俗易懂，能将信息所反映的复杂的内容，用简明扼要的形式表现出来。

（1）统计图的种类

常用的统计图形有圆瓣图、直方图、条形图、折线图、机构图等。

①圆瓣图。用一个圆代表研究对象的总体，每一个圆瓣代表研究对象中的一种情况，其大小代表它在总体中所占的比例。圆瓣图只表示变量的某个取值在总体中的比重，对变量取值的排列顺序没有要求。

②直方图。直方图是紧挨着的长条组成的，条形的宽度是有意义的。它用每一个长条的面积表示所对应的变量值的频率或频次的大小。

③条形图。条形图是以宽度相等的条形长度来表示指标数值大小的图形。条形的排列既可以纵排，也可横排。纵排的条形图叫柱形图，横排的叫带形图。

④折线图。折线图是用直线连接直方图条形顶端的中点而形成的。当各条形的组距减小，条形增多时，折线将逐渐变为平滑，趋向为曲线。

⑤机构图。机构图是用图形来表示组织结构和管理体制的一种方法。典型的企业组织结构模式主要有直线制、职能制、直线职能制和事业部制。

机构图与组织结构有着密切的关系，要根据企业组织结构模式设计机构图。

（2）编制统计图应遵循一定程序与基本要求

①确定编制目的。编制人力资源信息统计图，要根据实际需要，确定编制目的，以便进行信息的筛选、分析和综合，明确信息的表达方式和统计图形式。

②选择图示信息。信息的选择，应在反映所研究内容的一切指标中，选择符合制图目的、有价值、反映内容本质的重要信息，避免图示信息过多，内容繁杂，表达模糊。

③设计统计图。图形的设计要力求科学、完整、真实、清晰地体现信息的各种特征。

图形的外观要尽量美观、鲜明、生动，具有一定的观赏性。标题要简单明确，数字及文字说明应准确无误。不同类型统计图的特点和运用的条件不同，应根据制图目的、信息内容和特点，确定编制的统计图形式，科学、准确地表达信息，使图形的布局、形态、线条、字体、色彩体现艺术性。统计图的形式应与利用需求相适应。用于领导、业务工作参考和分析研究时，可采用条形图、折线图和其他几何图形，呈现内容可详尽些；用于展览、宣传教育，尽量采用条形图、直方图或其他鲜明生动的图形，图形的标题、文字说明、数字和单位的标示简明扼要、色彩鲜明、通俗易懂。

④审核检查。统计图编制完成以后，要进行认真的审核检查和修改，确保编制的图形客观地揭示信息，符合制图目的，图形结构简明准确、生动鲜明，图式线形、数字标示、文字说明等适用，注解具体，图面清晰整洁。

4. 编写统计分析材料

统计分析是对获得的人力资源信息进行量化分析，客观、准确、科学地揭示人力资源管理工作中的特点和规律，深入地反映人才资源状况，以此调整工作方式，提高人力资源管理水平。编写统计分析材料，能够精确描述和认识信息的本质特征，揭示信息的内在联系，使人们对信息的利用从感性认识上升到理性认识，为管理提供深加工、高层次、有价值的信息。

统计分析材料是充分表现统计过程、方法和结果的书面报告，为建立宏观人才资源信息库，为建立和完善人才市场体系、促进人才合理流动、实现人才工作协调发展、为人才规划的落实提供信息服务。编写统计分析材料有提炼主题、选择材料、拟定提纲、形成报告四个主要环节，编写要求是：针对性，明确编写目的、解决的问题和服务对象；真实性，尊重客观实际，以充分可靠的信息为基础，真实地反映客观实际，事实具体，数据准确；新颖性，在对原始信息深入挖掘、把握本质的基础上，提取新的信息，形成新的观点、结论；时效性，着眼于现实问题，讲求时间效果，在信息的最佳有效期提供利用。

（四）人力资源信息开发的方法

人力资源信息开发是在掌握大量信息的基础上，根据决策、管理、业务活动的需要，利用科学的研究方法，对现有信息进行系统的归纳分析，对各项活动的发展趋势做出判断和预测，提供全面性、高层次的信息，为工作活动服务。

①汇集法。围绕某一特定的主题，把一定范围内的人力资源原始信息，按照一定的标准有机地汇集在一起。汇集法适合于反映一个地区或一个部门某方面的状况，当人力资源信息资料较多，反映面宽的时候比较适用。

②归纳法。将反映某一主题的人力资源原始信息集中在一起，加以系统综合归纳和分析，以便完整、清晰地说明某一方面的工作动态。归纳法要求分类合理、线条清楚、综合准确。

③纵深法。根据需要，把若干个具有内在联系，有一定共同点的人力资源信息，或几个不同时期的有关人力资源信息，从纵的方面进行比较分析，形成新的信息材料。可

以按原始信息材料提供的某一主题层层深入，按某一活动的时间顺序或按某一事件的历史进程深入进去，要清楚问题的来源。

④连横法。按照某一主题的需要，把若干个不同来源的人力资源原始信息材料从横的方面连接起来，做出比较分析，形成新的信息材料。采用连横法要选择最能说明主题的信息，从不同来源信息中选择具有一定同质性的信息。

⑤浓缩法。通过压缩人力资源信息材料的文字篇幅，凝炼主题，简洁文字。使用浓缩法要主题集中，内容突出，一篇信息材料只表达一个中心思想，阐明一个观点；压缩结构，减少段落层次；凝炼语言，简明地表达含义。

⑥转换法。人力资源原始信息中若有数据出现，应把不易理解的数字转换为容易理解的数字。

⑦图表法。如果人力资源原始信息中的数据有一定的规律性，可以将数据制成图表，使人一目了然，便于传递与利用。

⑧分析法。分析法是在充分信息的基础上，通过综合分析，进行人力资源的现状规划和需求预测，包括现状分析、经验分析、预测分析。

进行短期人力资源预测规划，要依据有关信息进行现状分析，预算出规划期内有哪些人员或岗位上的人将晋升、降职、退休或调出本单位的情况，根据预测规划期内的人力资源的需要，做好调动人员替补准备工作，包括单位内管理人员的连续性替补。

进行中、短期人力资源预测规划，可采用经验分析法、分合性预测法。

经验分析是根据以往的信息进行经验判断，根据以往员工数量变动状况，对人力资源进行预测规划，预测组织在将来某段时间内对人力资源的需求。分合性预测是在下属各个部门、机构根据各自的业务活动、工作量的变化情况，预测的将来对各种人员需求的基础上，进行综合平衡，预测整个组织将来某一时间内对各种人员的总需求。

进行长期的、有关技术人员或管理人员的供求预测，采用预测分析法。针对某些重大的变革和发展趋势而带来的人力资源供求的变化，向有关专家征求意见，并在此基础上形成预测结果。

二、人力资源管理信息化的人才队伍建设研究

（一）人力资源管理信息化人才队伍的素质要求

1. 信息素质要求

（1）信息素质的意义体现

信息素质是信息化建设的要求。只有提高信息素质才能保证人力资源发展战略和信息化战略的实现。提高信息素质的意义主要体现在以下方面：

第一，人力资源发展需要信息素质。在信息瞬息万变的今天，市场的竞争就是人才的竞争，必须广、快、精、准地掌握与人力资源相关的政策、技术、市场、管理等全方位信息，进行科学决策，开发人才，才能从本质上全面提高组织的社会效益和经济效益。

第二，能够改善员工的知识结构。信息科学是一门新兴的交叉科学，涉及计算机科学、通信科学、心理学、逻辑学等诸多相关学科。随着科学技术的飞速发展，信息科学与其他学科知识一样，不断推陈出新。及时补充各学科的历史、现状和未来的信息知识，才能充分激发员工已有的业务潜能，改善员工单一的知识结构，重塑员工崭新的能力构架，使员工充分运用现代的信息工具，积极主动跟上时代发展的步伐，成为信息化建设的贡献者和受益者。

第三，使信息价值得到更大程度的体现与发挥。信息是科学决策的基础，在人力资源管理中发挥着巨大作用。普及信息知识，提高信息处理能力，能使人们在人力资源管理信息化过程中，充分挖掘信息环境中的各种有利因素，排除不利因素，了解过去、把握现在、预测未来，让信息化建设更加有的放矢。

第四，进一步提高组织的信息管理水平。人们既是信息的需求者，又是信息的提供者，互利互惠，互相依存，总体上的信息需求结构达到动态的基本平衡，在组织内部形成一个有效的信息增值网络。此外，普及信息知识还能激发人们潜在的信息需求，促使组织根据需求进一步完善人力资源管理系统的功能，对人力资源管理信息化提出更高的要求，最大限度地发挥人力资源信息的社会经济价值，促进人力资源管理信息化向高质量发展。

（2）信息素质的主要内容

信息化人才要做好本职工作，出色完成任务，必须具有较高的信息素质。信息素质的内容主要包括以下几个方面：

①强烈的信息意识。当今社会已经进入信息时代，信息无处不在，谁重视信息，谁就能赢得主动。人力资源管理者要有敏锐的信息意识，广泛收集人力资源信息，精心加工、准确提供、快速传递、充分利用，以适应人力资源管理信息化发展的客观要求。强烈的信息意识主要表现为三个方面：一是对信息的敏感性。指对人力资源信息价值的充分认识，对信息内容特有的敏感。对信息现象反应快的人，思维敏捷，机智聪颖，应变能力强，适应环境能力强，善于将信息现象与实际工作迅速联系起来，善于从信息中找到解决问题的关键。二是对信息的观察力。具有强烈信息意识的人，对信息的关注成为一种习惯性倾向而不受时间和空间的限制。无论在工作范围内，还是在日常生活中，都善于收集信息，并把这些信息与要解决的问题联系在一起。三是对信息价值的判断力。一个具有强烈信息意识的人，除对信息有敏感性之外，更重要的是对信息价值的发现以及分析加工的能力。要分析信息的价值，对有价值的信息充分利用。信息意识是在人力资源管理活动中产生和发展的，是在长期工作和学习中不断形成的。当对信息的开发利用变成一种自觉行动时，就会逐渐树立起信息意识。

②信息管理能力。指信息技术能力、认识能力、信息沟通和人际关系的才能、领导艺术和信息管理技能以及战略信息分析和规划决策的能力，即运用信息管理科学的基本原理和方法，提高在实际工作中认识问题、分析问题和解决问题的本领和技巧。

③管理信息服务能力。即围绕特定的管理业务进行的信息搜集服务、检索服务、研究与开发服务、数据资料提供和咨询服务的能力。信息服务工作的开展必须依据管理科

学和心理行为科学的理论，根据服务对象的不同，进行用户研究和用户管理工作。

④信息处理能力。即获取和处理信息的能力，应该具备信息获取能力、信息加工能力、信息激活能力、信息活动策划能力、决策能力、指挥能力，这是人们认识问题、解决问题的本领。

2. 业务素质要求

（1）娴熟的专业能力

系统掌握有关人力资源管理的理论知识，熟悉人力资源部门各个业务环节的基本技能，了解整个业务工作的流程及各项业务的有机联系，掌握人力资源工作的基本技能和基本方法，具备人力资源信息获取、加工、开发和交流的能力，精通本职工作。随着知识、新技术的不断更新，及时学习、补充新的人力资源管理业务知识和技能，适应新时期人力资源管理发展的需要。

（2）驾驭现代科技设备能力

随着现代科技日新月异的发展和办公自动化的普及，特别是电子计算机及现代通信技术在人力资源管理中的应用，人力资源管理的方法发生了深刻的变化，正在从传统的手工管理模式向现代化管理模式转变。只有学会新的思维方式，掌握现代科学知识，能够驾驭现代科技设备，熟悉计算机技术、信息开发技术、网络技术，并能运用科学的方法和技术，才能更好地进行人力资源管理，大力开发人力资源信息，加快人力资源管理信息化进程。

要具有掌握现代化办公设备的能力，能熟练使用电子计算机、打字机、传真机、复印机设备，掌握计算机操作技术、复印技术、打字技术、录音录像技术、光盘刻录技术等现代化手段。现代科学技术的突飞猛进，促进了人力资源工作设备与技术的现代化发展。电子计算机系统、缩微复制系统、声像技术系统、电视监护系统、自动报警系统、自动灭火系统在人力资源工作及人力资源信息管理中将日益广泛应用。这就要求掌握运用电子计算机储存和检索信息的技术，掌握缩微胶卷、胶片、影片、照片、录音带、录像带、磁带、磁盘、光盘等各种新型载体人力资源信息的保管条件、保管技术和利用手段，能够熟练地应用新技术进行人力资源信息的存储、自动标引、图形处理和自动利用，实现对人力资源信息的科学管理和开发利用。

要不断提高驾驭现代化科技设备的能力，提高设备的利用率，充分发挥其功能，变单机操作为联机操作，运用网络系统，实现人力资源信息共享，提升信息化水平。

（3）熟练的工作能力

熟悉社会信息化的发展动向和本单位人力资源管理现代化状况，把握社会对人力资源信息需求的变化特点，脚踏实地进行人力资源管理信息化建设，进行人力资源信息的开发和提供利用，提高人力资源工作的效率、质量和水平。有较强的处理问题、解决问题的能力，能根据利用者提供的关于时间、内容、作用等不同的信息线索，快速、准确地提供人力资源信息利用。能够利用互联网、多媒体技术拓展工作空间，提高工作效率，实现各部门的交互作用，使人力资源信息优质高效、无时空限制地进行资源共享，更好地为信息化发展服务。

（4）开拓创新能力

破除传统思想观念，建立现代化的创造性的思维方式，开创人力资源管理信息化工作新局面，发展人力资源管理事业。创造性的思维是多种思维方式的综合表现，主要体现为强烈的创新意识、奋发进取的创新精神、从容应对新情况和新问题的创新能力。观念的更新是提高人力资源管理质量与效率的基础。人力资源管理工作要在信息时代取得新的理论、实践、技术成果，实现信息化发展，就要求人们有创新思维。

3. 知识素质要求

在经济全球化、社会信息化的背景下，人们意识到信息化战略的重要性，纷纷开始寻求信息化人才。既通晓信息科技，又熟悉组织策略、业务流程且精通电脑网络的人才，将在信息化建设中发挥越来越重要的作用。

信息化人才要具备广博的知识，既有横向的丰富知识又要有纵向的学科专深知识。现代科学技术的发展，各类边缘学科、综合学科和交叉学科的兴起，要求信息化人才有科学的头脑，善于学习，具有广博深厚的知识基础，不断更新自己的知识结构。这样才能融会贯通，有所发现，有所创新，使自己能跟上时代发展的要求，适应人力资源管理工作不断变化的新需要。

一般来讲，信息化人才的知识结构包括以下几方面：

第一，业务知识。精通人力资源管理的业务知识，是信息化人才必须具备的基本功。因此，必须学习人力资源管理理论，不断加强继续教育，更新知识，熟悉本专业的新理论、新知识、新技术，熟悉人力资源管理各项业务环节的专门知识，成为人力资源管理的通才。

第二，信息管理业务知识。信息管理业务知识指信息管理的基本原理和方法，以及与信息管理业务活动有关的计算机科学知识和信息技术知识。信息管理学是一门边缘学科，是计算机科学、管理科学、信息科学交叉形成的，涉及社会科学和自然科学的许多领域。要深入学习，综合运用相关知识。

第三，现代科学技术知识。科技的发展使人力资源管理日益科学化、规范化、智能化，应该学会熟练使用计算机进行人力资源管理，学习一些科学基础知识，如高等数学、物理学化学、电子学微电子技术、办公自动化、仪器设备维护及标准化知识等，特别是要掌握涉及电子人力资源工作方面的应用知识。

第四，现代信息技术知识。信息社会的发展不仅对人力资源管理提出了新的要求，而且使人力资源信息的来源、载体、管理方式、加工方式、传播方式发生了变化，只有具备信息技术方面的知识，才能有效地处理人力资源信息，加强人力资源管理。

第五，管理科学知识。人力资源管理信息化建设是一个系统工程，其实施必须建立在科学管理的基础上。因此，要掌握行政管理、经济管理知识，了解信息论、系统论、控制论知识，提高决策和管理水平。

第六，外语知识。随着网络化的进一步发展扩大，我国用户通过互联网与国际连接，大量的国外信息资源以外文的记录形式出现在网上。如果不掌握外语这个工具，就不能获得国际化人才信息和国外人力资源管理发展的信息。具备一定的外语水平，才能在信息海洋中迅速而有效地获取有价值的信息资源。特别是在信息和网络时代，全球的信息交流日益频繁和便利，学习外国先进经验与管理技术，与国际现代化人力资源工作接轨，参与国际学术交流，进行人力资源信息对外交流和服务，都需要熟练掌握一门或多门外语，达到能看、会听、日常对话及一般笔译的水平，以适应人力资源信息国际交流的需要。

人力资源管理信息化必须树立以人为核心的管理思想。如果信息化人才准备不足，势必会极大地影响人力资源管理的发展。因此，当前的首要任务就是要培养合格的信息化人才。

（二）人力资源管理信息化人才队伍的培养对策

信息时代的核心是科技，关键是人才。要培养造就一批人才，形成一支推进人力资源管理信息化的基本队伍。

1. 注重人才队伍建设与加速人才培养

（1）注重人才队伍建设

信息时代迫切要求从领导到员工转变传统的管理理念，领导更要重视电子环境下的人力资源工作，在资金、人员和政策上加大支持力度，以新的方式、新的观念全方位发掘、培养、选拔人才，建立人才库和激励机制。要不拘一格选人才，着重解决人力资源管理信息化人才队伍建设中存在的突出问题，把工作重点放在高层次和紧缺人才上，注重人才队伍建设的整体推进和协调发展。

（2）利用各种途径加速人才培养

人力资源管理信息化建设急需大量的信息技术人才。要加强继续教育，通过委托代培、在职业务学习、专题讲座和学术报告以及业务函授、自修班和专业研究班学习等形式培养人才。要充分利用学校教育，从人力资源管理、信息管理专业的博士、硕士、本科、专科毕业生中选拔人才，为信息化人才队伍输送新鲜血液，不断充实信息化人才队伍。要强化社会教育，通过多种途径和手段，采取有效措施和政策，形成多层次、多渠道、多形式的人才培养体系，培养适应信息化发展的多门类、多层次的信息化人才，使之具有计算机知识和网络知识，熟悉数字化、网络化的环境，成为既精通信息技术又精通业务的复合型人才，在信息化进程中充分发挥作用。还可以制定引进人才的相关政策，创造良好的人才环境，吸引海内外优秀信息技术人才。

2. 加强信息技术技能训练的培养

在信息化条件下，人力资源管理工作的技术性必然要求人们具备操作计算机等现代办公设备的能力，熟练地运用开发的系统；在信息检索方面能熟练运用计算机技术，实现提供利用自动化、在线化；能运用通信技术，熟悉信息系统软件和网络工具；能运用多媒体技术，提供图、文、音、像一体化的多媒体信息服务。因此，要进行专业人员的知识培训和技能的训练，使之具备现代化的管理知识，了解电子环境下人力资源管理的全过程和发展趋势，掌握应有的信息技术，确保人力资源管理系统更科学、更合理、更高效地发挥作用。

3. 普及信息知识

一流的人才能造就一流的组织。实现人力资源管理信息化，需要人们具有信息观念和信息知识。通过多种方法和手段普及信息知识对提高人们的信息素质至关重要，必将对信息化产生良好的效果和积极的影响。

（1）普及信息知识的具体方法

一是专题讲座。举办专题讲座是提高信息素质的有效途径。主讲者可以是国内著名的信息学专家，也可以是对信息有独到见解和丰富经验的集团和公司领导，还可以是长期从事信息业务的工作人员。主讲内容以信息领域中某一方面知识的深入剖析为主，采取理论与实践相结合的方式，使人们既有感性认识又有理性认识。二是专题研讨。组织相关人员和领导就当前的信息化形势和单位人力资源信息系统现状进行研究和讨论，将有助于掌握更多的信息知识和技能，利于对已有信息资源深层次开发和利用。三是发行手册。用通俗易懂的文字或以图文并茂的形式将信息系统的软硬件操作手册或使用指南编辑成册，既有较广的发行面，又能具有一定的累积性，方便自学和备查。四是参观考察。组织相关人员和领导到信息行业的先进单位参观学习，获取信息，对比找差距，使信息系统更为合理而有效。

（2）普及信息知识的主要原则

第一，简明性原则。信息技术是信息化管理的工具和手段，因此普及信息知识，必须以简明、概括为原则，深入浅出，循序渐进，起到事半功倍的效果。第二，实用性原则。普及信息知识要注重实用性。以使用率高、能直接在工作中运用且具有明显收效的信息内容为主，尽量介绍与目前已建成的可操作的信息软硬件紧密相联的有关信息知识，如因特网的检索与电子邮件的使用等，这样才能增加学习的兴趣，达到学以致用的目的。第三，新颖性原则。进行普及信息知识的活动中，无论是内容还是形式都要与国内外信息化发展趋势、内外部信息环境、信息技术的最新动态保持同步，具有强烈的时代感和鲜明的新颖性，提高学习的效率和水平。第四，层次性。普及信息知识要因人而异，根据人们的知识水平、专业结构、职务职位、业务能力因材施教，做到授其所需补其所短。

4. 强化信息化人才培训

信息化人才的培训，关系到全面、及时地提高人们的素养和知识结构、掌握基本技能与新的技术手段，增强适应不断变化的工作环境、接受新思想、新事物的能力。可以按照信息化人才素质的要求，建立培训机制，有计划、有组织、有目的、多渠道、多形式地开展队伍培训。

（1）信息化人才培训的主要方法。

①理论培训。理论培训是提高信息化人才队伍理论水平的一种主要方法。可以采用短训班、专题讨论的形式，学习人力资源管理、信息管理的基本原理以及一些新的研究成果，或就一些问题在理论上加以探讨。可以通过研讨会、辅导、参观考察、案例研究、

深造培训，提高对理论问题的认识深度。总之，各级各类组织在具体的培训工作中，要根据单位的特点来选择合适的方法，使培训工作真正取得预期的成效。

②岗位培训。岗位培训是根据岗位职责的需要，以受训对象的知识和实际工作能力与所在岗位现实和未来需要为依据，着重于岗位所需能力的培养和提高。岗位培训为人们不断补充和更新知识与技能，使其知识、技能与人力资源工作的发展保持同步；可以规范业务行为，提高管理的效率，减少工作失误；可以开发人力资源，发现人才，培养人才。

岗位培训的形式主要有：一是鼓励人员参加专业或相关专业的函授教育、自学考试教育、电视教育、网络教育等高等学历教育，系统学习科学文化知识；二是聘请专家、学者讲学，及时接受最新的思维观念、科学技术、管理理论和管理方法；三是在单位内开办培训班，对即将从事工作的人员进行岗前培训，学习组织的人力资源管理规章制度、操作方法；四是鼓励人员利用业余时间自学人力资源管理知识和相关科学文化知识。

（2）信息化人才培训的注意问题。

首先，信息化队伍建设要与信息化目标相结合。要清楚地认识到，培训的目的是提高人们的素养和能力，以更好地适应现职务或新职务的要求，保证信息化目标的实现。

其次，充分调动积极性。针对参加培训人员的各自情况决定具体的培训内容，才能产生好的培训效果。应该精心策划培训内容，让每一个参加培训人员真切地感受到培训是一次难得的机会，能够学到有价值的内容，从而积极主动参加学习。

最后，理论与实践相结合。在培训时，必须注重学以致用，把理论培训与实践锻炼有机结合。只有这样才能有效达到培训目的，培养出既有一定理论水平，又有一定的实践经验，素质和能力都较高的合格信息化人才，形成一支推进人力资源管理信息化的基本队伍。

5. 积极建设梯队的信息化人才队伍

人力资源管理信息化人才队伍建设，应重点突出，目标明确，形成梯队。

（1）信息化人才骨干队伍建设

重点抓好高层次骨干人才的培养，特别要注意发现和培养一批站在世界科技前沿、勇于创新和创业的带头人，具有宏观战略思维、能够组织重大科技攻关项目的科技管理专家及人力资源技术专家。探索新形势下加速信息化人才骨干队伍建设的新思路，把培养信息化人才骨干当成一项至关重要的任务来抓。

（2）青年信息化人才的培养

拓宽视野，不拘一格，注重发现具有潜质的青年人才，为他们提供施展才华的舞台。要重视培养年轻人的创新精神和实践能力，鼓励他们在信息化过程中和工作实践中努力拼搏。大力倡导团结协作、集体攻关的团队精神，努力培养青年人才群体。注意正确处理好现有人才与引进人才的关系，创造各类优秀青年人才平等竞争、脱颖而出、健康成长的机制，不断探索培养优秀青年信息化人才的途径。

（3）信息化管理人才的培养

信息化规划的实施与落实，需要引进、开发、投资建设一大批信息资源及网络基础设施。为保障信息化的快速、稳定、健康发展，需要一批具有较高专业素质的管理人才从事资源及设施的建设、运行、管理及维护工作。信息化管理人才的培养，要考虑队伍的稳定性，培养对象的选择，要注重是否具备较高的政治素质，是否热爱人力资源管理事业，同时在政策上要有良好的激励机制和制约措施。

（4）信息化技术应用型人才的培养

信息化建设的最终目标是要培养具有综合职业能力和全面素质、具有信息化意识，并掌握现代信息技术、计算机技术、通信技术、网络技术的适应现代化建设需要的应用型人才和高素质劳动者。这是检验信息化建设能否服务于人力资源事业体系的建立、服务于人力资源管理现代化、服务于经济和社会发展的标准。

应该充分创造条件，采用多种途径对信息化人才进行培训，尽快普及现代信息技术、计算机技术、通信技术、网络技术的教育，组织人力资源工作者参加社会认可的计算机应用资格证书考试，让更多的人参与到信息化建设工作中来。

6. 重视加强信息化人才队伍建设的组织领导

人是社会信息活动的核心，人才问题是信息化的根本保证。从现在起就要有目的、有计划地培育和吸纳优秀人才，为信息化建设准备坚实的人才基础。为了培养综合素质的人才，逐步形成知识结构合理、层次配置齐全的信息化人才队伍，加快信息化建设的步伐，完成时代赋予人们的历史使命，必须加强信息化人才队伍建设的组织领导。

第一，重视人才队伍建设工作的领导。各级人力资源部门和领导干部要真正树立科技是第一生产力和人才是"第一资源"的意识，把信息化人才队伍建设工作摆上重要议事日程，引导人们特别是青年人树立正确的世界观、人生观、价值观，求实创新、拼搏奉献、爱岗敬业、团结协作，努力成为信息化建设的有用人才。

第二，健全人才建设的工作机制。建立和完善信息化人才交流制度，加强各地区、部门之间的联系、沟通，协调有关重要政策的研究、执行和工作部署、落实。

第三，加强人力资源管理部门自身建设。充实人力资源管理部门力量，配备高素质人员，并保持相对稳定。提供必要的工作条件，保证工作经费，加强对人员的境内外培训，提高综合素质、服务意识和信息安全意识。重视对人才理论、人才成长规律和管理规律的研究，学习借鉴国外人力资源资源开发的经验。

第四，加强督促检查，狠抓落实。抓紧建立一支掌握先进科学技术和管理知识、政治素质好、创新能力强的信息化人才队伍，是事关事业当前和长远发展的根本大计。人力资源部门要结合实际，在抓落实上下功夫。定期对信息化人才队伍建设进行调查研究、督促检查。要进一步提高对人才问题的认识，把人才工作摆到更为重要、更为突出的位置上来，加快创造有利于留住人才和人尽其才的社会环境，切实加大工作力度，努力营造充分发挥人才作用的良好氛围，从而保证信息化目标的实现。

第三节　人力资源管理信息化系统功能、开发和应用

一、人力资源管理信息化系统的功能解析

（一）信息处理与服务功能

1. 信息处理功能

人力资源管理信息系统设置标准化计量工具、程序和方法，对各种形式的信息进行收集、加工整理、转换、存储和传递，对基础数据进行严格的管理，对原有信息进行检索和更新，从而确保信息流通顺畅，及时、准确、全面地提供各种信息服务。

（1）数据处理

数据处理涉及设备、方法、过程以及人的因素的组合，完成对数据进行收集、存储、传输或变换等过程。将原始数据资料收集起来，输入计算机，进行文字处理，在机器屏幕上直观、方便地对文字进行录入、编辑、排版、增删和修改，方便地存档、复制、打印和传输，由计算机完成计算、整理加工、分类、排序和分析等信息处理工作，进行数据的识别、复制、比较、分类、压缩、变形及计算活动。数据处理实现信息记录及业务报告的自动化，通过对大批数据的处理可以获得对管理决策有用的信息。

（2）电子表格

人力资源管理信息系统拥有丰富的人力资源数据，具有灵活的报表生成功能和分析功能。能够用软件在计算机上完成制表、录入数据、运算、汇总、打印报表等项工作，十分快捷地得到准确、美观的表格。系统直接利用来源于各基本操作模块的基本数据，既以信息库的人力资源数据作为参考的依据，又根据人力资源管理者提供的信息进行综合分析，提供从不同角度反映人力资源状况的信息报表和分析报表。如生成按岗位的平均历史薪资表，员工配备情况的分析表，个人绩效与学历、技能、工作经验、接受培训等关系的统合性分析报表，供日常管理使用和决策参考。报表提供的不是简单的数据，而是依赖于常规的人力资源管理与分析方法，从基本的数据入手，形成深层次的综合数据，反映管理活动的本质，指导管理活动。

（3）电子文档管理

运用电子文件处理软件，实现文件的审定、传阅、批示、签发以及接收、办理、反馈、催办、统计、查询、归档等环节的计算机处理。用计算机管理文件材料，完成文件

的编目、检索，进行文件信息统计分析，实现利用者的身份确认、签名、验证，办理借阅手续，方便利用者的查找，达到安全管理信息的目的。

（4）图形与图像处理

图形处理是利用计算机完成条形图、直方图、圆瓣图和折线图等各种图形的制作，对图形进行剪辑、放大、缩小、平移、翻转等处理，满足不同需求的使用。图像处理是利用计算机将图像转变为数字形式，再用数字形式输出并恢复为图像。主要包括图像数字化、图像增强与复原、图像数字编码、图像分割和图像识别等。

2. 信息服务功能

人力资源管理信息系统的特点，是面向管理工作，收集、存储和分析信息，提供管理需要的各种有用信息，为管理活动服务。

（1）整合优化管理

由于现代管理工作的复杂性，人力资源管理信息系统以电子计算机为基础，按照所面向的管理工作的级别，对高层管理、中层管理和操作级管理三个层面展开服务。按其组织和存取数据的方式，可以分为使用文件和使用数据库的服务；按其处理作业方式，可以分为分批处理和实时处理的服务；按其各部分之间的联系方式，可以分集中式和分布式服务。一个完整的管理信息系统，能够针对个多层次的结构，以最有效的方式向各个管理层提供服务，使各层次间结合、协同行动。一方面进行纵向的上下信息传递，把不同环节的行为协调起来；另一方面进行横向的信息传递，把各部门、各岗位的行为协调起来。

人力资源管理信息系统，通过各种系统分析和系统设计的方法与工具，根据客观系统中信息处理的全面实际状况，合理地改善信息处理的组织方式与技术手段，以达到提高信息处理的效率、提高管理水平的目的。人力资源管理信息系统是为各项管理活动服务的一个信息中心，具有结构化的信息组织和信息流动，可以按职能统一集中电子数据处理作业，利用数据库构成较强的询问和报告生成能力，有效地改善各种组织管理，提高电子计算机在管理活动中的应用水平。只有这样，管理活动才能成为一个有机的整体，呈现整体化和最优化的局面。

（2）组织结构管理

系统根据相关信息，形成组织结构图，提供组织结构设计的模式。通过职能分析，确定职务、职能、职责、任职要求、岗位编制、基本权限等，形成职务职能体系表，并根据不同职位的职责标准，进行职责诊断。系统根据需要对组织结构及职位关系进行改动、变更，对职位职责、职位说明、资格要求、培训要求、能力要求及证书要求进行管理，配置部门岗位和人员，生成机构编制表，进行岗位评价，实现内部冗余人员和空缺岗位的匹配查询。

（3）人事管理

系统具有对人员档案中的信息进行记录、计算查询和统计的功能，方便人事管理。系统对每个员工的基本信息、职位变更情况、职称状况、完成的培训项目进行维护和管理。记录人事变动情况，管理职员的考勤，形成大量的声音、图像、VCD 文件及其他各种形式的信息，并保存在信息库中。系统拥有人员履职前资料、履职登记及培训、薪资、奖惩、职务变动、考评、工作记录、健康档案等丰富的信息。可以按照部门人数、学历、专业、院校、籍贯、户口、年龄、性别等进行分类统计，形成详尽的人力资源状况表。系统通过众多的检索途径，直接提供满足各种需求的信息利用，在员工试用期满、合同期满时，自动通知人力资源部门处理相关业务。

（4）招聘管理

系统能够为招聘提供支持，优化招聘过程，进行招聘过程的管理，减少业务工作量；对招聘的成本进行科学管理，降低招聘成本；为选择聘用人员的岗位提供辅助信息，有效地帮助进行人力资源的挖掘。

（5）薪资管理

系统可以根据基本数据，在职务职能设计的基础上，进行岗位分析，确定薪酬体系，自动计算单位及各部门的薪酬总额、各种人事费用比例、各级别的薪酬状况，及时形成薪酬报表、薪酬通知单等单据，根据目前的现状对薪酬体系进行自我调整，形成详尽的薪酬体系表和薪级对照表，便于对薪资变动的处理。

（6）绩效考核管理

系统的绩效考核功能，包括考核项目定义、考核方案设置、考核等级定义、考核员工分组定义、考核记录、考核结果。系统根据职务职能设计将人员分成决策层、管理层、基本操作层、辅助运作层等职级，分别设计考评的标准，对月份、季度、年度考核进行统计分析，并与薪酬、奖惩体系等进行数据连接，生成数据提供利用。

（7）培训管理

系统制定培训计划，对培训进行人、财、物的全面统筹规划。在资金投入、时间安排、课程设置等方面实施控制。系统对课程分类、培训计划等提供了基本的模式，根据职位中的培训要求及员工对应的职位，能自动生成培训安排。员工改变职位后，其培训需求自动更改，可直接增加培训计划，也可由培训需求生成培训计划。系统能够获取培训过程中的各种信息材料，有各种培训资料收集途径信息，有大量培训组织机构的信息，逐步形成了专业的培训信息库，使个人的培训档案能够直接与生涯规划紧密联系在一起。系统可以从教师、教材、时间安排、场地、培训方式、培训情景等方面进行综合评估，检查培训的效果。

（二）信息事务处理、计划与控制功能

1. 信息事务处理功能

人力资源管理信息系统能优化分配人力、物力、财力等在内的各种资源，记录和处理日常事务，将人们从单调、繁杂的事务性工作中解脱出来，高效地完成日常事务处理业务，既节省人力资源，又提高管理效率。

系统在审查和记录人力资源管理实践过程中，通过文字处理、电子邮件、可视会议等实用技术，以及计算和分析程序，进行档案管理、编制报告、经费预算等活动。集中

实现文件材料管理、日程安排、通信等多种作用，辅助人力资源管理者进行事务处理，协调各方面的工作。人力资源管理信息系统的处理事务功能具有以下两个特性：

第一，沟通内部与外部环境之间的联系。在内、外部之间架起一座桥梁，确保信息交流渠道的畅通，及时、准确地获取有用信息，并向外界进行有效的信息输出。

第二，系统既是信息的使用者，又是信息提供者。系统与外界环境联系密切，在运行过程中产生并提供信息利用，管理者通过它获取有关组织运转的现行数据和历史数据，从而很好地了解组织的内部运转状况及其与外部环境的关系，为管理决策提供依据。

2. 信息计划与控制功能

人力资源管理信息系统的计划功能表现在，系统能体现未来的人力资源的数量、质量和结构方面的信息，针对工作活动中的各种要求，提供适宜的信息并对工作进行合理的计划和安排，保证管理工作的效果。人力资源计划按重要程度和时间划分，有长远规划、中期计划和作业计划等；按内容划分有人员储备计划、招聘计划、工资计划、员工晋升计划等。系统可以对有关信息进行整合，形成完整的人力资源计划，为人力资源管理提供利用。

控制是人力资源管理的基本职能之一，而信息是控制的前提和基础。及时、准确、完整的信息可以保证对人力资源管理全过程进行有效的控制，做到指挥得当，快速应变。人力资源管理信息系统能对人力资源管理的各个业务环节的运行情况进行监测、检查，比较计划与执行情况的差异，及时发现问题，并通过分析出现偏差的原因，采用适当的方法加以纠正，从而保证系统预期目标的实现。

（三）信息预测功能

人力资源管理信息系统不仅能实测现有的人力资源管理状况，而且可以对人力资源管理活动进行科学分析和组织，利用过去的历史数据，通过运用适当的数学方法和合理的预测模型来预测未来的发展情况，对人力资源需求、劳动力市场、未来战略、职业生涯和晋升等做出科学预测。

系统通过对行业信息、人才市场信息等做出测评，针对不同的岗位，按照一定人力资源规划的方法进行综合计算，预测某一时期单位及各职能部门的需求人数，并对人员的学历、资历、专业、工作行业背景、毕业院校等基本素质进行规划，最终自动生成详细的易操作的人力资源规划表，确定新进、淘汰、调动、继续教育的基本目标。对人员、组织结构编制的多种方案，进行模拟比较和运行分析，并辅之以图形的直观评估，辅助管理者做出最终决策。

系统可以制定职务模型，包括职位要求、升迁途径和培训计划。根据担任该职位员工的资格和条件，系统提出针对员工的一系列培训建议，一旦机构或职位变动，系统会提出一系列的职位变动或升迁建议，对人员成本做出分析及预测。

（四）信息决策与执行支持功能

1. 信息决策支持功能

当今社会，信息变得越来越重要。真实、准确的人力资源信息是进行决策的坚实基础。所以，人力资源管理信息系统的决策支持功能非常重要。把数据处理的功能和各种模型等决策工具结合起来，依靠专用模型产生的专用数据库，针对某方面具体的决策需要，专门为各级、各层、各部门决策提供人力资源信息支持，可以达到决策优化。

决策支持功能的学科基础是管理科学、运筹学、控制论和行为科学。通过计算机技术、人工智能技术、仿真技术和信息技术等手段，利用数据库、模型库以及计算机网络，针对重要的决策问题，做好辅助决策支持。决策支持功能具备易变性、适应性、快速的响应和回答、允许用户自己启动和控制的特征。

决策支持的类型主要有：专用决策支持，针对专业性的决策问题，如招聘决策、人力资源成本决策，具有决策目标明确、所用模型与程序简单、可以直接在系统中获得决策结果的特点；集成的决策支持，能处理多方面的决策问题，模型、数据库和计算机网络处理的决策问题，具有更强的通用性；智能支持，由决策者把推测性结论与知识库相结合，用来解答某些智能性决策问题。

决策支持面对的是决策过程，它的核心部分是模型体系的建立，提供方便用户使用的接口。人力资源管理信息系统能充分利用已有的信息资源，包括现在和历史的数据信息等，运用各种管理模型，对信息进行加工处理，支持管理和决策工作，以便实现管理目标。它不但能在复杂的迅速变化的外部环境中，提供相关的决策信息，从大量信息中挖掘出具有决策价值的数据、参数和模型，协助决策者制定和分析决策，提高决策质量和可靠性，降低决策成本，而且可以利用各种半结构化或非结构化的决策模型进行决策优化，提高社会经济效益。

决策支持要求提供的数据范围广泛，但对信息的数量和精度方面要求比较低。它通过灵活运用各种数学和运筹学方法，构造各种模型来支持最终的决策。

决策支持主要帮助管理者解决问题，使管理者不受空间和时间的限制，共享系统提供的各种信息。当支持决策的数据变量发生改变时，分析出现变化可能带来的结果，帮助管理者调整决策。

2. 信息执行支持功能

主要服务对象是战略管理层的高级管理人员。它直接面对的是变化无常的外部环境。执行支持只是为决策提供一种抽象的计算机通信环境，而不同于决策支持为决策者提供某种特有的解决问题的能力。执行支持系统能以极低的成本和极快的速度向决策者提供有用的信息，从而保证管理者能进行及时的决策，避免耽误决策时机。为了方便高级管理人员操作，系统往往具有很友好的界面。

二、人力资源管理信息系统的开发与建立

（一）人力资源管理信息系统的开发

人力资源管理信息系统都是按照一定的管理思想，借鉴相应的管理理念开发出来的。人力资源管理信息系统的开发，要考虑系统的要素、系统的管理过程，分析系统开发的要求，在创造各种有利条件的基础上进行开发。

1. 人力资源管理信息系统的要素

人力资源管理信息系统作为实现管理现代化的重要手段，是由相互联系、相互作用的多个要素有机集合而成的，执行特定功能的综合体。

（1）人

人力资源管理信息系统是一个人机系统，人员是系统的重要组成部分。包括数据准备人员与各层次管理机构的决策者以及系统分析、系统设计、系统实施和操作、系统维护、系统管理人员。人力资源管理信息系统的实施，关键在于系统人员的管理。应该将参与系统管理的人员，按照系统岗位的需要进行分工和授权，使之相互配合，协调一致地参与管理过程。明确规定系统的各个岗位的任务、职权和职责，对系统人员承担的任务进行明确的授权；用客观、公正的评价指标和衡量优劣的方法，定期或不定期地对系统人员进行检查和评价；对系统人员进行培训，应对计算机专业人员与管理人员在内容上各有侧重。

（2）硬件系统

硬件主要指组成人力资源管理信息系统的有关设备装置，包括计算机及通信网络、工作站和有关的各种设施。主要是进行信息输入、输出、存储、加工处理和通信。计算机是整个系统的核心；通信网络可采用局域网、因特网或其他网络，以适于不同部门、不同区域的需要；工作站可以是简单的字符终端或图形终端，也可以是数据、文字、图像、语音相结合的多功能的工作站。

（3）软件系统

软件系统主要包括系统软件和应用软件两大类。系统软件主要用于系统的管理、维护、控制及程序的装入和编译等工作。应用软件包括指挥计算机进行信息处理的程序或文件等。

（4）数据库

数据库是指数据文件的集合。数据库对各种人力资源的数据进行记录和保存，将这些数据和信息转化成为人力资源管理信息系统可以识别和利用的信息，把所有人力资源信息纳入系统，使不同来源的输入数据得以综合，方便提供必要的利用。数据库的内容包括描述组织和员工情况的数据以及影响人力资源资源管理环境的因素，可以提供对于人力资源计划和管理活动具有广泛价值的多种类型的输出数据。应该把人力资源管理活动中形成的人力资源信息，按照数据库设计的要求转换成数据信息，及时更新、修改和补充新的数据，以便在满足基本业务需求的同时，适应不断增长的业务信息需求。

（5）操作规程

操作规程指的是运行管理信息系统的有关说明书，通常包括用户手册、计算机系统操作手册、数据输入设计手册等。遵循操作规程，整合优化人力资源管理，统一业务处理流程，就可以顺利完成管理信息系统的各项功能，如信息处理、数据维护及系统操作等，从资源规划和整合上优化人力资源管理信息系统。

2. 人力资源管理信息系统的基本环节

（1）输入

向人力资源管理信息系统提供原始信息或第一手数据，即为输入。人力资源管理信息系统主要包括两个方面的信息：第一，组织方面的信息，主要是政策、制度、程序、管理活动的真实记录；第二，个人方面的信息，主要是自然状况，性别、年龄、民族、籍贯、健康；知识状况，文化程度、专业、学历、学位、职称、取得的各种资格证书；能力状况，操作技能、管理技能、人际交往能力、组织协调能力、语言表达能力、其他特长；经历，个人承担过的工作、职务、时间，是在个人职业生涯中形成的历史信息；工作状况，所属部门、职位、等级、绩效表现；培训，受过哪些培训、时间、成绩；收入，工资、奖金、福利；心理状况，兴趣、偏好、积极性水平、心理承受能力；家庭状况，家庭成员、家庭职业取向；部门评价，使用意见、综合评价等。系统要完整、准确、及时地记录数据，加快信息更新速度，丰富信息资源。

（2）转换

转换是指对输入的信息进行加工，使其成为对组织更有价值、更方便利用的信息形式。信息的转换要经过信息的分类、信息的统计分析、信息的比较和信息的综合处理等环节，要求确保信息的客观性和提高信息的可用性。系统对获得的原始信息材料作分类加工处理，就可得到许多能满足需求的有用信息，员工文化素质的结构、年龄结构、业务水平、培训情况等，使信息利用更有效。如输入员工每月的工作时数，就可得到其应发工资数、扣发工资数及实际数等项目。计算机和软件对信息进行转换，形成合成信息、深层次信息、计量模型和统计模型计算的数据，使信息转化为符合利用需要的信息，可帮助管理者做出科学的决策。用计算机系统进行信息加工，比手工的处理速度更快、更准确。

（3）输出

输出对加工处理后的信息成果，用报表、报告、文件等形式提供给系统外部利用。如工资单、招聘分析报告。信息输出的形式因利用者对信息内容和质量的要求不同而有差异。一定要根据存储量、信息格式、使用方式、安全保密、使用权限等方面的要求来确定。人力资源管理信息系统的最终目的是为用户提供技术数据、管理信息和决策支持信息。信息只有经过输出，才能实现价值，发挥作用，变潜在价值为现实价值。系统输出高质量的信息，是管理活动的基础和依据，能够起到辅助管理的作用。

（4）反馈控制

系统将信息输出后，输出的信息对管理活动作用的结果又返送回系统，并对系统的信息再输出发生影响的过程。利用系统提供的反馈信息，可以据此改变系统参数和重新配置人员，重新确定工作标准、配置人力资源、修订人力资源发展计划。反馈控制确保整个过程的实施，确保系统所预想达到的结果，以提高整个系统的有效性。

3. 人力资源管理信息系统开发的一般要求

人力资源管理信息系统具有复杂的结构形式，既要反映业务活动的特点，又要反映组织结构的特征，而且时间、环境、个体因素都会对其产生影响。因此，进行人力资源管理信息系统的开发要遵循一定的要求。

①完整性与集成性。人力资源管理信息系统是基于完整而标准的业务流程设计的，能够全面涵盖人力资源管理的所有业务功能，是用户日常工作的信息化管理平台。对员工数据的输入工作只需进行一次，其他模块即可共享，减少大量的重复录入工作。人力资源管理信息系统，既可作为一个完整的系统使用，也可以将模块拆分单独使用，必要时还能扩展集成为一个完整系统。

②易用性。界面友好简洁，直观地体现人力资源管理的主要工作内容，引导用户按照优化的人力资源管理流程进行每一步操作。尽量在一个界面显示所有相关信息，并操作所有功能，使信息集成度高，减少大量对弹出式对话框的烦琐操作。

③网络功能与自助服务。能提供异地、多级、分层的数据管理功能，日常管理不受地理位置限制，可在任何联网计算机上经身份验证后进行操作。

为员工与管理者提供基于 Web 的企业内部网络应用，允许员工在线查看企业规章制度、组织结构、重要人员信息、内部招聘信息、个人当月薪资及薪资历史、个人福利累计、个人考勤休假等；注册内部培训课程、提交请假、休假申请，更改个人数据，与人力资源部门进行电子方式的沟通；允许主管人员在授权范围内在线查看所有下属员工的人事信息，更改员工考勤信息，审批员工的培训、请假、休假等申请，并能在线对员工进行绩效管理；高层管理者可在线查看人力资源配置情况、人力资源成本变动情况、组织绩效、员工绩效等各种与人力资源相关的重要信息。

④开放性。提供功能强大的数据接口，轻松实现各种数据的导入导出以及与外部系统的无缝连接。便于引入各类 Office 文档，并存储到数据库中，规范人力资源文档的管理，并增加文档的安全性。能够支持所有主流关系型数据库管理系统以及各种类型的文档处理系统。

⑤灵活性。可方便地根据用户需求进行功能改造，更改界面数据项的显示。具有强大的查询功能，可灵活设置众多条件进行组合查询。支持中英文或其他语种实时动态切换。

⑥智能化。系统的自动邮件功能，可直接批量通过 E-mail 发送信息给相关人员，如通知被录用人员、给员工的加密工资单等，极大地降低管理人员的行政事务工作强度。系统设置大量的提醒功能，以便用户定时操作，如员工合同到期、员工生日等，使人力资源管理变被动为主动，有效地提高员工对人力资源工作的满意度。

⑦强大的报表、图形输出功能。提供强大的报表制作与管理工具，用户可直接、

快速设计各种所需报表，并能随时进行设计更改。报表可输出到打印机、Excel 文件或 TXT 文本文件。提供完善的图形统计分析功能（如条形图、圆瓣图、折线图等），输出的统计图形可直接导入 MS Office 文档中，快速形成人力资源工作分析报告。

⑧系统安全。对数据库进行加密，进行严格的权限管理，设定用户对系统不同模块、子模块乃至数据项的不同级别操作权限。建立数据定期备份机制并提供数据灾难恢复功能；建立日志文件，跟踪记录用户对系统每一次操作的详细情况。

4. 人力资源管理信息系统开发的条件

人力资源管理信息系统的开发及运行能够产生巨大的社会经济效益，但是必须具备一定的前提条件，否则不仅不能获益，反而会造成人力、财力、物力和时间的浪费。一般说来，开发人力资源管理信息系统应具备以下四个基本条件：

（1）管理基础坚实

人力资源管理信息系统应建立在科学管理的基础上。可以说，系统的开发过程就是管理思想和管理方法变革的过程。只有在合理的管理体制、完善的规章制度、稳定的工作秩序以及科学的管理方法的基础上，完善人力资源管理运作体系，实现工作规范化、系统化，系统的功能作用才有可能充分发挥。

（2）领导重视

人力资源管理信息系统开发是一项复杂的系统工程，涉及统一数据编码、统一表格形式等多项协调工作，不能仅仅依靠专门技术人员单独实现。在某种程度上说，领导的重视程度可以直接决定人力资源管理信息系统的应用效果，因为在管理信息系统开发与应用的各个时期，对于资源投入、总体规划等全局性的重大问题，需要领导决策。领导要了解人力资源管理信息系统的优势，熟悉计算机基础知识和系统基本操作，重视并积极参与系统开发工作。

（3）相关人员积极参与

要明确规定系统开发相关人员的职责，协调相互之间的关系，充分发挥系统开发人员的作用。

系统开发相关人员要履行自己的职责，积极参与开发。方案设计人员，要具有非常好的计算机技术，熟悉自动化流程业务，负责整个项目的需求分析、方案论证和实施方案的设计。项目实施人员，负责整个系统的开发、测试和安装，保证系统实施过程中的质量，并定期将进展情况向其他人员通报。技术服务人员主要职责是用户的操作指导和培训，做好技术支持。资料员，负责提供和保管在系统开发实施过程中需要的各种数据和产生的各种文档。

业务人员主动配合对人力资源管理信息系统的开发与应用同样具有重要作用。在系统开发阶段，需要他们介绍业务、提供数据和信息；在系统建成之后，他们是主要的操作者和使用者。因此，他们的业务水平、工作习惯和对系统的关注与参与程度，将直接影响系统的使用效果和生命力。所以，要充分调动业务人员的积极性，使其能够很好地配合，主动参与系统的使用和部分开发工作。

（4）紧密结合实际

进行人力资源管理信息系统的开发，要做客观而充分的评估，了解人力资源管理现状，做出系统的预算，决定是否需要引入管理咨询，确定实施系统的范围与边界。既考虑满足当前人力资源管理需求，又设法确保系统为人力资源管理层次的提升带来帮助。要从实际情况出发，不盲目地贪大求全，准确定位，寻找到合适的解决方案。在功能层面上，根据人力资源管理的实际情况，规划实际有效的、能够产生价值的功能模块，比如招聘、培训发展、薪酬、沟通渠道、绩效管理、福利管理、时间管理、自助服务等。要具备完整的系统运行环境，如服务器、硬件设备、用户服务支持、数据处理和管理、流程控制等。

（5）高水平的专业技术团队

人力资源管理信息系统的开发和运行必须有一支具备合理结构的专业技术人员队伍。队伍的组成包括：系统分析员，主要进行系统开发的可行性研究，做好调查研究，对系统目标、系统功能、系统的效益预测、资金预算、开发步骤与开发方法等进行分析；系统设计员，是系统的具体执行者和组织者，既要懂管理知识、计算机硬件软件知识和经济管理知识，又要具有系统开发实践经验和组织能力，其主要任务是系统功能设计、数据库设计、系统设备配置安排、系统输入与输出设计、代码设计等；数据员，主要负责与业务人员一起共同收集、整理和输入数据；程序员，既要了解管理业务，又要具有程序编程设计能力。

（二）人力资源管理信息系统的建立过程

1. 系统规划

系统规划阶段的主要任务是，明确系统开发的目的，进行初步的调查，通过可行性研究，确定系统的逻辑方案。

（1）明确系统创建的目的

根据组织发展战略及现有规模，针对管理的需求，明确系统建立的目的，弄清系统要解决的问题。要对系统进行规划，做好各种人力资源信息的设计和处理方案，确定系统发展的时间安排，建立系统管理的各项规章制度，使管理人员和员工了解人力资源管理信息系统的含义、用途和作用，明确系统目标。

（2）进行系统的调查分析

通过对管理现况的初步调查研究，重点加以分析，深入全面了解业务情况。认识人力资源管理的发展方向和优先次序，找准人力资源管理工作的瓶颈，确定系统的目标和可能涉及的变量，决定人力资源管理信息系统计划的范围和重点。

（3）建立人力资源管理信息系统逻辑模型

分析组织结构及功能，将业务流程与数据流程抽象化，通过对功能数据的分析，建立人力资源管理信息系统的运行模型，制定员工关系管理和人力资源服务模型电子化的目标、策略和实施计划，争取管理层的支持，力争获得资金和其他资源的支持。

2. 系统设计

系统设计阶段的主要任务是确定系统的总体设计方案，划分系统功能，确定共享数据的组织，进行具体详细的设计。系统设计要立足于操作简单、实用，并能真正解决实际的业务问题。

要分析现有的信息，为人力资源管理信息系统提供有效的数据。确定系统中数据的要求、系统最终的数据库内容和编码结构，说明用于产生和更新数据的文件保存和计算过程，规定人力资源信息的格式和处理要求，决定系统技术档案的结构、形式和内容要求，确定人力资源信息系统与其他智能系统的接口的技术要求等。

进行系统设计要优化人力资源管理流程。了解用户的使用体验，明确系统的功能和技术需求，设计功能模块，构建薪酬管理、绩效管理、招聘、培训、人力资源评估、福利管理和不同用户的人力资源自我服务功能，为人力资源管理搭建一个标准化、规范化、网络化的工作平台。通过集中式的信息库、自动处理信息、员工自助服务、外协以及服务共享，达到降低成本、提高效率、改进服务方式的目的。必须考虑到人力资源管理信息系统的经济、技术操作的可行性，分析软件硬件的选择及配备、系统方案设计的合理性，分析人员组成与素质、人工成本，从成本和收益方面考察方案的科学性。要建立起各种责任制度，通过专家与领导对系统进行评审。

3. 系统实施

系统实施阶段的主要任务是执行设计方案，调试系统模块，进行系统运行所需数据的准备，对相关人员进行培训。

（1）配置软硬件

购置硬件要注意选型。员工人数较少的单位可自行开发软件，开发的软件尽量简单、易用；人数较多，则适宜外购软件或请专家帮助开发。信息时代，人力资源管理从思想到行动都发生着巨大的变化，正在变革中的人力资源管理要求软件能够以不变应万变，适应变化了的需要，解决软件的灵活与操作的简单之间的矛盾，使软件具有生命力。

（2）保障系统的安全

由于现行的人力资源管理信息系统受到网络技术的制约，而系统安全问题也就显得尤为重要。要采取切实措施，保证系统内有关员工隐私和保密的数据，免受无访问权限的人获取和篡改。此外，人力资源管理部门对员工绩效评估程序以及薪酬计划的制定等内部机密，也应当得到有效的保护。

（3）系统的日常运行与维护

系统达到可行性分析提出的各项要求，并通过验收后，就可以进入日常运行和维护。系统的日常运行与维护涉及业务部门、人力资源部门和技术部门。业务部门进行日常数据输入，用指标、表格及模型把相关数据进行整合，提出新的信息需求，开展授权范围内的信息处理、查询、决策支持服务，对系统运行提出评价和建议。人力资源部门进行数据使用与更新，根据各部门人力资源配置的新需求，整合信息，进行人力资源管理与决策支持。技术部门进行日常运行的管理与维护，对系统进行修改、补充、评价及检查。

人力资源管理信息系统投入使用后，日常运行和维护的管理工作相当重要。系统的实际使用效果，不仅取决于系统的开发设计水平，还取决于系统维护人员的素质和系统运行维护工作的水平。

要对计算机的硬件、软件系统进行检查，对系统的使用环境进行评估，确定输入—输出条件要求、运行次数和处理量，提供有关实际处理量、对操作过程的要求以及使用者的教育情况的信息，对人力资源管理信息系统的输入进行控制。

（4）对相关人员进行培训

实现人力资源管理信息系统的良性运行，需要对相关人员进行培训，特别是对人力资源管理者进行培训。既要对人力资源管理人员进行系统应用和简单维护的培训，又要对有机会接触系统的员工进行系统操作方法的培训。培训必须以授权访问系统权限的高低来加以区别。

系统管理人员负责整个系统的运行维护和日常操作指导，其培训的基本内容是：系统的设计方案、系统的安装调试和运行数据的组织、信息环境的配置、基础数据的定义、系统安全和备份、系统运行维护、系统常见问题的解决。

对于一般用户的培训内容主要是：人力资源管理信息系统的基本理论、各模块功能的基本操作、常见问题的处理。

4．系统评价

系统评价阶段的主要任务是针对系统日常运行管理的情况，实施推广和综合评估，从而进行信息反馈和系统改进。系统评价主要包括以下四个方面的内容：

第一，系统运行一般情况的评价。分析系统的运行效率、资源利用率及系统管理人员利用率情况，判断对系统的管理、服务改进的空间，评估各项业务需求是否按照高质量、高效率完成，最终用户是否对系统满意。

第二，技术应用情况评价。对系统应用、技术支持和维护进行评估，分析系统的数据传递与加工速度是否协调，系统信息是否能够满足信息需求，外围设备利用率、系统负荷是否均匀，系统响应时间是否符合要求。

第三，效果评价。对系统的整体效果进行评估，分析提供信息的数量、质量是否达到要求，是否及时、准确地根据需求提供信息服务，提供的信息报表、管理参数的利用率及对管理决策的支持效果。

第四，经济评价。对运行费用和效果进行检查审核，评估系统的运行费用是否在预算控制范围内，考虑实施系统后带来的收益和成本比。

系统评价的目的是健全和完善人力资源管理信息系统。应该根据评价结果，对系统的某些方面进行改进、调整，开发新的功能和流程。要根据系统的需要，确定有关管理部门和管理人员对信息的特殊要求。对与人力资源管理信息系统有关的单位，提出保证系统信息安全的建议，不断优化人力资源管理信息系统流程，使人力资源管理信息系统充分发挥效能。

三、人力资源管理信息系统的应用效果与风险控制

（一）人力资源管理信息系统的应用效果

①全面人力资源管理。企业人力资源管理系统是一种适合多种人力资源管理解决方案的开放式平台：由用户自行定义多种信息数据项目；实现业务流程自定义与重组；管理工具以组件的形式灵活组配；通过战略模块控制不同层次的业务活动。通过提供人力资源管理的全员参与平台，使人力资源管理工作从高层管理者的战略设定、方向指导，到人力资源管理部门的规划完善，再到中层经理的参与实施，最终到基层员工的自主管理，形成一个统一立体的管理体系。

②业务模式清晰，界面友好灵活。企业人力资源管理系统为一般员工、直线经理和人力资源管理者等提供个性化的人力资源管理业务操作窗口，以事件和流程为中心规划业务进程，使琐碎的业务活动变得清晰明了。针对每个操作员，该系统都能够定义其菜单的组织方式与个性化的名称，并且能够集成其他系统的应用，为每个操作员提供一体化、个性化的操作环境与应用平台。

③系统开放，转换灵活。企业人力资源管理系统通过客户化平台提供各种不同系统接口实现系统的开放和灵活，提供包括 Word、Excel、TXT、DBF 等不同格式的数据导入导出接口，方便与不同格式数据的灵活转换。

④强大的查询、统计和分析功能。企业人力资源管理系统提供查询模板、查询引擎、数据加工厂、查询统计、报表工具等不同的查询、统计、分析工具，同时根据规则进行结构分析、变化趋势分析等工作，实现强大的数据组合分析功能，实现决策支持。

⑤辅助支持功能。企业人力资源管理系统在"政策制度管理"中提供对国家和地方的政策法规等的分类检索和管理维护，给员工和人力资源管理者提供辅助支持，实现人力资源管理透明化。

⑥信息共享，灵活对接。作为企业信息系统的核心平台，通过可扩展平台实现人力资源管理系统与其他相关系统的对接，外部系统人力资源数据的共享，以及随着信息化发展存在的复杂的系统对接，从根本上扭转了相对独立的各系统之间信息无法共享的弊端。同时，所有信息由专人进行维护，并通过制定相应的信息浏览、调用和修改权限，保证了系统相应的子模块信息只能在权限范围内被正确使用，从而实现信息的及时、准确、安全。

⑦纵向管理，高效便捷。通过开发人力资源管理系统，逐步实现企业人力资源管理上下一条主线，充分发挥企业人力资源部门与各分子公司人力资源部门工作的指导、协调和沟通作用。

（二）人力资源管理信息系统建设的风险控制建议

信息化人力资源管理建设的风险存在于整个项目的推进过程中，本书针对系统实施提出几点能有效控制风险的建议：

第一，项目组织保证。信息化人力资源管理建设工作是一项多方参与、共同完成的

项目，为了保障项目规范化运作，需要设置相适应的组织机构，进行合理的人员分配，建立有效的沟通机制。

第二，项目制度建设。信息化人力资源管理的信息存在安全性和保密性高的特点，需要建立一整套相关制度，如系统管理部门、运行范围界定、操作人员等级权限划分、安全操作注意事项、违纪违规处理等。严格按运行规则操作，保障系统安全稳定。

第三，培训工作。培训工作主要分为计算机网络技术和人力资源管理业务。按员工职能和工作授权的不同，有针对性地安排不同内容的培训，保障信息化人力资源管理系统的正常运转。

第四，预算控制。信息化人力资源管理建设的预算主要包括硬件、软件和实施三方面。在项目规划之初，做好预算管理工作，明确项目推进过程中各阶段的费用，并严格按照预算管理。

信息化人力资源管理建设是个复杂的管理过程，所以应从组织建设、规章制度、培训教育、财务控制等多方面进行持续性的保障与监管。

第八章 新时代人力资源管理职能的战略转型与优化

第一节 人力资源管理职能的战略转型

一、人力资源管理职能的战略转型分析

(一)以战略和客户为导向的人力资源管理

近年来,随着全球化步伐的加快,经营环境的复杂化,技术进步尤其是网络和信息技术的突飞猛进,员工队伍、社会价值观,以及组织所处的内外部环境都发生了很大的变化,这些情况使组织中的人力资源管理职能面临着越来越严峻的挑战。在这种情况下,出现了很多关于人力资源管理职能变革的想法,如人力资源管理应当从关注运营向关注战略转变;从警察式的监督检查向形成业务部门的伙伴转变;从关注短期向关注长期转变;从行政管理者向咨询顾问转变;从以职能管理为中心向以经营为中心转变;从关注内部向关注外部和客户转变;从被动反应向主动出击转变;从以完成活动为中心向以提供解决方案为中心转变;从集中决策向分散决策转变;从定性管理向定量管理转变;从传统方法向非传统方法转变;从狭窄视野向广阔视野转变,等等。

毋庸置疑,上述想法都有一定道理,但必须强调的一点是,人力资源管理职能的战略转变并不意味着人力资源管理彻底抛弃过去所做的一切,相反,现代人力资源管理职

能必须在传统和现代之间找到一个适当的平衡点，只有这样才能为组织的经营和战略目标的达成提供附加价值，帮助组织在日益复杂的环境中获得竞争优势。

人力资源管理在一个组织的战略制定以及执行过程中起着非常重要的作用，它不仅要运用于组织制定战略的过程中，而且要负责通过制定和调整人力资源管理方案和计划来帮助组织制定的战略被贯彻和执行。然而，人力资源管理职能部门要想在组织中扮演好战略性的角色，就必须对传统的人力资源管理职能进行重新定位；同时，要围绕新的定位来调整本部门的工作重点及在不同工作活动中所花费的时间。

如果想把人力资源管理定位为一种战略性职能，就必须把人力资源部门当成是一个独立的经营单位，它具有自己的服务对象，即内部客户和外部客户。为了向各种内部客户提供有效的服务，这个经营单位需要做好自己的战略管理工作，在组织层面发生的战略规划设计过程同样可以在人力资源管理职能的内部进行。近年来，在人力资源管理领域中出现了一个与全面质量管理哲学一脉相承的新趋势，那就是企业的人力资源部门应当采取一种以客户为导向的方法来履行各种人力资源管理职能，即人力资源管理者把人力资源管理职能当成一个战略性的业务单位，从而根据客户基础、客户需要以及满足客户需要的技术等来重新界定自己的业务。

以客户为导向是人力资源管理在试图向战略性职能转变时所发生的一个最为重要的变化。这种变化的第一步就是要确认谁是自己的客户。需要得到人力资源服务的直线管理人员显然是人力资源部门的客户；组织的战略规划团队也是人力资源部门的客户，因为这个小组也需要在与人有关的业务方面得到确认、分析并且获得建议；此外，员工也是人力资源管理部门的客户，他们与组织确立雇佣关系后获得的报酬、绩效评价结果、培训开发计划以及离职手续的办理等，都是由人力资源部门来管理的。

第二步是确认人力资源部门的产品有哪些。直线管理人员希望获得忠诚、积极、高效且具有献身精神的高质量员工；战略规划团队不仅需要在战略规划过程中获得各种信息和建议，而且需要在战略执行过程中得到诸多人力资源管理方面的支持；员工则期望得到一套具有连续性、充足性以及公平性特征的薪酬福利计划，同时还希望能够得到公平的晋升以及长期的职业生涯发展机会。

最后一个步骤是，人力资源部门要清楚，自己应通过哪些技术来满足这些客户的需要。客户的需要是不同的，因此，运用的技术也应该是不同的。人力资源部门建立的甄选系统必须能够确保所有被挑选出来的求职者都具有为组织带来价值增值所必需的知识、技术和能力。培训和开发系统则需要通过为员工提供发展机会来确保他们不断增加个人的人力资本储备，为组织获取更高的价值，从而最终满足直线管理人员和员工双方的需要。绩效管理系统则需要向员工表明，组织对他们的期望是什么，它还要向直线管理人员和战略制定者保证，员工的行为将与组织的目标保持一致。此外，报酬系统需要为所有的客户（直线管理人员、战略规划人员以及员工）带来收益。总之，这些管理系统必须向直线管理人员保证，员工将运用他们的知识和技能服务于组织的利益；同时，它们还必须为战略规划人员提供相应的措施，以确保所有的员工都采取对组织的战略规划具有支持性的行为。最后，报酬系统还必须为员工所做的技能投资及其所付出的努力提供等价的回报。

人力资源管理部门的客户除了组织的战略规划人员、直线经理以及员工外，还有另外一类非常重要的客户，即外部求职者。在当前人才竞争日益激烈的环境中，人力资源部门及其工作人员在招募、甄选等过程中表现出的专业精神、整体素质、组织形象等，不仅直接关系到组织是否有能力雇用到高素质的优秀员工，而且对组织的雇主品牌塑造、在外部劳动力市场上的形象都有重要的影响。因此，人力资源部门同样应当关注这些外部客户，设法满足他们的各种合理需求。

（二）人力资源管理职能的工作重心调整

在现实中，很多企业的人力资源管理者经常抱怨自己不受重视。他们认为，他们在招聘、培训、绩效、薪酬等很多方面做了大量工作，受了不少累，但却没有真正受到最高领导层的重视，一些工作得不到高层的有力支持，很多业务部门也不配合，自己就像是在"顶着磨盘跳舞 —— 费力不讨好"。为什么会出现这种情况呢？除了组织自身的问题，与人力资源管理部门及其工作人员未能围绕组织战略的要求调整自己的工作重心，未能合理安排在各种不同的工作活动中投入时间和精力也有很大的关系。从理想的角度来说，人力资源管理职能在所有涉及人力资源管理的活动中都应该非常出色，但是在实践中，由于面临时间、经费以及人员等方面的资源约束，人力资源管理职能想要同时有效地承担所有工作活动往往是不可能的。于是，人力资源部门就必须进行这样一种战略思考，即应当将现有的资源分配到哪里以及如何进行分配，才最有利于组织的价值最大化。

对人力资源管理活动进行类别划分的方法之一是将其归纳为变革性活动、传统性活动和事务性活动。变革性活动主要包括知识管理、战略调整和战略更新、文化变革、管理技能开发等战略性人力资源管理活动；传统性活动主要包括招募和甄选、培训、绩效管理、薪酬管理、员工关系等传统的人力资源管理活动；事务性活动主要包括福利管理、人事记录、员工服务等日常性事务活动。

然而，压缩人力资源管理职能在事务性活动上所占用的时间并不意味着人力资源部门不再履行事务性人力资源管理活动；相反，人力资源部门必须继续履行这些职能，只不过通过一种更为高效的方式来完成这些活动。

二、人力资源专业人员的角色与胜任素质

（一）人力资源专业人员扮演的角色

1. 战略伙伴

这一角色的主要功能是对战略性的人力资源进行管理。也就是说，人力资源管理者需要识别能够促成组织战略实现的人力资源及其行为和动机，将组织确定的战略转化为有效的人力资源战略和相应的人力资源管理实践，从而确保组织战略的执行和实现。人力资源管理者通过扮演战略伙伴的角色，能够把组织的人力资源战略和实践与组织的经

营战略结合起来，从而提高组织实施战略的能力。

2. 行政专家

这一角色的主要功能是对组织的各种基础管理制度进行管理，要求人力资源管理者能够通过制定有效的流程来管理好组织内部的人员配置、培训、评价、报酬、晋升以及其他事务。尽管人力资源管理职能向战略方向转变的趋势在加强，但是这些传统角色对于成功经营一个组织来说仍然是不可或缺的。作为组织的基础管理责任人，人力资源管理者必须能够确保这些组织流程的设计和实施的高效率。实现这一目标有两条途径：一是通过重新思考价值创造过程，调整和优化组织的人力资源管理制度、流程以及管理实践，从而提高效率；二是通过雇用、培训和回报帮助组织提高生产率、降低成本，从而提升组织的总体效率。在人力资源管理流程再造的过程中，很多组织都采用了共享人力资源服务中心的新型人力资源部门结构设计。

3. 员工支持者

这一角色的主要功能是对员工的贡献进行管理，即将员工的贡献与组织经营的成功联系在一起。人力资源管理专业人员可以通过两条途径来确保员工的贡献能够转化为组织经营的成功：一是确保员工具有完成工作所需的能力，二是确保他们有勤奋工作的动机以及对组织的承诺。无论员工的技能水平多高，只要他们与组织疏远，或者内心感到愤愤不平，他们就不可能为企业的成功贡献力量，并且也不会在组织中工作太长的时间。为了扮演好员工支持者的角色，人力资源部门及其工作者必须主动倾听员工的想法，了解他们在日常工作中遇到的问题、他们关注的事情，以及他们的需要。人力资源部门不仅自己要扮演好员工的倾听者和激励者的角色，而且要通过培训、说服以及制度引导的方式，确保员工的直接上级也能够了解员工的想法以及他们的意见和建议。只有这样，才能真正建立员工和组织之间的心理契约，积极主动地开发人力资源，把员工的贡献和组织经营的成功真正联系起来。

4. 变革推动者

这一角色的主要功能是对组织的转型和变革过程进行管理。转型意味着一个组织要在内部进行根本性的文化变革，人力资源专业人员既要做组织文化的守护神，也要成为文化变革的催化剂，积极促成必要的组织文化变革，从而帮助组织完成更新过程。在变革过程中，人力资源专业人员要帮助组织确认并实施变革计划，其中可能涉及的活动主要包括：找出并界定问题、建立信任关系、解决问题、制定并实施变革计划等。在当今这个急剧变化的竞争环境中，人力资源管理者必须确保组织拥有能够持续不断地进行变革的能力，并且帮助组织确定是否有必要进行变革以及对变革的过程进行管理。变革推动者的角色还要求人力资源专业人员在尊重组织历史文化的基础上，帮助员工顺利地接受和适应新文化。研究表明，能否扮演好变革推动者的角色，可能是决定一个组织的人力资源管理工作是否能够取得成功的最为重要的因素。

（二）人力资源专业人员的胜任素质

1. 戴维·乌尔里奇等人的人力资源专业人员胜任素质模型研究

第一，可靠的行动者（Credible Activist）。它是指人力资源专业人员不仅要可靠（即能够赢得别人的尊重、赞赏，别人愿意倾听他们的意见），而且必须是积极的行动者（即提供意见和观点、表明立场、挑战假设）。可靠但不能采取行动的人力资源专业人员虽然会得到别人的赞赏，但是不能形成影响力；而那些积极采取行动但是并不可靠的人力资源专业人员，没有人会听他们的话。在这方面，人力资源专业人员需要以诚信的方式达到目的，分享信息，建立信任关系，以某种姿态（承受适度的风险、提供坦诚的评论、影响他人等）来完成人力资源工作。

第二，文化和变革统管者（Culture&.Change Steward）。它是指人力资源专业人员必须认识到并展现组织文化的重要性，同时帮助组织形成自己的组织文化。文化是一整套活动，而不是单个的事件。在理想状态下，文化首先应当从澄清组织外部客户的期望（组织的身份或品牌）入手，然后将这些期望转化为内部员工以及整个组织的行为。作为文化的统筹管理者，人力资源专业人员应当尊重组织过去的文化。同时帮助组织塑造新的文化。此外，成功的人力资源专业人员应能够通过两种途径为组织变革提供便利条件：一是帮助组织形成文化，二是制定一系列的规章制度来推动变革在整个组织中发生。或者说，他们帮助组织将大家已经明白的事情转化为大家的实际行动。在这方面，人力资源专业人员需要为变革提供便利、构建文化、重视文化的价值、实现文化的个人化（帮助员工找到工作的意义、管理工作和生活的平衡、鼓励创新等）。

第三，人才管理者/组织设计者（Talent Manager/Organization Designer）。它是指人力资源专业人员必须掌握人才管理和组织设计方面的相关理论、研究成果以及管理实践。人才管理者关注的是胜任素质要求，以及员工是如何进入一个组织、在组织内晋升、跨部门调动或者离开组织的。组织设计者关注的则是一个组织是如何将各种能力（比如合作能力）嵌入到决定组织运行的结构、流程以及政策的。人力资源既不是仅关注人才，也不是仅关注组织，而是同时关注两者。一个组织在缺乏组织支持的情况下，是无法长期留住优秀人才的；一个组织如果缺乏具备扮演关键角色所需的胜任素质的人才，则无法达成预期目标。人力资源专业人员需要保证组织当前以及未来的人才需要、开发人才、构造组织、促进沟通、设计组织的报酬体系等。

第四，战略构建者（Strategy Architect）。它是指人力资源专业人员对于组织未来获得成功的方式应当有一个清晰的愿景，并且当组织在制定实现这一愿景的战略时，应当扮演积极的角色。这就意味着，人力资源专业人员必须能够认清业务发展的趋势以及他们可能对业务产生的影响，预见到组织在取得成功的过程中可能会遇到的潜在障碍；同时，还要在组织制定战略的过程中提供各种便利条件。此外，人力资源专业人员还应当通过将内部组织和外部客户的期望相联系的方式，为组织总体战略的制定贡献自己的力量。在这方面，人力资源专业人员需要保持战略灵活性，同时积极关注客户。

第五，运营执行者（Operational Executant）。它是指人力资源专业人员还应当承担在管理人和组织时需要完成的操作方面的事务。他们需要起草、修订以及实施各种政策。此外，员工也会产生很多行政管理方面的需要（比如领取薪酬、工作调动、雇佣手续办理、得到培训等）。人力资源专业人员必须通过技术、共享服务以及（或）外包等手段来确保员工的这些基本需要得到满足。如果人力资源专业人员能够无缺陷地完成这些操作性工作，并且保持政策应用的一致性，人力资源的操作性工作就会变得可靠。在这方面，人力资源专业人员应当执行工作场所的各种政策，同时推动与人力资源管理有关的各项技术进步。

第六，业务支持者（Business Ally）。制定能够对组织外部的机会和威胁做出反应的目标，保证组织的经营取得成功。人力资源专业人员通过了解组织开展业务的社会背景或环境，为组织经营的成功做出贡献。他们还应当知道组织是怎样赚钱的，即企业的价值链。（谁是公司的客户？他们为什么要购买公司的产品或服务？）最后，他们还必须深刻理解组织经营中的各个方面（比如财务、市场、研发以及工程技术等），知道自己应当完成哪些工作任务，应该怎样协同完成工作，从而帮助组织盈利。在这方面，人力资源专业人员需要服务于价值链，解释组织所处的社会背景，明确组织的价值主张，以及充分发挥各种业务技术的作用。

2. 雷蒙德·诺伊等人的人力资源专业人员胜任素质模型研究

人力资源管理学者雷蒙德·诺伊等人也提出了包括人际关系能力、决策能力、领导能力以及技术能力在内的人力资源专业人员胜任素质模型。

（1）人际关系能力

人际关系能力是指理解他人并与他人很好地合作的能力。这种能力对于今天的人力资源管理工作者来说十分重要。人力资源管理者需要了解，在帮助组织赢得竞争优势时组织成员扮演的角色，同时还要了解组织的哪些政策、项目以及管理实践能够帮助员工扮演好所需扮演的角色。此外，今天的人力资源专业人员还必须熟练掌握沟通、谈判以及团队开发方面的技能。

（2）决策能力

人力资源管理者必须做出各种类型的决策，这些决策会影响到员工能否胜任工作以及得到充分的激励，还会影响到组织能否高效运营。在那些要求人力资源部门扮演战略支持角色的组织中，人力资源决策者必须能够在战略问题上运用自己的决策能力。这就要求人力资源决策者必须拥有组织经营和业务方面的知识，同时有能力通过成本—收益分析为组织提供各种可能的选择。最后，在进行人力资源决策时，人力资源专业人员还必须考虑到各种可供选择的方案所体现的社会含义和伦理道德含义。

（3）领导能力

人力资源管理者在处理涉及组织的人力资源问题时，需要扮演领导角色。人力资源专业人员要想帮助组织管理好变革过程，就必须具有一定的领导力。这就需要人力资源管理者做好诊断问题、实施组织变革、评价变革结果的工作。由于变革往往会带来冲突、抵制以及思想混乱，人力资源专业人员必须有能力对整个变革过程进行监控，提供各种工具来帮助组织克服变革所遇到的障碍，指导员工如何在新的条件下完成工作，同时激发员工的创造力。

（4）技术能力

这里的技术能力是指人力资源管理领域中的专业化技能，即人力资源专业人员需要掌握的人员配备、人力资源开发、报酬、组织设计等方面的知识。新的甄选技术、绩效评价方法、各种培训项目以及激励计划不断涌现，并且大多需要运用新的软件和计算机系统；此外，每年都会有新的法律出台，这就需要人力资源专业人员掌握这些法律的知识，这也是技术能力方面的要求。人力资源专业人员必须能够根据人力资源管理的基本原则和企业价值要求，对这些新技术进行认真细致的评价，以判断哪些技术对组织是有价值的。

第二节　人力资源管理职能的优化

一、循证人力资源管理

（一）循证人力资源管理的内涵

目前，企业已经充分认识到人力资源管理对于组织战略目标的实现和竞争优势的获得具有的重要战略作用。不仅是人力资源专业人员，组织内各级领导者和管理者在人力资源管理方面投入的时间、精力、金钱也逐渐增多。组织期望自己的人力资源管理政策和实践能够帮助自己吸引、招募和甄选到合适的员工，进行科学合理的职位设计和岗位配备，实现高效的绩效管理和对员工的薪酬激励等。但是，随着人力资源管理的投入不断增加，企业也产生了一些困惑。其中的一个重要疑问就是，这些人力资源管理政策、管理活动以及资金投入是否产生了合理的回报，达到了预期的效果？这就要求对组织的人力资源管理活动进行科学的研究和论证，以可靠的事实和数据来验证人力资源管理的有效性，进而不断实施改进；不能仅仅停留在一般性的人力资源管理潮流、惯例甚至各种似是而非的"说法"上。这种做法被称为"循证人力资源管理"，又被译为"实证性人力资源管理"，或基于事实的人力资源管理。

循证人力资源管理实际上是循证管理理念在人力资源管理领域的一种运用，它是指运用数据、事实、分析方法、科学手段、有针对性的评价以及准确的案例研究，为人力资源管理方面的建议、决策、实践以及结论提供支持。简言之，循证人力资源管理就是审慎地将最佳证据运用于人力资源管理实践的过程。循证人力资源管理的目的就是要确保人力资源管理部门的管理实践对组织的收益或者其他利益相关者（员工、客户、社区、股东）产生积极的影响，并且能够证明这种影响的存在。循证人力资源管理通过收集关于人力资源管理实践与生产率、流动率、事故数量、员工态度以及医疗成本之间的关系的数据，可以向组织表明，人力资源管理确实能对组织目标的实现做出贡献，它对组织的重要性实际上和财务、研发以及市场营销等是一样的，组织对人力资源项目进行投资是合理的。从本质上说，循证人力资源管理代表的是一种管理哲学，即用可获得的最佳证据来代替陈旧的知识、个人经验、夸大的广告宣传、呆板的教条信念以及盲目的模仿，摒弃"拍脑袋决策"的直觉式思维，使人力资源决策牢固建立在实实在在的证据之上，同时证明人力资源管理决策的有效性。

在对很多组织的人力资源管理实践进行考察后不难发现，很多人力资源管理决策都缺乏科学依据，往往依靠直觉和经验行事，这不仅难以保证人力资源决策本身的科学合理，同时也无法证明或者验证人力资源管理活动对于组织的战略和经营目标实现做出的实际贡献，导致人力资源管理在很多组织中处于一种比较尴尬的境地。因此，学会基于事实和证据来实施各项人力资源管理活动，可以产生两个方面的积极作用：一是确保并且向组织中的其他人证明人力资源管理确实在努力为组织的研发、生产、技术、营销等方面提供有力的支持，而且对组织战略目标的实现做出了实实在在的贡献；二是考察人力资源管理活动在实现某些具体目标和有效利用预算方面取得的成效，从而不断改善人力资源管理活动的效率和效果。

（二）循证人力资源管理的路径

人力资源管理者在日常工作中要如何实现循证人力资源管理呢？总的来说，如果人力资源管理者在日常管理实践中注意做好以下四个方面的工作，将有助于贯彻循证人力资源管理的理念，提高人力资源管理决策的质量，增加人力资源管理对组织的贡献。

1. 获取和使用各种最佳研究证据

最佳研究证据，是指经过同行评议或同行审查的质量最好的实证研究结果，这些结果通常是公开发表的并且经过科学研究的证据。在科学研究类杂志（主要是符合国际学术规范的标准学术期刊）上发表的文章都是按照严格的实证标准要求并经过严格的评审的，这类研究成果必须达到严格的信度和效度检验要求。举例来说，在一项高质量的实证研究中，想要研究绩效标准的高低对员工绩效的影响，通常会使用一个控制组（或对照组），即在随机分组的情况下，要求两个组完成同样的工作任务（对实验组的绩效标准要求较高），然后考虑两组的实际绩效水平差异。而在另外一些情况中，则需要采取时间序列型的研究设计。例如，在考察晋升决策对员工工作状态的影响时，可以在晋升之前对晋升候选人的工作积极性或绩效进行评估；在晋升决策公布之后，再次考察这些人的工作积极性或工作绩效。当然，有时无法在理想状态下进行实证研究，但能够控制住一些误差（尽管不能控制所有误差）的实证研究也具有一定的价值。这种证据对于改进人力资源决策质量多多少少会有一些好处，不过最好能搞清楚哪些证据是可用的，以及应当如何使用这些证据。

2. 了解组织实际情况，掌握各种事实、数据以及评价结果

要系统地收集组织的实际状况、数据、指标等信息，确保人力资源管理决策或采取

的行动建立在事实基础之上。即使是在使用上面提到的最佳实证研究证据时，也必须考虑到组织的实际情况，从而判断哪些类型的研究结果是有用的。总之，必须将各种人力资源判断和决策建立在尽可能全面和准确把握事实的基础之上。例如，当组织希望通过离职面谈发现导致近期员工流动的主要原因，而很多离职者都提到了组织文化和领导方式的问题时，人力资源管理人员就应当继续挖掘，搞清楚到底是组织文化和领导方式中的哪些特征造成了员工流失。只有揭示了某种情况的具体事实，才能轻松找到适当的证据来确认导致问题出现的主要原因，同时制定并落实解决该问题的措施。关于组织实际情况的事实既可能会涉及相对软性的因素，如组织文化、员工的教育水平、知识技能，以及管理风格等，也可能会涉及比较硬性的因素，如部门骨干员工流动率、工作负荷以及生产率等。

3. 利用人力资源专业人员的科学思考和判断

人力资源专业人员可以借助各种有助于减少偏差，提高决策质量，能够实现长期学习的程序、实践以及框架的支持，做出科学的分析和判断。有效证据的正确使用不仅有赖于与组织的实际情况相关的高质量科学研究结果，还有赖于人力资源决策过程。这是因为证据本身并非问题的答案，需要放在某个具体的情况中考虑，即要想做出明智的判断和高质量的人力资源决策，还需要对得到的相关证据和事实进行深入的思考，不能拿来就用。但问题在于，由于所有人都会存在认知局限，在决策中不可避免地会存在各种偏差。这就需要采取一些方法和手段帮助我们做出相对科学和客观的决策。幸运的是，在这方面，一些经过论证以及实际使用效果很好的决策框架或决策路径能够提醒决策者注意到一些很可能会被忽视的特定的决策影响因素。例如，一个组织正在设法改进新入职员工的工作绩效。多项实证研究结果表明，在其他条件一定的情况下，在通用智力测试中得分较高的人的工作绩效也较好。那么，让所有的求职者参加通用智力测试能否确定员工入职后的绩效呢？显然不一定。如果这些求职者是最好的学校中成绩最好的毕业生，那么，这种测试实际上已经暗含在组织的甄选标准中。在这种情况下，人力资源管理人员就要判断，影响新入职员工绩效的还有哪些因素，如他们是否具备特定职位所要求的特定技能；或者是否存在需要解决的某种存在于工作环境之中的特定绩效问题，如上级的监督指导不够、同事不配合等。总之，在批判性思考的基础上仔细对情境因素进行分析，找到一个能够对各种假设进行考察的决策框架，了解事实和目标等，将有助于得出更为准确的判断和解释。

4. 考虑人力资源决策对利益相关者的影响

人力资源管理者在进行人力资源决策时，必须考虑到伦理道德层面的因素，权衡决策对利益相关者和整个社会可能产生的长期和短期影响。人力资源决策和人力资源管理实践对于一个组织的利益相关者会造成直接和间接的后果。这些后果不仅会对普通员工产生影响，而且会对组织的高层和中层管理人员产生影响，同时还有可能会对组织外部的利益相关者，如供应商、股东或者普通公众产生影响。例如，组织的人力资源招募和甄选政策会对不同的求职者产生不同的影响，这些影响有正面的也有负面的。例如，某种测试工具导致某类求职者的总体得分低于其他求职者群体，但是这种测试工具却与求职者的工作绩效没有太大关系，则应当舍弃这种测试工具。再比如，一个组织经过研究可能会发现，女性员工的晋升比率远远低于男性，因为女性员工的工作绩效评价结果通常低于从事同类工作的男性，但导致这一问题的原因是组织的绩效评价体系有问题，导致女性员工的工作绩效受到大量评价者误差的影响。那么，组织应当考虑对绩效评价体系进行改进，确保晋升决策基于客观的事实。总之，对各种利益相关者的关注是考虑周全且基于证据的人力资源决策的重要特征之一，它有助于避免人力资源决策在无意中对利益相关者造成不必要的损害。

（三）人力资源管理职能的有效性评估

循证人力资源管理一方面要求组织的人力资源管理决策和人力资源管理实践应当建立在事实和数据的基础之上，另一方面还要求对人力资源管理职能的有效性进行评估。评估组织的人力资源管理职能有效性有两种方法，即人力资源管理审计法和人力资源管理项目效果分析法。

1. 人力资源管理审计

在人力资源管理领域，以数字为基础的分析常常始于对本组织内人力资源管理活动进行人力资源管理审计。人力资源管理审计是指按照特定的标准，采用综合研究分析方法，对组织的人力资源管理系统进行全面检查、分析与评估，为改进人力资源管理功能提供解决问题的方向与思路，从而为组织战略目标的实现提供科学支撑。作为一种诊断工具，人力资源管理审计能够揭示组织人力资源系统的优势与劣势以及需要解决的问题，帮助组织发现缺失或需要改进的功能，支持组织根据诊断结果采取行动，最终确保人力资源管理职能最大限度地为组织使命和战略目标作出贡献。

人力资源管理审计通常可以划分为战略性审计、职能性审计和法律审计三大类。其中，战略性审计主要考察人力资源管理职能否成为企业竞争优势的来源以及对组织总体战略目标实现的贡献程度；职能性审计旨在帮助组织分析各种人力资源管理职能模块或政策的执行效率和效果；而法律审计则比较特殊，它的主要作用在于考察组织的人力资源管理活动是否遵循了相关法律法规。

在我国，除了一些出口企业由于受到国际规则的限制而不得不对人力资源管理活动的合法性和合规性进行审计和报告外，绝大部分的企业还没有开始对自己的人力资源管理系统实施法律审计，部分企业的法律意识还比较淡漠。随着我国相关劳动法律体系的健全以及执法力度的加强，企业由于人力资源管理活动或政策不合法遭受的损失会越来越大。在这种情况下，企业必须重视对本企业人力资源管理政策和实践进行法律审计，以确保人力资源活动的合法性。以招募和甄选过程中的法律审计为例，企业首先需要对组织的招聘政策、招聘广告、职位说明书、面试技术等关键环节的内容进行详细、客观的描述，然后再根据这些内容来寻找相关的法律条款（如我国颁布的《中华人民共和国劳动法》及其配套法律法规等），将自己的管理实践与法律规定进行对比审计分析，在必要时根据法律要求和自身情况做出调整和改进。这样的审计过程能够使企业在很大程度上避免因违反相关法律法规造成的直接和间接损失，这是人力资源管理职能能够为组织做出的一种非常直接的贡献。

人力资源管理审计的考察内容通常是人力资源管理对于组织的整体贡献以及各人力资源管理职能领域的工作结果，即以战略性审计和职能性审计居多。其中，战略性审计主要考察人力资源管理对组织的利润、销售额、成本、员工的离职率和缺勤率等整体性结果产生的影响，而职能性审计则是通过收集一些关键指标来衡量组织在人员的招募、甄选与配置、培训开发、绩效管理、薪酬管理、员工关系、接班计划等领域的有效性。关于人力资源管理审计中的战略性审计和职能性审计所使用的指标问题，因为不同组织审计的出发点不同，以及各个组织的行业特点存在差异，所以审计指标的选取以及指标的详细程度也会有所差异。

在确定了人力资源管理审计使用的绩效衡量指标之后，相关人员就可以通过收集信息来进行审计了。关键经营指标方面的信息可以在组织的各种文件中查到，但有时人力资源部门为了收集某些特定类型的数据，不得不创建一些新的文件，如人力资源管理审计通常都会对人力资源管理职能所要服务的相关客户（主要是组织的高层管理人员、各级业务部门负责人以及普通员工等）的满意度进行调查和评估。其中，员工态度调查或满意度调查能够提供一部分内部客户的满意度信息，而对组织高层直线管理人员的调查则可以为判断人力资源管理实践对组织的成功经营所起到的作用提供信息。此外，为了从人力资源管理专业领域的最佳实践中获益，组织还可以邀请外部的审计团队对某些具体的人力资源管理职能进行审计。现在，随着电子化员工数据库以及相关人力资源管理信息系统的建立，人力资源管理审计所需要的关键指标的收集、存储、整理以及分析工作越来越容易，很多满意度调查也可以通过网络来完成。这些情况有助于推动企业通过实施人力资源管理审计来提高人力资源管理政策和实践的效率及有效性。

2. 人力资源管理项目效果分析

衡量人力资源管理有效性的另一种方法是对某项具体的人力资源管理项目或活动进行分析。对人力资源管理项目进行评价的方式有两种：一种是以项目或活动的预期目标为依据来考察某一特定的人力资源管理方案或实践（比如某个培训项目或某项新的薪酬制度）是否达到了预定的效果；另一种是从经济的角度来估计某项人力资源管理实践可能产生的成本和收益，从而判断其是否为组织提供了价值。

企业在制订一项培训计划的时候，通常会同时确定期望通过这个计划达成的目标，如通过培训在学习层、行为层以及结果层（绩效改善）等方面产生效果。于是，人力资源管理项目分析就会衡量该培训计划是否实现了之前设定的目标，即培训项目对于受训者的学习、行为以及工作结果到底产生了怎样的影响。例如，一家公司在设计一个培训项目时，将目的定位于帮助管理人员将领导力水平提升到某个既定的层次。那么，在培训结束之后，它就会评价这项培训计划是否实现了之前确定的目标，即对培训计划的质量进行分析。于是，该公司在培训计划刚刚结束时，要求受训者对自己的培训经历进行评价；几个月后，培训部门还会对受训者在培训结束后的实际领导绩效进行评估；此外，员工对于公司整体领导力所做的评价也可以用来衡量这些管理人员培训计划的效果。

另一方面，对上述培训项目还可以采用经济分析的方法，即在考虑与培训项目有关的成本的前提下，对该培训项目所产生的货币价值进行评估。这时，企业并不关心培训项目到底带来了多大变化，只关心它为组织贡献的货币价值（收益和成本之间的差异）大小。这些人力资源管理项目的成本包括员工的薪酬以及实施培训、员工开发或者满意度调查等人力资源管理计划所支付的成本；收益则包括与员工的缺勤率和离职率相关的成本下降，以及与更好的甄选和培训计划有关的生产率上升等。显然，成功的人力资源管理项目所产生的价值应当高于其成本，否则这个项目从经济上来说就是不合算的。

在进行成本—收益分析时，可以采取两种方法，即人力资源会计法和效用分析法。人力资源会计法试图为人力资源确定货币价值，就像为物力资源（比如工厂和设备）或经济资源（比如现金）定价一样，它要确定薪酬回报率、预期薪酬支付的净现值以及人力资本投资收益率等。而效用分析法则试图预测员工的行为（比如缺勤、流动、绩效等）所产生的经济影响，如员工流动成本、缺勤和病假成本、通过甄选方案获得的收益、积极的员工态度所产生的效果、培训项目的财务收益等。与审计法相比，人力资源管理项目分析法的要求更高，因为它要求必须得到较为详细的统计数据，所需费用也较多。

二、优化人力资源管理职能的方式

为了提高人力资源管理职能的有效性，组织可以采取结构重组、流程再造、人力资源管理外包以及人力资源管理电子化等几种不同的方式：

（一）人力资源管理结构重组

传统的人力资源管理结构主要围绕员工配置、培训、薪酬、绩效以及员工关系等人力资源管理的基本职能，是一种典型的职能分工形式。这种结构的优点是分工明确、职能清晰，但是问题在于，人力资源部门只了解组织内部全体员工某一个方面的情况，如员工所受过的培训或员工的薪酬水平、绩效状况等，对某一位员工尤其是核心员工的各种人力资源状况没有整体性的了解，导致人力资源部门在吸引、留住、激励以及开发人才方面为组织做出的贡献大打折扣；同时，由于各个人力资源管理的职能模块各行其是，人力资源管理职能之间的匹配性和一致性较差，无法满足战略性人力资源管理的内部契合性要求，从而使人力资源管理工作的整体有效性受到损害。因此，有越来越多的组织认识到，传统的人力资源部门结构划分需要重新调整。

在这种结构中，人力资源管理的基本职能被有效地划分为三个部分：专家中心、现场人力资源管理者以及服务中心。专家中心通常由招募、甄选、培训及薪酬等传统人力资源领域中的职能专家组成，他们主要以顾问的身份来开发适用于组织的各种高水平人力资源管理体系和流程。现场人力资源管理者由人力资源管理多面手组成，他们被分派到组织的各个业务部门，具有双重工作汇报关系，既要向业务部门的直线领导者报告工作，又要向人力资源部门的领导报告工作。这些现场人力资源管理者主要承担两个方面的责任：一是帮助自己所服务的业务部门的直线管理者从战略的高度来强化人的问题，解决作为服务对象的特定业务部门中出现的各类人力资源管理问题，相当于一个被外派到业务部门的准人力资源经理；二是确保人力资源管理决策能够在整个组织得到全面、有效的执行，从而强化帮助组织贯彻执行战略的功能。最后，在服务中心工作的人的主要任务是确保日常的事务性工作能够在整个组织中有效完成。在信息技术不断发展的情况下，服务中心能够非常有效地为员工提供服务。

这种组织结构安排通过专业化的设置改善了人力资源服务的提供过程，真正体现了以内部客户为导向的人力资源管理思路。专家中心的员工可以不受事务性工作的干扰，专注于开发自己现有的职能性技能。现场人力资源管理者则可以集中精力来了解本业务部门的工作环境，不需要竭力维护自己在专业化职能领域中的专家形象。最后，服务中心的员工可以把主要精力放在为各业务部门提供基本的人力资源管理服务方面。

此外，从激励和人员配备的角度来看，这种新型的人力资源部门结构设计方式也有其优点。过去，由于人力资源管理职能是按模块划分的，每一位人力资源管理专业人员都陷入了本职能模块必须完成的事务性工作。尽管在一些人力资源管理专业人员的工作中有一小部分需要较高水平的专业知识和技能才能完成的工作，但是大部分工作都属于日常事务性工作，导致一些人力资源管理工作者感觉工作内容枯燥，缺乏挑战性。新型的人力资源部门结构根据工作的内容的复杂性和难度设计的三层次人力资源部门结构可以让相当一部分人力资源管理专业人员摆脱日常事务性工作的束缚，集中精力做专业性的工作；同时还可以让一部分高水平的人力资源管理工作者完全摆脱事务性的工作，发挥他们在知识、经验和技能上的优势，重点研究组织在人力资源管理领域中存在的重大问题，从而为人力资源管理职能的战略转型和变革打下良好的基础。这无疑有助于组织的人力资源管理达到战略的高度，同时也有利于增强对高层次人力资源管理专业人员的工作激励。

这种新型的人力资源部门结构设置已经在很多大型企业中得到有效实施。例如，在西门子公司，人力资源管理职能划分为三类，一是人力资源战略职能。它主要负责与大学的联络、人力资源管理工具的开发等，包括招聘、薪酬福利、领导艺术等方面的培训课程，以及人力资源政策开发、法律事务等。二是人力资源咨询职能，即由人事顾问面向各业务部门的经理以及员工做招聘、雇佣以及员工发展方面的咨询。三是事务性管理职能，主要负责日常工资发放、医疗保险、养老金上缴、档案管理、签证等方面的事务。这种组织结构设计的特点是，将第二种职能当作人力资源管理部门面向公司员工与经理人员的窗口，由一个工作人员负责多个部门。第一种职能和第三种职能是人事顾问的两大支柱。

（二）人力资源管理流程再造

流程是指一组能够一起为客户创造价值的相互关联的活动进程，是一个跨部门的业务行程。流程再造，也称"业务流程再造"（Business Process Reengineering，BPR），是指对企业的业务流程尤其是关键或核心业务流程进行根本的再思考和彻底的再设计，其目的是使这些工作流程的效率更高，生产出更好的产品或提高服务质量，同时更好地满足客户需求。虽然流程再造常常需要运用信息技术，但信息技术并不是流程再造的必要条件。从表面上看，流程再造只是对工作流程的改进，但流程再造实际上对员工的工作方式和工作技能等方面都提出了全新的挑战。因此，组织的业务流程再造过程需要得到员工的配合并做出相应的调整，否则很可能会以失败告终。

流程再造不仅可以对人力资源管理中的某些具体流程，如招募甄选、薪酬调整、员工离职手续办理等进行审查，也可以对某些特定的人力资源管理实践，如绩效管理系统进行审查。在大量的信息系统运用于组织的人力资源管理实践的情况下，很多流程都需要进行优化和重新设计。在进行流程再造时，可以先由人力资源部门的员工对现有的流程进行记录、梳理和研究，然后由公司的高层管理人员、业务部门管理人员以及人力资源专业人员共同探讨，确定哪些流程有改进的必要。流程再造经常会用到人力资源管理方面的信息技术，大量的人力资源管理软件以及共享数据库，为人力资源管理的流程再造提供了前所未有的便利。流程再造以及新技术的应用能够带来简化书面记录工作、删减多余工作步骤、使手工流程自动化以及共享人力资源数据等多方面的好处，不仅可以使企业节约在人力资源管理方面花费的时间，还能降低成本，从而提高人力资源工作的效率以及有效性。

（三）人力资源管理外包

除了通过内部的努力来实现人力资源管理职能的优化，很多企业近年来还探讨了如何通过外包的方式来改善人力资源管理的系统、流程以及服务的有效性。外包通常是指一个组织与外部的专业业务承包商签订合同，让它们为组织提供某种产品或者服务，而不是用自己的员工在本企业内部生产这种产品或服务。

很多组织选择将部分人力资源管理活动或服务外包的主要原因有以下四点：

第一，与组织成员自己完成外包的工作内容相比，外部的专业化生产或服务提供商能够以更低的成本提供某种产品或服务，从而使组织可以通过外购服务或产品降低生产或管理成本。

第二，外部的专业业务承包商有能力比组织自己更有效地完成某项工作。之所以出现这种情况，是因为这些外部服务提供者通常是某一方面的专家。由于专业分工的优势，它们能够建立和培育起一系列可以适用于多家企业的综合性专业知识、经验和技能，因此这些外部生产或服务承包商所提供的产品或服务的质量往往较高。但事实上，很多组织一开始都是出于效率方面的考虑才寻求业务外包的。

第三，人力资源管理服务外包有助于组织内部的人力资源管理工作者集中精力做好对组织具有战略意义的人力资源管理工作，摆脱日常人力资源管理行政事务的困扰，从而使人力资源管理职能对于组织的战略实现做出更大、更显著的贡献，真正进入战略性人力资源管理的层次。

第四，有些组织将部分人力资源管理活动外包是因为组织本身规模较小，没有能力自行完成相关的人力资源管理活动，只能借助外部的专业化人力资源管理服务机构来提供某些特定的人力资源管理服务，如建立培训体系、设计培训课程等。

那么，哪些人力资源活动会被外包出去呢？在最初，企业主要将人力资源管理中的一些事务性工作外包出去，如招募和甄选的前期工作、一些常规性的培训项目、养老金和福利的管理等。现在，许多传统性人力资源管理活动以及一些变革性人力资源管理活动也开始被企业外包出去。有些企业甚至将人力资源管理中50%～60%的成本和职责都外包出去，只把招募高层管理人员和大学毕业生的工作以及人力资源的战略管理工作留在组织内部完成。需要注意的是，虽然人力资源管理活动的外包可以帮助组织节约时间和成本，为组织提供最优的人力资源管理实践，改善组织为员工提供的各种人力资源管理服务的质量，使组织能够将精力集中在自己的核心经营活动上；但是走这种道路的很多公司在将来也许会面临许多潜在的问题。这些问题主要表现在以下几个方面。

首先，成本节约在短期内可能不会实现。这是因为这些将人力资源业务外包出去的公司不仅要设法处理好与外部伙伴之间的合作关系，同时还要重新思考战略性人力资源管理在公司内部扮演的角色。虽然将人力资源管理中的一些行政职能外包可以使人力资源专业人员将更多的精力集中于战略性人力资源管理活动上，但是企业中现有的人力资源专业人员可能并不具备做出战略贡献的能力。因此，企业还必须在提升现有人力资源专业人员的水平方面进行投资。其次，将人力资源管理业务外包的企业可能会对某个单一外部服务提供者产生依赖，促使外部供应商提高服务成本。此外，组织和外部服务提供者可能会在由谁占据主导地位的问题上产生冲突。最后，人力资源管理外包可能会向员工发出错误的信号，即员工可能会认为公司将大部分人力资源职能外包出去代表着公司并不重视人的问题。

人力资源管理外包服务的上述潜在问题提醒企业在实施人力资源管理服务外包的时候，必须充分考虑外包的成本和收益以及可能出现的各种问题。目前，我国出现了一批专业化的人力资源管理外包服务提供商，可以提供从人员招募甄选、员工培训、薪酬福利管理到外派员工管理、劳务派遣、劳动合同管理等各种人力资源管理外包服务，但是不同企业的服务水平参差不齐。企业在选择人力资源管理服务提供商的时候，要综合考虑其资质、服务能力、业务专长、未来服务的可持续性，并就相关的人力资源数据保密等问题签订相关的协议，以确保数据的安全以及保护员工隐私。

尽管人力资源管理服务外包存在上述潜在问题，但人力资源外包的趋势并没有发生变化。这种情况提醒组织内部的人力资源管理者必须不断提升战略性人力资源管理方面的技能，否则，将来很可能会因为自己所从事的工作被外包出去而失去工作岗位。

（四）电子化人力资源管理

在提升人力资源管理的效率和有效性方面，计算机、互联网以及相关的一系列新工具和新技术发挥着非常重要的作用。不仅如此，信息技术的发展还为人力资源管理职能朝战略和服务方向转型提供了极大的便利。人力资源管理应用信息技术实际上经历了三个阶段，一是人力资源信息系统阶段，二是人力资源管理系统阶段，三是电子化人力资源管理阶段。

1. 人力资源信息系统阶段

人力资源信息系统（Human Resource Information System，HRIS）是在组织从事人力资源管理活动的过程中，对员工及其从事的工作等方面的信息进行收集、保存、分析和报告的系统。人力资源信息系统早期主要是对员工个人的基本情况、教育状况、技能、经验、所在岗位、薪酬等级以及家庭住址、紧急联络人等基本信息加以整理和记录的系统，后来在这些基本的人事管理信息模块的基础上，逐渐扩展到出勤记录、薪酬计算、福利管理等基本人力资源管理功能方面。可以说，人力资源信息系统是一个人力资源管理辅助系统和基础性的人力资源管理决策支持系统，它可以随时提供组织的人力资源决策所需要的各项基础数据以及基本的统计分析功能。随着计算机的普及，基本所有的企业都采用了人力资源信息系统。

对于大企业来说，由于员工人数众多，数据量较大，需要的计算和统计以及查询的人力资源信息非常多，通过计算机存储人力资源信息显然更是必然的。在人力资源信息系统中有一个关联性数据库，即将相关的人力资源信息存储在不同的文件之中，但是这些文件可以通过某些共性要素或字段（比如姓名、员工号、身份证号码等）连接在一起。例如，员工的个人信息与薪酬福利信息及培训开发信息保存在不同的文件中，可以通过员工姓名将不同文件中的信息联系在一起，在进行人力资源管理活动时就可以随时取用和合并相互独立的员工信息资料。

2. 人力资源管理系统阶段

人力资源管理系统（Human Resource Management System，HRMS）是在人力资源信息系统上进一步发展而来的，这种系统在传统的人事信息管理模块、员工考勤模块以及薪酬福利管理模块等一般性人力资源管理事务处理系统的基础上不断扩展，涵盖了职位管理系统、员工招募甄选系统、培训管理系统、绩效管理系统、员工职业生涯规划系统等几乎所有人力资源管理的职能模块。此外，人力资源管理系统是以互联网为依托，属于互联网时代的人力资源管理信息系统。它从科学的人力资源管理角度出发，从企业的人力资源规划开始，包括个人基本信息、招募甄选、职位管理、培训开发、绩效管理、薪酬福利管理、休假管理、入职离职管理等基本的人力资源管理内容，能够使组织的人力资源管理人员从烦琐的日常工作中解脱出来，将精力放在更加富有挑战性和创造性的人力资源管理活动上，如分析、规划、员工激励以及战略执行等工作。

总体来说，人力资源管理系统除了具有人力资源信息系统的日常人力资源管理事务处理功能之外，还增加了决策指导系统和专家系统。首先，日常事务处理系统是指在审查和记录人力资源管理决策与实践需要用到的一些计算和运算，包括对员工工作地点的调整、培训经费的使用、课程注册等方面的记录以及填写各种标准化的报告。其次，决策支持系统主要用来帮助管理人员针对相对复杂的人力资源管理问题提供解决方案。这个系统常常包括"如果……那么……"这一类的字句，使该系统的使用者可以看到，当假设或数据发生改变时，结果会出现怎样的变化。例如，当企业需要根据人员流动率或劳动力市场上某种类型的劳动力的供给量来决定需要雇用多少位新员工时，决策支持系统就能够给企业提供很大的帮助。最后，专家系统是通过整合某一领域中具有较丰富专业知识和经验的人所遵循的决策规则形成的计算机系统。这一系统能够根据使用者提供的信息向他们提出比较具体的行动建议。该系统所提供的行动建议往往都是现实中的人力资源专家在类似的情形下可能会采取的行动。例如，在与一位员工进行绩效面谈时，如果员工情绪激动或者不认可领导做出的绩效评价结果，那么专家系统就会为主持面谈的管理者提供适当的解决方案。

3. 电子化人力资源管理阶段

电子化人力资源管理（electronic Human Resource，e-HR）是指基于先进的软件、网络新技术以及高速且容量大的硬件，借助集中式的信息库、自动处理信息、员工自助服务以及服务共享等方式实施人力资源管理的一种新型人力资源管理实践，它能够起到降低成本、提高效率以及改进员工服务模式的作用。总体来说，电子化人力资源管理实际上是一种电子商务时代的人力资源管理综合解决方案，它包含"电子商务""互联网""人力资源管理业务流程再造""以客户为导向""全面人力资源管理"等核心理念，综合利用互动式语音技术、国际互联网、客户服务器系统、关联型数据库、成像技术、专业软件开发、可读光盘存储器技术、激光视盘技术、呼叫中心、多媒体、各种终端设备等信息手段和信息技术，极大地方便了人力资源管理工作的开展，同时为各级管理者和广大员工参与人力资源管理工作以及享受人力资源服务提供了很大的便利。人力资源信息系统、人力资源管理系统只是电子化人力资源管理得以实现和运行的软件平台和信息平台，这些平台在集成之后，以门户的形式表现出来，再与外部人力资源服务提供商共同构成电子商务网络，如电子化学习系统、电子化招募系统、在线甄选系统、在线人力资源开发系统、在线薪酬管理系统等。

从电子商务的角度来讲，电子化人力资源管理包括需要通过网络平台和电子化手段处理的三大类关系：企业与员工之间的关系、企业与企业之间的关系以及企业与政府之间的关系。首先是 BC（即 Business to Consumer，从企业到客户）。在人力资源管理领域，"consumer"（客户）是指包括各级管理者和普通员工在内的"employee"（雇员），从而演变成了 BE，这与在企业人力资源管理和开发活动中将员工视为活动指向的客户的观点是一致的。通过网上的互动来完成相关人力资源事务的处理或交易，使员工可以像客户一样从网络获得人力资源部门提供的产品和服务。其次是 B2B（即 Business to Business，从企业到企业）。在 B2B 中，其中一个企业是指组织，另外一个是指外部人力资源管理服务提供商，即组织可以通过电子化人力资源管理平台以在线的方式从专业化的外部人力资源管理服务提供商，如咨询公司、各类招聘网站、电子化学习服务提供商处购买各类人力资源管理服务。最后是 BG（即 Business to Government，从企业到政府）。电子化人力资源管理可以帮助企业处理与政府、劳动力市场以及劳资关系和社会保障等事务的主管部门发生的业务往来，将原来通过书面或人工方式实现的往来业务转移到网上自动处理，如各项劳动保险的办理、劳动合同和集体合同的审查等。

总的来说，电子化人力资源管理可以给组织带来以下四个方面的好处。

一是提高人力资源管理的效率以及节约管理成本。相比传统手工操作的人力资源管理，电子化人力资源管理的效率显然要高得多。电子化人力资源管理是一种基于互联网和内联网的人力资源管理系统，公司的各种政策、制度、通知等都可以通过网络渠道发布；很多日常人力资源管理事务，如薪酬的计算发放、所得税的扣缴以及各种人力资源报表的制作等，都可以通过系统自动完成，并且员工和各级管理人员也可以通过系统自主查询自己需要的各种人力资源信息，或者自行注册自己希望得到的各种人力资源服务（比如希望参与的培训项目或希望享受的福利计划等）。与此同时，人力资源管理活动或服务所占用的组织人员数量和工作时间大幅减少，管理成本也大幅降低，尤其是那些员工分散在全球各地的全球性或国际化企业。

二是提高人力资源管理活动的标准化和规范化水平。电子化人力资源管理通常是对数据进行集中式管理，将统一的数据库放在客户服务器上，然后通过全面的网络工作模式实现信息全面共享。这样一来，得到授权的客户就可以随时随地地接触和调用数据库中的信息。此外，在电子化人力资源管理中，很多人力资源管理实践都建立在标准的业务流程基础之上，它要求使用者的个人习惯服从于组织的统一管理规范，这对实现人力资源管理行为的一致性非常有帮助。这种信息存储和使用模式不仅可以使人力资源管理活动和服务可以跨时间、跨地域，也能够确保整个组织的人力资源管理信息和人力资源管理过程的规范性、一致性，同时还提升了人力资源管理工作的透明度和客观性，有助于避免组织因为个人的因素陷入法律诉讼，确保公平对待，提升员工的组织承诺度和工作满意度。

三是彻底改变人力资源部门和人力资源专业人员的工作重心。在传统的人力资源管理方式下，人力资源部门和人力资源专业人员大量从事行政事务性工作，其次是职能管理类工作，而在战略性工作方面花费的时间很少。在电子化人力资源管理的环境下，人力资源工作者将工作重心放在帮助企业在人员管理上提供管理咨询服务，而行政事务性工作被电子化、自动化的管理流程取代，甚至过去大量的数据维护工作，也可以在授权后由直线经理与员工分散完成。电子化人力资源管理推动了人力资源职能的变革进程，使人力资源部门和人力资源管理工作者能够真正从烦琐的日常行政事务中解脱出来，使他们从简单的人力资源信息和日常性人力资源服务的提供者转变为人力资源管理的知识和解决方案提供者，能够随时随地为领导层和管理层提供决策支持，促使他们对组织最为稀缺的战略性资源，即各类人才给予更为全面的关注。电子化人力资源管理能够为人力资源管理专家提供有力的分析工具和可行的建议，帮助人力资源部门建立积累知识和管理经验的体系，还有助于提升人力资源部门和人力资源专业人员的专业能力和战略层次，增强他们为组织做贡献的能力，从而使其他组织成员对他们给予重视，促使他们名副其实地进入战略伙伴的角色。

四是强化领导者和各级管理者的人力资源管理责任，促使全员参与人力资源管理活动。首先，虽然电子化人力资源管理使人力资源管理过程更加标准化、简便化，但是除了人力资源管理体系的建立外，人力资源管理活动的规划，对人力资源管理过程的监控，人力资源管理结果的汇总、分析等工作仍然需要人力资源部门来统一完成，具体的人力资源管理活动会越来越多地委托给直线经理人员来完成。直线经理可在授权范围内在线查看所有下属员工的相关人事信息，更改员工的考勤信息，向人力资源部提交招聘或培训等方面的计划，对员工提出的转正、培训、请假、休假、离职等申请进行审批，并且能够以在线方式对员工的绩效计划、绩效执行以及绩效评价和改进等绩效管理过程加以管理。其次，组织领导者可以通过电子化人力资源管理平台查询人力资源信息和人力资源指标变化情况，还可以通过平台做出决策。具体来说，领导者不仅可以在某项人力资源管理活动流程到达自己这里的时候，通过电子化人力资源管理平台直接在网上（在离开办公室的情况下可以利用智能手机）进行相关人力资源事务的处理；也可以在不依赖人力资源部门的情况下，自助式地获知组织的人力资源状况并进行实时监控；还可以获得如做出决策所需要的人力资源指标变动情况等各项信息。电子化人力资源平台可以使领导者和管理者越来越直接地参与到人力资源管理的各项决策以及政策的实施过程之中。最后，员工也可以利用电子化人力资源管理平台，通过在线的方式查看组织制定的各项规章制度、组织结构、岗位职责、业务流程、内部招募公告、个人的各种人事信息、薪酬的历史与现状、福利申请及享受情况、考勤休假情况、注册或参加的组织内部培训课程，以及提交的请假或休假申请。此外，员工还可以在得到授权的情况下自行修改个人信息数据，填报个人绩效计划和绩效总结，以及与人力资源部门进行沟通和交流等。

正是由于上述优势，电子化人力资源管理这种能够适应以网络化、信息化、知识化和全球化为特征的新环境的人力资源管理模式才成为当今企业人力资源管理领域的一个重要发展趋势。近年来，我国很多企业正在逐步构建和完善电子化人力资源管理系统。此外，我国市场上也出现了不少电子化人力资源管理服务的供应商，用友、金蝶等大型软件供应商也在原来的人力资源管理系统的基础上，纷纷开发出综合性的电子化人力资源管理信息平台。可以预见，电子化人力资源管理在我国企业中的普及速度会越来越快，也必将会有越来越多的企业从中受益。

第九章 新时代背景下现代人力资源管理创新

第一节 "互联网+"与大数据时代企业人力资源管理的创新

一、"互联网+"背景下企业人力资源管理

随着互联网技术的迅猛发展，我国社会已走进了"互联网+"时代，相继衍生出了"互联网+教育""互联网+金融"等经济新形态，极大推动了各行各业的发展，而将互联网同企业人力资源紧密结合，能够有效加强企业人力资源管理，进而快速提高企业的市场竞争力。因而，各大企业纷纷加强了"互联网+人力资源管理"的发展模式，以实现企业的现代化建设和长远发展。而当前，企业还存在管理者不重视、招聘缺乏针对性、管理缺乏科学性、管理效率低下等问题，影响着人力资源管理的发展，因而可以从转变管理者观念、完善招聘机制、加强管理的科学性、打造优质团队等方面入手，实现企业人力资源管理效率和质量的提升，确保企业在市场竞争中立于不败之地。

（一）"互联网+"的内涵与特色

当前"互联网+"技术的特点在于借助了互联网技术实现了行业的改革发展，当前

"互联网+"存在以下特征：

①加强行业融合。能够有效打破固化的行业壁垒，整合社会资源，促进各行各业生产要素的流动，推动社会的发展。

②强大的创新力。互联网技术的强大优势给企业发展带来巨大的创新力，实现了企业的持久发展。

③以人为本。互联网时代颠覆了原有的社会、经济结构，使得人的地位、价值空前提高，通过对人才创造性发挥的重视，有效推动了社会发展。

（二）"互联网+"人力资源内容

1. "互联网+"招聘

"互联网+"招聘的兴起，为应聘和招聘双方提供了详细且新的信息，有效实现了招聘信息的实时化、动态化，有效提高了企业招聘的效率。同时"互联网+"还为企业人力资源的招聘提供了强大的分析功能，企业通过建立不同岗位工作内容、职责、要求等硬性指标，通过大数据的分析，只能匹配相应的人员信息，进而得出较为科学、合理的分析结果，极大地提高了企业招聘的精准性。

2. "互联网+"培训

在"互联网+"背景下，人们对信息的获取十分便捷，企业可以根据自身发展和实际需求自行选择购买相关网络培训课程，系统可以针对员工的工作实际情况，为其制定个性化的培训方案，同时员工也可以根据自我兴趣，选择喜欢的教学方式。"互联网+"培训还可以记录员工的学习动态，而企业管理者可以实时掌握员工的学习情况，不断调整培训内容，提升培训效率。

3. 管理缺乏科学性

互联网技术的出现颠覆了传统的企业组织机构，使得企业领导者不再是唯一的管理中心，有效提高了管理决策的科学化、民主化。"互联网+"构建了双向的企业沟通交流机制，使得员工可以借助互联网直接同上层管理者对话，反馈自我意见，一方面缓和了企业内部劳资关系，打造了和谐、民主的企业核心文化，提高了企业内部向心力，进而增强了企业的市场竞争力；另一方面员工的高度自治，充分发挥了其自我积极性，有效提高了工作效率，实现了企业、员工的双赢。

4. "互联网+"薪资管理

充分利用互联网技术能够帮助企业构建自己的薪资管理平台，根据薪资登记、结构、计划和员工的工作评价，实现员工工资处理的自动化，从而建立了准确化、人性化的薪资管理制度。一方面可以有效提高员工满意度和组织的整体绩效，实现组织的战略目标，另一方面还可以调和劳资关系，推动企业和谐发展。

（三）"互联网＋"背景下加强企业人力资源管理的实践策略

1. 转变管理者观念

在"互联网＋"背景下，企业的竞争归根结底是人才的竞争，要想在市场中确立自身竞争优势，企业管理者必须充分认识到互联网带来的先进科技和管理方式，加强人力资源管理的改革力度。首先，企业管理者应当树立终身学习的理念，善于从社会发展中汲取先进技术，从而应用于企业生产发展，推动企业的现代化建设。同时还应当及时反思自我，从企业管理顶层角度看待企业发展，善于发现问题、分析问题、进而解决问题，实现企业的可持续发展。其次，坚持以人为本的原则，基于企业发展的宏观角度和员工职业发展的微观视角，打破传统固化角色定位，构建企业、员工协同发展新格局。

2. 完善招聘机制

首先，企业要充分运用互联网大数据筛选海量的人才信息，一方面可以提高人才鉴别的准确性，另一方面还可以提高招聘效率，在短时间录取到企业所需的人才。其次，在面试过程中，企业可以通过微博、微信等互联网平台深入了解应聘者成长环境、家庭信息、生活状态、思想情况等信息，利用大数据深入分析应聘者职业能力以及自我潜力，提高招聘的精准性。例如，企业可以利用大数据制作个人职业能力评价模型，将企业的岗位需求、人才要求、企业文化等纳入评价内容，通过评价模型得出公正合理的评价。最后，充分利用大数据分析能力，针对当前企业所需，筛选出适合企业当前发展的优秀人才，进一步提高企业招聘的精准性。

3. 加强管理的科学性

首先，重视专业人才的培养。企业应当根据不同岗位的实际需求，制定个性化的人员培养实施方案，有计划、有目的地安排培训内容，提高员工专业能力，进而提升管理效率。同时，还应当重视对企业管理人员的专业化培训，引导其树立终身学习理念，不断革新管理思想，创新管理模式，使得管理更加科学化、合理化。其次，精简机构，优化管理流程。充分利用互联网技术的巨大优势，构建"短、平、快"的人力资源管理结构，畅通信息传递渠道，优化管理流程，避免出现传统人力资源管理"流程冗繁、效率低下"的现象。例如，通过互联网平台直接下达工作任务，可以使员工在最短时间内明确工作内容、反馈工作结果，从而有效提高工作效率。同时要不断完善管理机制，使其适应当前企业发展需求，为人力资源管理工作的有序展开提供制度保障。最后，随着高新技术的不断发展，电子设备更新速度较快，因而企业应当紧跟时代发展的潮流，不断优化软、硬件设备，对员工信息、薪资待遇等信息进行智能化管理，切实提高人力资源管理的效率。

4. 打造优质团队

首先，"互联网"时代背景下，要想实现企业的可持续发展，就必须打造一支稳定的优质团队。因此，企业在人力资源管理过程中，要不断完善员工激励制度，给予优秀员工精神、物质奖励，激发员工能够主动、积极地参与到企业发展工作中。同时要坚持员工的主体性，尊重员工的个人价值，深入挖掘员工潜力，实现员工价值的最大化。其次，企业管理者应当转变传统理念，重新定位企业同员工之间的关系，加强彼此间的对等性，重视员工的个人价值，进而提高员工的责任感和归属感。同时，企业还应当贴近员工生活，满足其自身发展的多元化需求，增进员工对企业的情感，增强企业内部向心力，从而构建全新的管理结构，推动企业同员工的良性发展。再次，企业还应当重视员工的职业发展，为其拓宽发展的空间，畅通晋升渠道。同时要引导员工树立正确的晋升观念，明确职位的晋升意味着承担的责任更重，激励员工不断提升自我职业能力，为企业发展创造更高的效益。最后，企业还需要确立公平竞争、择优晋升的竞争机制，在晋升的过程中必须体现出公平性，避免员工因不合理的竞争机制而产生不满情绪，进而影响工作效率。

5. 构建企业文化

企业的市场竞争力不仅体现在技术、生产等硬实力上面，更体现在企业思想、文化等软实力上面。因而，为提高市场竞争力，企业应当加快企业文化的构建，加强企业文化熏陶作用。首先，企业可以充分利用微博、微信等互联网社交平台，充分展示企业内容，加强企业文化建设，一方面可以提高员工对企业的认同感和自豪感，加强企业内部凝聚力，另一方面可以提高企业的文化影响力，吸引更多有理想、有抱负、有才华的贤人志士加入企业。其次，在信息化高速发展的时代，员工也逐渐成为了企业形象宣传的重要途径。因而，企业可以鼓励员工多多参与企业文化建设，激发员工正能量，形成企业凝聚力，同时提高员工企业荣誉感，引导员工积极传播企业文化，树立企业良好的企业形象。最后，还可以打破企业不同部门之间的壁垒，加强彼此间员工的合作交流，能够促进员工职业发展，提高整体工作效率，还能够营造团队团结合作、共同发展的企业文化。

二、大数据时代企业人力资源管理的创新策略探讨

（一）大数据时代对企业人力资源管理产生的作用

在大数据时代，企业必须明确数据与数据之间的关系，通过掌握数据为企业管理者提供决策方面的支持，并能够以量化的方式衡量各项管理工作的内容与质量。因此，企业应充分利用大数据优势对企业人力资源管理工作进行改革，提升人力资源管理工作的实际效果，为管理层提供精准、科学的决策数据，促进企业良性发展。大数据对企业人力资源管理产生的作用主要体现在以下方面：

1. 有效推动人力资源管理工作量化

传统人力资源管理工作需要运用多种信息技术来辅助工作的开展，以此实现人力资源管理工作数据化呈现。但在大数据技术的支持下，人力资源管理人员能够对信息数据进行计算，通过大数据技术实现数据的分析与计算，为企业中的管理者提供全面的数据资料，将企业中的信息以量化的形式呈现出来，便于企业能够根据数据信息精准做出决

策，有利于企业的良性发展。

2. 推动企业人力资源管理朝着信息化方向发展

大数据的主要特点在于其具有强大的数据基础，大数据的分析功能主要依靠海量数据来实现，在现实中大部分企业中的数据无法得到有效分析，因此无法发挥出数据应用的作用。基于此，人力资源管理人员在企业中运用大数据开展人力资源管理工作，不仅要依靠企业内部管理数据，还应与外界同行业实现网络数据共享，通过这样的方式丰富企业内部人力资源管理数据，为企业开展人力资源管理工作提供有利条件。人力资源管理人员在企业人力资源管理中实现与外界资源的共享，能够提升人力资源管理工作质量与效率，在此过程中对企业人力资源管理系统提出了更高的要求，企业需要具备强大的数据储存空间、极高的信息收集效率及先进的数据分析计算能力，在此过程中推动了企业的信息化发展，进而也推动了人力资源管理朝着信息化方向发展。

3. 工作方式更容易被人力资源管理人员所接受

在大数据时代，信息技术得到不断发展与更新，企业中信息技术的应用范围也在逐步扩大，信息技术使企业产生较大的改变，尤其是在员工群体中改变最为明显。例如，信息化办公环境改变了传统层层汇报的工作形式，为员工与员工之间的沟通与交流提供了更多的选择。在信息技术不断发展中，当前人力资源管理工作也逐步向可视化方向发展，且改变了传统烦琐的工作流程，使工作方式与内容更容易被人力资源管理人员所接受。人力资源管理人员可以通过信息化系统向管理部门提出自己的意见，能够为人力资源部门提供更好的发展建议，企业也能根据人力资源管理人员的意见对内部管理流程进行调整与优化，有利于提升各个部门工作效率。大数据为企业提供科学及便捷的工作流程和方式，能够有效调动员工的工作热情与积极性，有利于企业创新发展。

（二）大数据时代企业人力资源管理的创新策略

1. 创新人力资源管理理念

在大数据时代，企业应重视创新人力资源管理理念，在人力资源管理工作中积极借鉴其他单位人力资源管理成功的经验，结合时代发展需求及自身的发展优势对人力资源管理观念进行创新，在企业内部构建完善科学的人力资源管理体系，提升企业人力资源管理能力。当前，有部分企业忽视了人力资源管理工作的重要性，对人力资源管理工作产生了质疑，认为成立人力资源管理部门没有必要，是毫无作用的，还浪费企业运营资本。这些企业并未认识到是传统的人力资源工作方式出现了问题，导致人力资源管理工作无法发挥实际作用，所以这些企业没有对人力资源管理改革给予足够的重视，使人力资源部门无法为企业的经营发展提供有效支持，企业无法在发展中明确自身的发展方向，在转型发展中丧失了持续发展的原动力。基于此，企业应创新人力资源管理观念，运用大数据技术对企业中的预算成本、信息技术、员工待遇进行有效分析，结合数据分析结果，构建符合社会和自身发展要求的人力资源管理系统。人力资源管理人员也要充分运用数据信息开展人力资源管理工作，不断创新工作方式，在企业中创新晋升制度和人才培养制度。同时，企业应加大人员培养力度，保证企业人力资源管理人员的工作能力符合企业发展要求，保证其运用最新的工作方式与理念开展人力资源管理工作，充分运用大数据技术开展人力资源管理工作。要想有效实现以上人力资源发展目标，人力资源管理人员应创新自身的管理理念，提升自身的专业能力，意识到大数据对企业发展的作用与意义，在企业中坚持创新与改革。

2. 构建全新的人力资源管理体系

在大数据时代，要想构建现代化的人力资源管理体系，促进人力资源管理工作顺利开展，企业要改变传统管理模式，建立全新的人力资源管理体系，提升企业人力资源管理的规范性，最大化地发挥人力资源管理的实际价值。企业应在构建全新人力资源管理体系的同时，增设内部监管制度，运用信息技术对内部进行全面管控，对企业中的基础设施与智能设备进行动态管理，加强对内部设备的维护、调配和检修，为企业节能发展提供有利条件，延长设备的使用寿命。另外，企业还要在内部构建信息化沟通机制，保证人力资源管理工作有效落实，创建全新的人力资源管理平台，以便于人力资源管理人员运用信息技术开展人力资源管理工作。企业还应切实了解员工的需求，在企业内部构建员工基础工作档案，在档案中记录员工的家庭情况，给予困难职工一定的帮助与支持，解决员工的实际工作困难，使员工在工作中感受到来自企业内部的关怀，让员工能够全身心地投入工作中，提升工作效率。

3. 建立健全激励机制

企业需在人力资源管理中运用大数据对企业内部的管理状态进行分析，通过对内部数据的有效分析，为管理者提供完整的数据，便于管理者制定出更加科学的发展决策。但在现实情况中，很多企业的人力资源管理者并未挖掘到重要的信息资源，没有发挥人力资源的实际价值。因此，要想发挥人力资源管理的应有价值，企业应促使人力资源管理人员提升自己的工作能力，充分挖掘出重要的信息资源，如企业可以建立激励机制，为人力资源管理人员提升自我能力提供动力。在薪资管理方面，企业可以运用内部系统对员工的实际薪资期望进行了解，同时运用大数据对外部同行业薪资情况进行掌握，结合行业发展及员工需求制定科学的薪酬激励制度。企业运用大数据对内部的经营情况进行分析，结合数据分析结果了解企业中员工业绩无法提升的原因，同时结合数据分析结果对员工工作进行调整，提升企业中人员配比的合理性与科学性，发挥人力资源管理作用，促进企业良性发展。但是，企业应用大数据进行人力资源管理还存在一定的困难，因此企业应充分利用信息化办公的优势，对人力资源管理工作进行改革，并将信息化技术逐步应用于人力资源管理中。在大数据时代，企业应提升对大数据信息技术的重视，运用大数据在企业内部构建完善的激励体系。

第二节　新常态下企业人力资源管理创新

新常态是一种新型的词汇，是对我国现阶段社会发展现状的一种概括。所谓的"新常态"就是一种打破旧制的不同于以往的发展状态。包括社会发展中经济、政治、文化以及社会和生态等不同的领域。我国进入到了一个高速发展的新阶段。在这样的社会背景下，企业的人力资源管理也应该随之改变，采用新策略和新方法，实现资本和价值的最大化。

所谓的人力资源就是在企业发展的工程中，工作人员投入的体力、脑力以及心力，人力资源管理是管理学的重要构成部分，主要对人力资源的生产、开发以及利用等进行研究，最终以实现人力资源的固化，管理以及协调为目的。人力资源管理的实施主要是在市场经济发展的状态下进行的一种管理方式。企业在不同的发展时期，所进行的人力资源管理的方式也有所不同。企业的人力资源管理需要不断改进和完善，进而保持活力。

一、新常态下企业人力资源管理重要性分析

新常态下，我国对经济发展战略做出了重大调整，我国经济发展从高速增长阶段转为中高速增长阶段，从高数量发展阶段转为高质量发展阶段，从要素驱动、投资驱动阶段转为创新驱动阶段，新常态下，我国经济结构得到了优化升级，我国企业发展迎来了新时代。人力资源管理是企业管理链条上的重要一环，在新常态下，对人力资源管理工作进行优化创新，对于促进企业更好的适应新常态下的经济发展要求可谓意义重大。

一方面，对人力资源管理工作进行优化有助于增强企业的核心竞争力。因为人是企业组织构成中的基本细胞，人力资源是保障企业发展的基础资源，在企业管理工作中，只有实现了对人力资源的合理利用和科学管理，企业发展才能有一个和谐稳定的环境。随着我国经济迈入新常态，企业市场竞争环境也发生了变化，企业要提高新经济环境下的核心竞争力，就必然需要一个和谐友好，万众一心的内部工作生态，而这种工作生态的建立，离开科学的人力资源管理肯定是行不通的，所以，对人力资源管理工作进行优化有助于企业核心竞争能力的增强。

另一方面，对人力资源管理工作进行优化有助于提高企业经济发展创新能力。在市场经济环境下，追求经济效益，努力实现经济效益的最大化是资本的本性，企业作为市场经济环境下一个自负盈亏的分子，在经营管理中致力于经济效益的提升乃是职责所系。人力资源作为企业发展资源的基础资源，也是企业管理中最活跃的资源，人力资源的主观能动性如果能有效的发挥出来，受益最大的自然是企业。在新常态下，我国经济总体发展从过去的要素驱动、投资驱动转向了创新驱动，而创新任务的担当者只能是人力资

源，不可能再有第二个能动因素，所以，从这个层面来看，对人力资源管理工作进行优化对于提高企业经济发展的创新能力是具有积极的促进作用的。

二、新常态下优化企业人力资源管理工作的理由

新常态为企业经济发展开创了新局面，也提出了新要求，与新常态下新的经济形势和经济发展环境相比，企业原有的人力资源管理工作难免还存在一些问题，如果不予以重视，将会滞后企业经济建设的步伐。

一方面，与新常态下的经济发展要求相比，企业人力资源管理工作缺乏战略性规划。企业可持续发展目标的实现，不是一个部门的事情，需要多部门的联动与配合，因此，企业人力资源管理工作也需要高瞻远瞩，放眼未来，做好长远打算。但是，当前很多企业在人力资源管理总体规划方面还比较落后，企业人力资源管理部门将工作重点更多的放在了一些具体工作之中，如人事档案管理、工作绩效考核、津贴与福利发放等等，当然，这些工作对于企业的健康发展也很重要，但是企业制定长期的人力资源管理规划更重要，因为企业经济建设不是一朝一夕的事情，企业经济效益的取得也不是一蹴而就的事情，需要企业在管理中的长期坚持和不懈的努力，因此，企业要适应新常态下的经济发展需要，就只有站在战略高度对企业人力资源管理进行总体规划，克服掉只顾做好眼前工作的短视行为，这样，企业的发展才会有后劲。

另一方面，与新常态下的经济发展要求相比，企业人力资源管理中的薪酬管理缺乏科学性。新常态优化了产业结构，也优化了企业的组织结构，薪酬管理是企业人力资源管理中的一项重要内容，如果人力资源管理缺乏科学性，员工的工作付出与薪金回报就难相匹配，员工为企业工作的积极性就会受到挫伤，企业创新发展的动力就也会因之而受挫。但是很多企业在其人力资源管理工作中对这一问题却没有认识上去，在薪酬分配中不能体现出奖勤罚懒的精神，对于有潜力可挖、有创造性价值的员工也没有制定出行之有效的激励措施，在薪酬分配中和稀泥的现象普遍存在，在人才的引进方面，更是方法单一，渠道狭窄，且缺乏优渥的物资新引力，也难以让人看到个人职业生涯的美好愿景，这些问题的存在，与新常态下的经济发展需要显然是大相径庭，必须尽快革除，否则也会成为企业发展道路上的牵制力量。

三、转变观念，创造新型的人力资源管理模式

从传统的企业管理工作中可以看出，管理的主要对象是事。在发展的过程中，工作人员要努力去适应事，这就是人们常说的个人服从集体。因此，企业在发展的过程中就无法充分应用工作人员的个人专长，往往忽视工作人员的兴趣和爱好。但是，随着社会的高效发展，企业人力资源管理模式也应该有所改变。实现以人文本的管理原则成为一种必然的趋势。要在尊重工作人员的基础上，适当地转变传统的管理观念。工作人员的福利待遇和工作效率之间应该成正比，企业要给工作人员创造更加广阔的发展空间和发展平台，充分调动员工的工作积极性。这样才能够使得员工全力以赴地投身到工作中。

另外，企业还需要改变管理方式，加强考核力度，创新管理方式。

四、扩展人力资本，重视培训管理，提升人力资源素质

从这一点上看，企业所拥有的不仅仅是人力资源，还是物质资源和财力资源。这三者在实际的应用中应该相互结合。企业的人力资源管理工作得以高效运行的重要影响因素就是扩展人力资本。企业要加强对人力资源的培训管理力度，在实际的管理工作中可以借鉴国外的管理模式，不断对培训的内容进行改进和完善，无论是工作人员的技术水平还是对专业知识的掌握程度等，都应该符合企业发展的需要，进而提升人力资源的整体素质。这种人力资源管理方式才能够符合新常态下社会发展的需要。企业的发展要求各种不同的人才，其中以综合型人才为主，另外，人力资源的素质也是企业考虑的重点。

对于不同类型的组织来说，人才的竞争直接关系到组织的竞争形势，这也是社会发展新常态下，人们接受的一种相对比较普遍的现实。在组织之间，对人才的竞争有明确的定义，在社会发展的过程中，往往会根据字母或者是符号的形式来进行人才的分类。在不同的领域之间要采取不同的人才培养方式，员工的培训工作要做到经常化和规范化。企业的培训人员可以根据企业的发展需要以及社会发展的形式来对员工进行实时培训，使得人力资源的素质要符合我国社会发展的需要。虽然在培训中会受到传统经济以及培训方案的影响，但是企业的管理应该尽量克服这些方面的内容，提升培训的效率。

五、人力资源管理和企业的经济效益相结合，建立有效机制

现如今，企业的薪酬制度比较单一，以至于工作人员的工作积极性受到严重的限制，久而久之就会造成人力资源流失的现象，企业的发展也会受到严重的影响。因此，企业在进行人资资源管理的过程中，要尽量强化激励政策，构建相对多元化的分配体系。在薪酬分配上要针对员工自身的技术水平和操作水平，建立科学有效的激励机制。为了实现人力资源管理工作的高效性还应该将奖惩制度进行贯彻和落实。这样才能够在留住人才的基础上发挥企业的优势作用，给工作人员创造更加稳定的发展空间。另外，企业的发展模式本身具有一定的灵活性和自由行，可以采用股份制的形式来保留人才。总之，在实际的人力资源管理工作中，需要将管理方式和内容和企业的经济效益和社会效益相结合。

六、建立科学有效的人力资源配置机制，发挥人力资源的价值

企业在选拔和任用人才时要根据自身发展的特点来进行，人力资源的配置工作至关重要，需要打破人资身份、界限以及各种差异来进行对人力资源市场进行配置。企业对于经营管理人才和技术人才比较缺乏，需要对竞聘上岗制度进行优化配置。具体来说就是将不同的人力资源配置到不同的工作岗位中，让人力资源发挥自身的优势作用，为企业的发展贡献自身的力量。从企业人力资源的配置工作上可以看出，主要应该从以下几

个方面来进行分析：

第一，要根据能力定位的要求来实现人员的配置，不管启用新人，实现能力定岗，进而创造新的增长点，这也是现代企业发展中所采用的重要思路。

第二，要根据结构观点来配置人才，这样可以使得工作人员配置更具合理化和规范化。同时也应该考虑个人因素，取长补短。

第三，流动的观点，即发展继承原则和交流原则，企业内部人力资源的配置要适当进行交流，兼顾发展和继承。

七、关心员工，注重人际氛围的和谐

热爱自己的员工是经营者之本。一个优秀的企业家，只有做到了让职工们认识到自己存在的价值和具备了充足的自信之后，才有可能与职工们产生内心的共鸣，事业才能发展。理解是人天生就具有的一种欲望，人一旦得到理解，就会感到莫大的欣慰，更会不惜付出各种代价。人最大的愿望是自己能得到真诚的关心和重视，如果企业家能真诚关心员工，便可以达到使员工愿为自己赴汤蹈火，在所不辞的效果。关心员工要从两方面入手，一是关心员工的家庭，一是关心员工本身。同时在管理过程中，要尊重员工的需要。

第三节　新经济时代企业人力资源管理创新

随着新经济时代的到来，企业面临着越来越激烈的竞争和变革，人力资源管理也面临着新的挑战和机遇。企业需要通过创新人力资源管理策略，提高员工的工作积极性和创造力，促进企业的可持续发展。

一、新经济时代企业人力资源管理创新的意义

（一）提高员工的工作积极性和创造力

在新经济时代，员工更加注重工作的意义和价值，希望能够从工作中获得更多的成就感和满足感。而企业通过做好人力资源管理创新，往往就可有效提高员工的工作积极性和创造力，以适应新经济时代的发展需求。企业在就开展人力资源工作创新的过程中考虑通过提供良好的工作环境和福利待遇来激发员工的工作积极性。例如，企业可以提供舒适的办公环境、丰厚的奖金和福利、优秀的培训和发展机会等，来吸引和留住优秀的人才。此外，企业还可以通过赋予员工更多的自主权和决策权，让员工感到自己的工作得到了尊重和认可，从而更加投入到工作中。同时企业在发展的过程中，还可以通过开展人力资源工作鼓励员工发挥创造力，提高工作效率和质量。例如，企业可以建立创

新型团队，鼓励员工提出新的创意和建议，帮助企业不断改进和创新。此外，企业还可以采用奖励和激励机制，鼓励员工积极参与到企业的创新和发展中。通过提高员工的工作积极性和创造力，企业可以更好地适应新经济时代的发展需求，提高企业的生产力和竞争力，实现可持续发展。

（二）提高企业的竞争力

在新经济时代，企业面临着更加激烈的竞争。为了在竞争中占据优势，企业需要通过人力资源管理创新，吸引和留住优秀的人才，提高企业的竞争力。在这一过程中，企业通过做好人力资源工作的创新，可以为人才提供良好的工作环境和福利待遇从而吸引优秀的人才，例如，企业可以提供舒适的办公环境、丰厚的奖金和福利、优秀的培训和发展机会等，来吸引和留住优秀的人才。同时企业还可以通过建立良好的企业文化和品牌形象，提高企业的吸引力和美誉度。并且企业在日常经营管理的过程中做好人才培养和发展，提高员工的综合素质和能力水平，从而增强企业的竞争力。例如，企业可以提供优秀的培训和发展机会，帮助员工不断学习和进步，提高工作效率和质量。此外，企业还可以建立良好的绩效评估体系，激励员工积极参与到企业的发展中。通过提高企业的竞争力，企业可以更好地适应新经济时代的发展需求，实现可持续发展。

（三）可以在企业中建立学习型组织

在新经济时代，业务和技术发展日新月异，企业需要不断学习和创新，才能适应市场的变化和发展趋势。而企业通过做好人力资源管理工作的创新，就可建立学习型组织，让企业员工可以拥有不断学习和创新的机会，为企业的可持续发展打下坚实的基础。在这一过程中企业可以通过建立良好的培训和发展机制，提高员工的综合素质和能力水平，例如，企业可以提供丰富多彩的培训和学习机会，帮助员工了解行业的最新发展趋势和技术，提高员工的专业素养和创新能力。此外，企业还可以鼓励员工提出新的创意和建议，建立创新型团队，为企业的发展注入新的能量。同时企业还可通过推动人力资源管理工作的创新，建立良好的学习型组织文化，例如，企业可以建立知识库和信息平台，方便员工之间的交流和学习，促进知识共享和创新。

二、企业人力资源管理工作的原则

（一）公平公正的原则

公平公正的原则是指企业在管理人力资源时必须遵循的基本准则之一，其核心理念是让所有员工都能获得相同的机会和平等的待遇。在落实这一原则时，企业应该依据员工的能力、工作表现以及岗位所需的技能和经验，以公正的方式制定招聘、晋升、培训、奖惩等方面的政策。此外，企业还应创建一个公正透明的考核与评价体系，确保对所有员工的表现都进行公正的评估和反馈。通过贯彻落实公平公正的原则，企业能够建立起高效稳定的人力资源管理体系，增强员工的满意度和忠诚度，提高企业整体绩效。

（二）尊重和关心员工的原则

尊重和关心员工是建立和维护健康工作环境和良好企业形象的核心原则。这些原则包括提供公平的薪酬和福利，提供职业发展机会和培训计划，建立积极的沟通渠道，听取员工反馈和需求，并及时采取行动解决问题等。同时，企业在开展人力资源管理工作时还应该关注员工的个人生活情况，如家庭假期、生育假、病假等，并给予足够的支持和帮助。这些实践可以增强员工的忠诚度和归属感，促进工作效率和创新能力的提升，从而为企业可持续发展作出贡献。

（三）激励和奖励优秀员工的原则

激励和奖励是管理中常用的手段，可以帮助激发员工积极性和创造力，并提高他们的工作质量和效率。故而在开展企业人力资源管理工作时，就应当坚持激励和奖励优秀员工的原则。但是企业在激励和奖励必须保证公正和透明，企业中的所有员工都应该有平等的机会获得奖励，而不是仅仅因为某些人受到偏袒而在领取奖励时被优先考虑。同时企业给予员工的奖励应该与所取得的成就相匹配，并且应该及时给予，如果奖励过小或者迟迟未发放，那么这种奖励就很难起到激励员工的作用。除此以外，激励和奖励应根据员工的个人需求和偏好量身定制。一个有抱负的员工可能对获得表彰或加薪非常感兴趣，但是对于其他员工来说，则更注重能够得到更多学习以及职业晋升的机会等。

（四）坚持创新和改进的原则

企业在进行人力资源管理时，不仅仅是要考虑如何维持现有的管理模式和流程，更要不断地推动创新和改进。这意味着，企业需要寻找并尝试实践更加优秀的人力资源管理方式和流程，以提高效率、降低成本、增强员工满意度和忠诚度等目标。这些创新和改进可以包括引进最新的技术和工具，重新设计组织结构、职位描述和绩效管理机制，尝试新的招聘渠道和方法等等。通过持续不断地创新和改进，企业可以更好地适应市场和行业的变革，更好地满足员工和客户的需求，从而提升企业的竞争力和可持续发展能力。同时，也可以为企业带来更多的机会和成长空间，吸引更多优秀的人才加入企业，使企业获得长期稳定的发展。因此，创新和改进是企业人力资源管理工作的重要价值和核心驱动力，必须得到持续关注和投入。

三、新经济时代企业人力资源管理创新策略

（一）强化员工发展

员工是任何组织的最重要资源之一，强化员工发展可以帮助企业吸引、留住和发展人才。企业在开展人力资源管理工作时，就应当加强对员工的培养。为了提高员工的能力和职业素养，企业应该鼓励员工自主学习和成长，并且提供多样化的培训和职业发展机会。这些机会可以包括在内部提供专业技能和管理培训课程，外派到其他部门或企业参与项目，提供授权培训并鼓励员工出席相关行业协会的会议和研讨会等。此外，企业还可以为员工制定培训计划，以满足他们的职业发展需求，这不仅会激励员工积极进取，

也有利于其成长和逐步担当更多的责任。强化员工发展可以帮助员工掌握新技能，提高工作效率与质量，增加工作满意度和认同感，同时有望加强企业的竞争力并促进当前和未来的可持续发展。

（二）建立灵活的用工制度

采用弹性工作制、远程办公等方式，提高员工在时间、地点上的自由度，增强员工工作的适应性与弹性。在这一过程中，企业可以设置弹性工作时间，例如弹性上下班时间或不定时工作等方式，使员工能够根据个人需求和生活节奏来安排自己的工作时间。同时企业还可利用信息技术，让员工在远程位置与企业联络，完成工作任务。如在家办公、咖啡厅、共享办公空间等地方工作。除了安排弹性的工作时间以外，企业还应当考虑为员工提供弹性假期，例如带薪假、不带薪假、病假等形式，并设置一定的累计规则。另外，还可以将工作按项目组织，让员工按照项目周期和需求来安排自己的工作时间和地点，提高员工的工作效率和专注度。除此以外，将全职工作分割成多份，供不同的员工分别完成，不但有利于员工灵活安排自己的工作时间，同时也满足雇主对一些短期需求的灵活响应。

（三）重视岗位匹配度

岗位匹配度是指招聘的员工与企业岗位的要求和期望相符合的程度。高匹配度意味着员工更容易适应岗位、表现出色，并且对企业的愿景和文化有更好的理解和认同感，这有利于提高员工满意度和减少员工流动率。所以企业在开展人力资源管理工作时，就应当重视员工的岗位匹配度，为了提高岗位匹配度，企业的人力资源管理人员可以通过数据分析和量化评价来了解不同岗位的特点和要求，以及员工的技能、经验和个人特质。同时，招聘时可以采用多种手段来增加候选人的信息透明度，如通过面试来了解其能力和适应性，以及通过背景调查和参考人提供的反馈来确认其品德和信誉。确保岗位匹配度有助于减少员工流动率和招聘成本，因为如果员工理解并接受自己的角色和任务，就更有可能留在企业，并为企业做出积极贡献。此外，减少员工流动率还可以提高稳定性和工作效率，从而进一步降低企业的招聘成本和管理负担。

（四）引进多元化人才

人才引进是企业人力资源管理的重点内容，只有做好人才引进工作才可以更好地提升企业的发展水平。同时引进多元化人才是一种致力于招聘和聘用在文化、背景、经验和专长等方面具有多样性的人才的策略。通过吸引不同背景和领域的人才，企业可以增强团队的创造力和创新能力，打破传统思维模式的束缚，从而产生更加富有成效的创意，并提出更好的解决方案。除了带来人才方面的优势，引进多元化人才也可以促进企业文化的融合。通过接纳不同背景和经验的员工，企业可以形成一个富有多元文化的工作氛围，增强员工之间的相互理解和尊重，建立一个更具包容性和创新性的工作环境。这样的多元化文化有助于吸引更广泛的客户群体，因为企业本身的多样性可以使之更好地了解并满足客户的需求。

参考文献

[1] 李少华.人力资源管理的理论与实践应用 [M].哈尔滨：哈尔滨出版社，2023.01.

[2] 殷巧玲.人力资源管理专业知识与实务 [M].上海：立信会计出版社，2023.03.

[3] 李伟.组织行为学 [M].武汉：武汉大学出版社，2022.01.

[4] 程志辉.组织中员工主动担责的形成机制研究 [M].北京：九州出版社，2022.08.

[5] 曹燕华.人力资源与企业文化建设探究 [M].吉林出版集团股份有限公司，2022.10.

[6] 邵丹萍.社会责任型人力资源管理理论和实践研究 [M].北京：九州出版社，2022.12.

[7] 余璇，董甜甜，张明涛.可持续性人力资源开发与管理积极心理学的力量 [M].成都：
    西南财经大学出版社，2022.12.

[8] 李蕾，全超，江朝虎.企业管理与人力资源建设发展 [M].长春：吉林人民出版社，
    2021.06.

[9] 魏永宏.管理心理学 [M].北京：北京理工大学出版社，2021.05.

[10] 张淑华.大学组织行为视域下的人力资源开发与管理 [M].北京：中国社会科学出版
    社，2020.06.

[11] 褚吉瑞，李亚杰，潘娅.人力资源管理 [M].成都：电子科技大学出版社，2020.06.

[12] 姚均昌.企业人力资源用工管理实务操作指南 [M].北京：中国法制出版社，
    2020.09.

[13] 周艳丽，谢启，丁功慈.企业管理与人力资源战略研究 [M].长春：吉林人民出版社，
    2019.08.

[14] 李娟.人力资源服务产业与企业管理 [M].长春：吉林出版集团有限责任公司，
    2019.11.

[15] 吴玥.知识经济时代下企业人力资源管理 [M].上海：同济大学出版社，2019.01.

[16] 熊淑萍.基于积极组织行为学的心理资本与企业人力资源管理创新研究 [M].北京：
    北京工业大学出版社，2018.12.

[17] 胡君辰，姚凯，陶小龙.人力资源开发与管理第 5 版 [M].上海：复旦大学出版社，
    2018.07.

[18] 朱仁崎，李泽.组织行为学原理与实践 [M].长沙：湖南大学出版社，2018.06.

[19] 张文颖.组织行为学与人力资源管理的融合路径 [J].经济技术协作信息，2023，（第
    3 期）：37-39.

[20] 张玮．组织行为学在人力资源管理中的应用研究 [J]．天津经济，2023，（第 12 期）：88-90．

[21] 刘慧燕．组织行为学在人力资源管理中的应用探析 [J]．现代营销，2023，（第 29 期）：139-141．

[22] 朱宪科．透过组织行为视角，优化人力资源管理 [J]．人力资源，2023，（第 4 期）：42-43．

[23] 王莹．组织行为学在事业单位人力资源管理中的运用 [J]．人才资源开发，2023，（第 18 期）：47-49．

[24] 赵晨 1，林晨 1，周锦来 1，高中华 2．变革人力资源管理与领导行为对组织创新的组态效应 [J]．科学管理研究，2023，（第 1 期）：52-59．

[25] 李慧．人力资源管理与组织行为学应用分析 [J]．中国市场，2022，（第 22 期）：108-110．

[26] 洪雪．人力资源管理和组织行为学的应用研究 [J]．黑龙江人力资源和社会保障，2022，（第 7 期）：73-75．

[27] 陈俣．组织行为学在人力资源管理中的应用研究 [J]．大众投资指南，2022，（第 20 期）：57-60．

[28] 李胜利．组织行为学视阈下企业人力资源管理与开发研究 [J]．经济师，2022，（第 12 期）：269-270．

[29] 张语欣．组织行为学视角下的企业人力资源管理研究 [J]．中文科技期刊数据库（全文版）经济管理，2022，（第 12 期）：142-145．

[30] 安丽花．浅析组织行为学的激励理论在人力资源管理中的应用 [J]．华章，2022，（第 1 期）：72-74．

[31] 李阳．组织行为学在人力资源管理中的应用 [J]．老字号品牌营销，2022，（第 22 期）：130-132．